DIB 迪博内部控制与企业风险管理系列丛书

中国上市公司内部控制报告（2015）

REPORT ON INTERNAL CONTROL OF LISTED COMPANIES IN CHINA

胡为民　主编

中国财政经济出版社

图书在版编目（CIP）数据

中国上市公司内部控制报告．2015／胡为民主编．—北京：中国财政经济出版社，2015.10

（迪博内部控制与企业风险管理系列丛书）

ISBN 978－7－5095－6451－6

Ⅰ．①中…　Ⅱ．①胡…　Ⅲ．①上市公司－企业内部管理－研究报告－中国－2015　Ⅳ．①F279.246

中国版本图书馆 CIP 数据核字（2015）第 253818 号

责任编辑：王　飏　　　　责任校对：徐艳丽

封面设计：汪俊宇　　　　版式设计：录文通

中国财政经济出版社出版

URL：http：//www.cfeph.cn

E－mail：cfeph @ cfeph.cn

社址：北京市海淀区阜成路甲 28 号　邮政编码：100142

营销中心电话：010－88190406　北京财经书店电话：64033436　84041336

北京财经印刷厂印刷　各地新华书店经销

710×1000 毫米　16 开　19.25 印张　240 000 字

2015 年 11 月第 1 版　2015 年 11 月北京第 1 次印刷

定价：58.00 元

ISBN 978－7－5095－6451－6/F·5198

（图书出现印装问题，本社负责调换）

本社质量投诉电话：010－88190744

打击盗版举报热线：010－88190492，QQ：634579818

《中国上市公司内部控制报告（2015）》

编　委　会

本书系以下课题的阶段性成果：

国家自然科学基金重点项目
“基于中国情境的企业内部控制有效性研究”
（项目批准号 71332004）

国家自然科学基金面上项目
“诚信、C－SOX 与企业价值”
（项目批准号 71272198）

教育部“专业综合改革试点——会计学专业”项目

前言

2015年，是企业内部控制基本规范及配套指引正式实施的第五个年头。根据财政部和证监会关于主板上市公司分类、分批实施企业内部控制规范体系的时间要求，目前我国企业内部控制规范实施范围已从境内外同时上市公司、中央和地方国有控股上市公司以及总市值和平均净利润符合要求的部分公司扩展到所有主板上市公司。上市公司内部控制信息披露的质量，不仅反映自身是否已经建立完善的内部控制系统和有效履行信息披露的责任，更会影响投资者、债权人以及监管者的判断和决策。

近年来，随着内部控制监管法规的不断出台和推进以及企业自身对内部控制认识的不断加深，上市公司内部控制信息披露的数量和质量均稳步提升。多数尚未纳入实施范围的中小板和创业板上市公司，也自愿积极披露企业内部控制相关信息。然而，整体来看，我国上市公司内部控制信息披露仍然存在着一些问题，也暴露出了企业内部控制建设和监管中的薄弱环节。本书旨在对中国A股上市公司2014年度内部控制体系实施情况进行全景式介绍和分析，力图加深理论界和实务界对上市公司内部控制现状的理解，并希望能为企业完善内部控制体系、监管层制定和改进内部控制政策提供一些参考借鉴。

全书共分为六章。第一章依据企业公开披露的2014年度内部控制评价报告、内部控制审计报告等相关信息，全面介绍了2014年上市公司内部控制披露现状，包括上市公司内部控制评价报告、内部控制审计报告、内部控制缺陷以及内部控制审计费用披露情况，并对2011—2014年中国上市公司内部控制实施情况进行比较分析；第二章具体介绍了纳入强制实施范围的上市公司内部控制体系的执行情况，并比较分析强制实施四年来，上市公司内部控制披露的变化情况；第三章基于区域的视角，对各辖区上市公司内部控制情况进行研究，详细介绍了北京辖区上市公司内部控制的实施情况；第四章基于行业视角，对各行业上市公司内部控制情况进行研究，详细介绍了房地产业2014年度内部控制的实施情况；第五章以“迪博·中国上市公司内部控制指数”为工具，介绍了2014年度中国上市公司内部控制评级总体情况，并详细介绍了各行业、各辖区的评级情况；第六章在前述章节的基础上，分析总结了我国上市公司内部控制体系建设和信息披露中存在的主要问题，并提出了相应的政策建议。

全书实用性强，通过采用定量与定性相结合的研究方法对我国上市公司信息披露状况和内部控制水平进行较为系统和科学客观的研究，力图为企业开展内部控制规范建设和内部控制评价提供更为可靠的借鉴参考，为相关人士进行中国上市公司内部控制与风险管理研究提供最全面、最真实、最权威的信息。本书适用于监管机构的相关人士，公司董事、监事、高级管理人员，内部控制和风险管理职能部门、内部控制咨询和审计机构的相关人士，注册会计师，第三方研究机构以及对企业内部控制和风险管理感兴趣的朋友阅读和参考。

本书在编写过程中得到了财政部、证监会、国资委、银监会等相关部委领导的大力支持与指导，中国会计学会的有关领导以及内部控制专业委员会的各位专家学者也给予了学术上的指导，迪博公司数据库研发中心的张丽、阳尧、陈赛霞、黄珊、裴靓等参与了相关章节的编写，中国财政经济出版社的蔡丽兰为本书的出版付出了极大的心血，在本书付印之际，诚挚地感谢为本书出版作出贡献的各位领导、专家学者、同事和朋友！由于本书付梓仓促，如有疏漏之处，诚请各位专家和读者朋友批评指正。

目录

第一章

总论

一、样本选取与数据来源

（一）样本选取

本报告选取2015年4月30日前在沪、深交易所A股上市的公司作为研究对象，共计2 692家上市公司。这些公司之中，101家公司在2015年1月1日至2015年4月30日的时间段内上市，其中，有61家公司在上市公告书中披露了2014年年度财务会计资料，并未单独披露2014年年度报告①，因此，本报告在统计与分析过程中剔除了这61家公司。本报告最终选取的样本为2015年4月30日之前在沪、深交易所A股上市，并且披露2014年年度报告的上市公司，总样本量为2 631家上市公司。

目前，沪市和深市主板上市公司都已纳入内部控制强制实施范围，而深市中小板和深市创业板上市公司主要按照深交所的《上市公司规范运作指引》实施内部控制体系，沪市主板、深市主板、深市中小板和深市创业板之间不同的监管要求导致各板块上市公司的内部控制体系实施情况以及信息披露之间存在较大差异，因此，本报告在统计与分析时区分了各个板块的情况。

（二）数据来源

本书中数据来源于上市公司公开披露的年报、内部控制评价报告、内部控制审计报告、财务重述报告、诉讼报告等。本书中的所有详细数据都

① 按照《关于做好上市公司2014年年度报告披露工作的通知》的规定，凡在2014年12月31日前在本所上市的公司，均应当于2015年4月30日前完成本次年报的披露工作。在2015年1月1日至4月30日期间新上市的公司，如在上市公告书中未披露2014年年度财务会计资料的，也应当于2015年4月30日前披露2014年年度报告。

已收录至 DIB 内部控制与风险管理数据库（www. ic – erm. com），如有需要，可联系作者查阅。

本书中公司的内部控制评价报告和内部控制审计报告是否披露，以能否在交易所和巨潮资讯网上查找到单独披露的内部控制评价报告或内部控制审计报告为准。如果公司在年报中注明有在交易所或巨潮资讯网中披露该报告，但实质上在交易所以及巨潮资讯网中未披露该报告，本书将默认为未披露。同时，部分上市公司存在延迟披露的问题，本书的数据截止日为 2015 年 5 月 18 日，在截止日之后披露的数据不纳入本报告的分析范围。如有读者需要延迟披露和 B 股上市公司的数据，请联系作者了解数据详情（www. ic – erm. com）。

（三）名词释义

1. 内部控制评价报告

本书中的内部控制评价报告包含上市公司依据《企业内部控制基本规范》、《企业内部控制配套指引》、《关于 2012 年主板上市公司分类分批实施企业内部控制规范体系的通知》和《公开发行证券的公司信息披露编报规则第 21 号——年度内部控制评价报告的一般规定》，以及沪、深交易所的相关规定披露的内部控制评价报告、内部控制自我评价报告、内部控制自我评估报告、董事会关于内部控制的自我评价报告、董事会关于内部控制有效性的自我评价报告、董事会关于内部控制及其有效性认定的自我评价报告、与财务报表相关的内部控制自评报告、关于内部控制有关事项的说明等此类上市公司关于内部控制的自我评价报告。同时，根据上市公司内部控制评价报告披露格式的类型，本书将内部控制评价报告格式划分为以下三类：

（1）规范的格式。指上市公司按照《公开发行证券的公司信息披露编报规则第21号——年度内部控制评价报告的一般规定》的格式要求披露内部控制评价报告。该规定明确了内部控制评价报告的构成要素，如重要声明、内部控制评价结论、内部控制评价工作情况、其他内部控制相关重大事项说明等。对于内部控制评价结论，规定要求披露财务报告内部控制是否有效的结论，并披露是否发现非财务报告内部控制重大缺陷；对于内控评价工作情况，规定要求区分财务报告内部控制和非财务报告内部控制，分别披露重大、重要缺陷认定标准，缺陷认定及整改情况。

（2）以前的格式。指上市公司参照财政部2012年2月23日颁布的《关于印发企业内部控制规范体系实施中相关问题解释第1号的通知》（财会［2012］3号）中提供的企业内部控制评价报告的格式来编制和披露内部控制评价报告。

（3）其他的格式。指上市公司采用除《公开发行证券的公司信息披露编报规则第21号——年度内部控制评价报告的一般规定》和《关于印发企业内部控制规范体系实施中相关问题解释第1号的通知》（财会［2012］3号）外的其他规定要求的格式来出具内部控制评价报告，如上市公司参照深交所的《中小企业板上市公司规范运作指引》、《创业板上市公司规范运作指引》、沪深交易所《上市公司内部控制指引》等规范的格式要求披露内部控制评价报告。

本书将在以下章节按照上述分类标准，对上市公司内部控制评价报告格式的规范性进行详细分析。

2. 内部控制审计报告

本书中内部控制审计报告包含以下几类：

（1）规范的内部控制审计报告。指会计师事务所依据《企业内部控制基本规范》和《企业内部控制配套指引》中的《企业内部控制审计指引》出具的《内部控制审计报告》。该报告披露格式按照财政部颁布的《企业内部控制审计指引》中的审计报告的模板。会计师事务所审计的依据为《企业内部控制审计指引》和中国注册会计师执业准则，审计对象主要是上市公司管理层依据《企业内部控制基本规范》、《企业内部控制配套指引》及相关规定是否在所有重大方面保持了有效的财务报告内部控制。审计内容较为广泛，除了关注企业整体内部控制、评价是否存在缺陷，同时重点关注与财务报告相关的内部控制是否有效之外，还需要披露审计过程中发现的非财务报告的内部控制重大缺陷。

（2）中小板的内部控制审计报告。中小板部分公司披露的是第（1）种，即规范的内部控制审计报告，也有部分公司披露的报告名称虽然也叫内部控制审计报告，但其内容不同：首先上市公司出具该报告的法规依据为深圳证券交易所《中小企业板上市公司规范运作指引》中第 7.8.4 节的规定："上市公司在聘请会计师事务所进行年度审计的同时，应当至少每两年要求会计师事务所对内部控制设计与运行的有效性进行一次审计，出具内部控制审计报告。会计师事务所在内部控制审计报告中，应当对财务报告的内部控制有效性发表审计意见，并披露在内部控制审计过程中注意到的非财务报告内部控制的重大缺陷。本所另有规定的除外。"；其次，会计师事务所出具该报告的审计依据为《中国注册会计师其他鉴证业务准则第 3101 号——历史财务信息审计或审阅以外的鉴证业务》；最后，会计师事务所审计的对象是中小板上市公司管理层是否按照深圳证券交易所《中小企业板上市公司规范运作指引》的规定于 2014 年 12 月 31 日在所有重大方面保持了有效的财务报告内部控制。

（3）内部控制鉴证报告。内部控制鉴证报告在名称、格式与内容上都与规范的内部控制审计报告不一致。2014 年主板、中小板、创业板都有部分公司出具内部控制鉴证报告，其格式并不统一。内部控制鉴证报告中的会计师事务所的审计依据为《中国注册会计师其他鉴证业务准则第 3101 号——历史财务信息审计或审阅以外的鉴证业务》，会计师事务所审计仅针对上市公司是否按照《企业内部控制基本规范》和《企业内部控制配套指引》等相关规定在所有重大方面保持了与财务报表相关的内部控制。内部控制鉴证报告仅对财务报表相关的内部控制发表意见，其规定相对宽松。

（4）内部控制专项报告。内部控制专项报告在名称、格式与内容上也都与规范的内部控制审计报告不一致。主板、中小板、创业板中都有部分公司出具了内部控制专项报告。内部控制专项报告是会计师事务所依据《中国注册会计师审计准则》，并结合财务报表审计目的而进行的，其目的是对财务报表整体发表审计意见，而不是对内部控制的专门审核，并不是专为发现内部控制缺陷、欺诈及舞弊而进行的。审计的对象是上市公司在《关于内部控制有关事项的说明》中所述的与财务报表编制相关的内部控制的相关情况是否与会计师事务所对上市公司在财务报表的审计发现存在重大的不一致。

（5）内部控制审核报告。内部控制审核报告中涵盖以下三类报告：第一类为名称在报告首页上称为内部控制审核报告，但其实质的内容与内部控制鉴证报告一致。第二类为名称是内部控制审核报告，会计师事务所出具该报告的审计依据为《中国注册会计师其他鉴证业务准则第 3101 号——历史财务信息审计或审阅以外的鉴证业务》或《内部控制审核指导意见》（有些公司仅写《内部控制审核指导意见》）；审计的对象是上市公司是否按照财政部《内部会计控制规范——基本规范（试行）》及相关具体规范设定的标准于 2014 年 12 月 31 日在所有重大方面保持了与会计报表相关的有效的内部控制。第三类为名称是内部控制自我评价报告的审核评价意见，会计师事务所出具该报告的审计依据为《中国注册会计师其他鉴证业务准则第 3101 号——历史财务信息审计或审阅以外的鉴证业务》，审计的对象是上市公司是否在所有重大方面有效地保持了按照《企业内部控制基本规范》建立的与财务报表相关的内部控制。

（6）其他类型。指除上述五类报告类型以外的其他类型的内部控制审计报告，如报告名称为关于内部控制的专项报告，会计师事务所在对上市公司进行财务报表审计的同时，根据《企业内部控制基本规范》、《深圳证券交易所上市公司内部控制指引》等的要求对上市公司内部控制评价报告所反映的内部控制建设情况进行核实评价等，其目的仅仅是对上市公司内部控制自我评估报告所反映的内部控制建设情况进行逐一核实，并不是对上市公司内部控制整体情况的专门鉴证，也不代表对上市公司内部控制建设情况的整体评价。

本书将上述六类报告统称为内部控制审计报告，在以下章节中详细分析时将分类描述各类报告的情况。

二、内部控制评价报告

（一）内部控制评价报告披露数量

2014 年度，2 586 家上市公司披露了内部控制评价报告，总体披露比例为 98.29%。其中，沪市主板、深市主板、深市中小板和深市创业板的披露比例分别为 96.12%、99.15%、99.73% 和 100.00%。如表 1－1 所示。

（二）内部控制评价报告格式的规范性

本报告将内部控制评价报告格式分为规范的格式、以前的格式、其他的格式三种类型。其中：规范的格式，指按照《规定》披露的内部控制评价报告；以前的格式，指沿用《关于印发企业内部控制规范体系实施中相关问题解释第 1 号的通知》（财会［2012］3 号）的格式要求披露的内部

表 1-1　　2014 年度上市公司内部控制评价报告总体披露情况

所属交易所	披露内控评价报告的公司		未披露内控评价报告的公司		上市公司
	数量	占比	数量	占比	数量
沪市主板	965	96.12%	39	3.88%	1 004
深市主板	464	99.15%	4	0.85%	468
深市中小板	738	99.73%	2	0.27%	740
深市创业板	419	100.00%	0	0.00%	419
总计	2 586	98.29%	45	1.71%	2 631

数据来源：DIB 迪博内部控制与风险管理数据库 www.ic－erm.com

控制评价报告；除按上述两种格式披露的内部控制评价报告外，其他内部控制评价报告格式统称为其他的格式。

2014 年度，2 088 家上市公司按照规范的格式披露了内部控制评价报告，占比为 80.74%；416 家上市公司按照以前的格式披露了内部控制评价报告，占比为 16.09%；82 家上市公司按照其他格式披露了内部控制评价报告，占比为 3.17%。其中，沪市主板、深市主板、深市中小板和深市创业板分别有 94.09%、91.16%、73.85% 和 50.60% 的上市公司披露了规范格式的内部控制评价报告。如表 1-2 所示。

表 1-2　　2014 年度上市公司内部控制评价报告格式规范性情况

所属交易所	披露规范格式的内控评价报告的公司		披露以前格式的内控评价报告的公司		披露其他格式的内控评价报告的公司		披露内控评价报告的公司数量
	数量	占比	数量	占比	数量	占比	
沪市主板	908	94.09%	49	5.08%	8	0.83%	965
深市主板	423	91.16%	40	8.62%	1	0.22%	464
深市中小板	545	73.85%	162	21.95%	31	4.20%	738
深市创业板	212	50.60%	165	39.38%	42	10.02%	419
总计	2 088	80.74%	416	16.09%	82	3.17%	2 586

数据来源：DIB 迪博内部控制与风险管理数据库 www.ic－erm.com

（三）未披露内部控制评价报告的原因

2014 年度，未披露内部控制评价报告的上市公司共 45 家。其中，22 家为 2014、2015 年新上市公司，按照《通知》规定，仅要求在上市的下一年年度报告披露的同时，披露内部控制评价报告，不强制要求披露 2014 年度内部控制评价报告；17 家因为重大资产重组、破产重整，豁免披露内部控制评价报告；5 家上市公司在年报中说明已披露，但是无法找到其内部控制评价报告；1 家上市公司未在年报中说明是否披露了内部控制评价报告，如表 1－3 所示。

表 1－3　2014 年度上市公司未披露内部控制评价报告情况说明

所属交易所	上市的下一年度年报披露的同时，披露内控评价报告的公司		豁免披露内控评价报告的公司		年报显示已披露，但未找到报告的公司		其他原因[①]未披露内控评价报告的公司		未披露内控评价报告的公司小计		上市公司数量
	数量	占比	数量	占比	数量	占比	数量	占比	数量	占比	
沪市主板	22	2. 19%	14	1. 39%	3	0. 30%	0	0. 00%	39	3. 88%	1 004
深市主板	0	0. 00%	3	0. 64%	1	0. 21%	0	0. 00%	4	0. 85%	468
深市中小板	0	0. 00%	0	0. 00%	1	0. 14%	1	0. 14%	2	0. 27%	740
深市创业板	0	0. 00%	0	0. 00%	0	0. 00%	0	0. 00%	0	0. 00%	419
总计	22	0. 84%	17	0. 65%	5	0. 19%	1	0. 04%	45	1. 71%	2 631

数据来源：DIB 迪博内部控制与风险管理数据库 www. ic－erm. com

① 其他原因：1. 未编制内部控制评价报告；2. 年报中未披露是否编制并公开披露内部控制评价报告；3. 内部控制评价报告延迟披露，于本报告数据收集截止日仍未披露。

（四）内部控制评价结论

依据《规定》要求，上市公司在内部控制评价报告中应当分别披露对财务报告内部控制有效性的评价结论，以及是否发现非财务报告内部控制重大缺陷。据此，本报告将内部控制评价结论划分为五种类型：内部控制整体有效；财报内控有效、非财报内控无效；财报内控无效、非财报内控有效；内部控制整体无效；未出具结论。

2014 年度，内部控制评价结论整体有效的上市公司共 2 549 家，占比为 98.57%；非整体有效的上市公司 37 家，占比 1.43%。内部控制评价结论非整体有效的上市公司中，9 家为财报内控有效、非财报内控无效，占比 0.35%；18 家为财报内控无效、非财报内控有效，占比 0.70%；8 家为内部控制整体无效，占比 0.31%；2 家未出具内部控制评价结论，占比 0.08%，如图 1－1 所示。

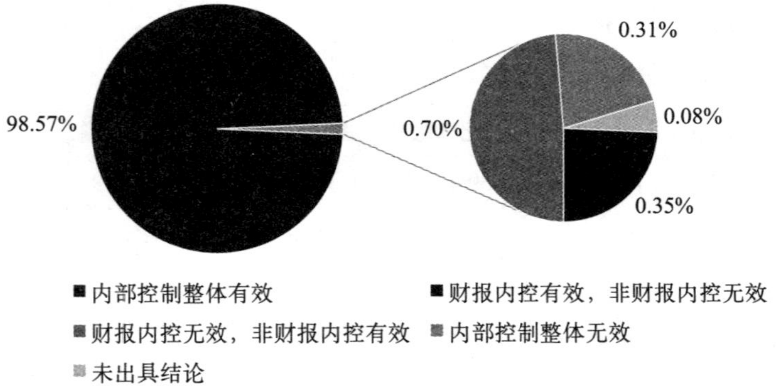

图 1－1　2014 年度上市公司内部控制评价结论情况[①]

数据来源：DIB 迪博内部控制与风险管理数据库 www. ic－erm. com

① 此图的占比加起来为 100.01%，是因为计算过程中四舍五入，后文若出现此问题，亦为此因。

内部控制评价结论整体有效的比例为98.57%，其中沪市主板、深市主板、深市中小板和深市创业板分别有98.13%、98.06%、98.78%和99.76%的公司内部控制评价结论为整体有效，如表1－4所示。

表1－4　2014年度上市公司内部控制评价结论有效性情况

所属交易所	内控评价结论整体有效的公司		内控评价结论非整体有效的公司		披露内控评价报告的公司数量
	数量	占比	数量	占比	
沪市主板	947	98.13%	18	1.87%	965
深市主板	455	98.06%	9	1.94%	464
深市中小板	729	98.78%	9	1.22%	738
深市创业板	418	99.76%	1	0.24%	419
总计	2 549	98.57%	37	1.43%	2 586

数据来源：DIB迪博内部控制与风险管理数据库 www.ic－erm.com

内部控制评价结论非整体有效的上市公司情况如表1－5所示。

表1－5　2014年度上市公司内部控制评价结论非整体有效的上市公司情况

证券代码	证券简称	内部控制评价结论	内部控制评价结论说明
000611	内蒙发展	内部控制整体无效	公司已经根据基本规范、评价指引及其他相关法律法规的要求，对公司截至2014年12月31日的内部控制设计与运行的有效性进行了自我评价。 报告期内，公司在内部控制设计与运行方面存在尚未完成整改的重大缺陷： 1. 未能建立专门的内控部门 2. 未能建立有效的内控制度 3. 公司商票的购买和使用登记不准确，由于存在上述缺陷，可能会给公司未来生产经营带来相关风险，目前主要是商票存在继续发生或有负债的可能。

续表

证券代码	证券简称	内部控制评价结论	内部控制评价结论说明
000611	内蒙发展	内部控制整体无效	自内部控制评价报告基准日至内部控制评价报告发出日之间，公司新的管理团队：（1）重新制定和颁布了《内部控制手册》和《内部控制评价标准》；（2）组建了内审部，负责监督执行上述标准；（3）对于公司的商票展开了专项的清查，重新确定了商票管理的相关制度。 2015 年，我们将随着业务转型，将内部控制应当与公司经营规模、业务范围、竞争状况和风险水平等相适应，并随着情况的变化及时加以调整。严格执行新制订的《内部控制手册》和《内部控制评价标准》。 未来期间，公司将继续完善内部控制制度，规范内部控制制度执行，强化内部控制监督检查，促进公司健康、可持续发展。
002608	舜天船舶	内部控制整体无效	根据公司财务报告内部控制重大缺陷的认定情况，于内部控制评价报告基准日，公司存在财务报告内部控制重大缺陷。 根据公司非财务报告内部控制重大缺陷认定情况，于内部控制评价报告基准日，公司存在非财务报告内部控制重大缺陷。 自内部控制评价报告基准日至内部控制评价报告发出日之间未发生影响内部控制有效性评价结论的因素。
600234	山水文化	内部控制整体无效	根据公司财务报告内部控制重大缺陷的认定情况，于内部控制评价报告基准日，公司存在财务报告内部控制重大缺陷。 根据公司非财务报告内部控制重大缺陷认定情况，于内部控制评价报告基准日，公司存在非财务报告内部控制重大缺陷。 董事会认为，于内部控制评价报告基准日，公司未能按照企业内部控制规范体系和相关规定的要求在所有重大方面保持有效的内部控制。自内部控制评价报告基准日至内部控制评价报告发出日之间未发生影响内部控制有效性评价结论的因素。
600403	大有能源	内部控制整体无效	根据公司财务报告内部控制重大缺陷的认定情况，于内部控制评价报告基准日，由于存在两项财务报告内部控制重大缺陷，董事会认为，公司未能按照企业内部控制规范体系和相关规定的要求在所有重大方面保持有效的财务报告内部控制。

续表

证券代码	证券简称	内部控制评价结论	内部控制评价结论说明
600403	大有能源	内部控制整体无效	根据公司非财务报告内部控制重大缺陷认定情况，于内部控制评价报告基准日，公司存在一项非财务报告内部控制重大缺陷。 自内部控制评价报告基准日至内部控制评价报告发出日之间未发生影响内部控制有效性评价结论的因素。
600575	皖江物流	内部控制整体无效	根据公司财务报告内部控制重大缺陷的认定情况，于内部控制评价报告基准日，淮矿物流公司出现重大信用风险事项，涉及巨额债权债务，且已出现债务逾期情形和重大坏账风险，存在财务报告内部控制重大缺陷。 根据非财务报告内部控制重大缺陷的认定情况，于内部控制评价报告基准日，淮矿物流公司出现重大信用风险事项，表明皖江物流公司对淮矿现代物流公司在法人治理、内部控制、日常监督等相关内部控制制度的执行上存在重大缺陷。 董事会认为，公司未能按照企业内部控制规范体系和相关规定的要求在所有重大方面保持有效的财务报告和非财务报告内部控制。 自内部控制评价报告基准日至内部控制评价报告发出日，未发现影响内部控制有效性评价结论的因素。
600656	*ST博元	内部控制整体无效	根据公司财务报告内部控制重大缺陷的认定情况，于内部控制评价报告基准日，在公司层面、销售流程、投资流程、采购流程、资金活动方面均存在财务报告内部控制重大缺陷，董事会认为，除上述已经披露的内部控制重大缺陷以外，公司按照企业内部控制规范体系和相关规定的要求在所有重大方面保持了有效的财务报告内部控制。 根据公司非财务报告内部控制重大缺陷认定情况，于内部控制评价报告基准日，公司并未设立部门和制度以降低管理层和治理层凌驾于控制之上的风险；公司因涉嫌信息披露违法违规，被中国证券监督管理委员会立案调查。 自内部控制评价报告基准日至内部控制评价报告发出日之间未发生影响内部控制有效性评价结论的因素。

续表

证券代码	证券简称	内部控制评价结论	内部控制评价结论说明
600696	多伦股份	内部控制整体无效	根据《基本规范》、《评价指引》及其他相关法律法规的要求，对公司截至2014年12月31日的内部控制设计与运行的有效性开展测试，并进行了自我评价。 根据上述认定标准，结合日常监督和专项监督情况，多伦股份在2014年度发现报告期内存在重大缺陷和重要缺陷，公司具有一般的内部控制环境，会计信息真实、完整，各项内部控制体系完全符合《企业内部控制基本规范及配套指引》和证券监管部门的要求，内控机制和内控制度在完整性、合理性等方面不存在重大缺陷；但实际执行过程中存在重大偏差，在有效性方面亦存在重大缺陷。报告期内，公司对纳入评价范围的业务与事项均建立了部分内部控制，并没有有效执行，未达到公司内部控制目标，发现财务报告和非财务报告相关内部控制存在重大缺陷和重要缺陷。
600732	上海新梅	内部控制整体无效	根据公司财务报告内部控制重大缺陷的认定情况，董事会认为，由于存在上述重大缺陷及其对实现控制目标的影响，公司于2014年12月31日未能按照《企业内部控制基本规范》和相关规定在所有重大方面保持有效的财务报告内部控制。 根据公司非财务报告内部控制重大缺陷认定情况，于内部控制评价报告基准日，除因公司股权纠纷造成公司股东大会和董事会的职能受到部分限制，公司的战略发展规划无法即时得以实施外，公司未发现非财务报告内部控制存在其他重大缺陷。 自内部控制评价报告基准日至内部控制评价报告发出日之间未发生影响内部控制有效性评价结论的因素。
000033	*ST新都	财报内控无效，非财报内控有效	根据公司财务报告内部控制重大缺陷的认定情况，于内部控制评价报告基准日，由于以前年度存在财务报告内部控制重大缺陷，该缺陷的影响在本报告期内未能消除，董事会认为，公司在未能按照企业内部控制规范体系和相关规定的要求，对该内控缺陷相关事项保持有效的财务报告内部控制外，其他重大方面已保持有效控制。 根据公司非财务报告内部控制重大缺陷认定情况，于内部控制评价报告基准日，公司未发现非财务报告内部控制重大缺陷。 自内部控制评价报告基准日至内部控制评价报告发出日之间未发生影响内部控制有效性评价结论的因素。

续表

证券代码	证券简称	内部控制评价结论	内部控制评价结论说明
000403	ST 生化	财报内控无效，非财报内控有效	根据公司财务报告内部控制重大缺陷的认定情况，于内部控制评价报告基准日，存在下述与财务报告内部控制相关的重大缺陷。 1. 公司 2014 年度发生更正已公布的财务报告，符合《内控自评报告》中对重大缺陷认定之（3）“公司更正已公布的财务报告”的规定。 2. 公司未设立内部审计机构，无法对生产经营活动进行有效监督。该缺陷不符合《企业内部控制基本规范》第十五条、第四十四条之规定。与贵公司《内控自评报告》中认定为重大缺陷之（4）“公司审计委员会和内部审计机构对内部控制的监督无效”之规定相一致。 3. 公司 2014 年 8 月 7 日收到中国证券监督管理委员会山西监管局下发的行政监管措施决定书【2014】5 号《关于对振兴生化股份有限公司采取出具警示函措施的决定》和【2014】6 号《关于对振兴生化股份有限公司采取责令公开说明措施的决定》。 根据公司非财务报告内部控制重大缺陷认定情况，于内部控制评价报告基准日，公司未发现非财务报告内部控制重大缺陷。 自内部控制评价报告基准日至内部控制评价报告发出日之间未发生影响内部控制有效性评价结论的因素。
000511	烯碳新材	财报内控无效，非财报内控有效	公司董事会根据《企业内部控制基本规范》、《企业内部控制应用指引》、《上市公司内部控制指引》，对公司内部控制进行评价如下：公司 2014 年度进一步健全、完善内部控制制度建设，各项内部控制制度符合国家有关法律、法规和监管部门的要求，在公司重大事项方面保持了有效控制，各项内部控制在生产经营等公司营运的各个环节中得到了持续和严格的执行，适应公司发展的需要。 大信会计师事务所作为年报审计机构，董事会须尊重其内控审计意见，因为其与前任会计师的会计估计差异，造成对公司 2014 年财务报表的期初数进行调整，进而认定于内部控制评价报告基准日 2014 年 12 月 31 日，存在与财务报告有关的内部控制重大缺陷两个。

续表

证券代码	证券简称	内部控制评价结论	内部控制评价结论说明
000652	泰达股份	财报内控无效，非财报内控有效	公司已经根据基本规范、评价指引及其他相关法律法规的要求，对公司截至2014年12月31日的内部控制设计与运行的有效性进行了自我评价。报告期内，公司对纳入评价范围的业务与事项均已建立了内部控制，由于存在财务报告内部控制重大缺陷，董事会认为：公司未能按照企业内部控制规范体系和相关规定的要求在所有重大方面保持有效的财务报告内部控制。 自内部控制评价报告基准日至内部控制评价报告发出日之间未发生对评价结论产生实质性影响的内部控制的重大变化。
002336	人人乐	财报内控无效，非财报内控有效	根据公司财务报告内部控制重大及重要缺陷认定情况，公司在2015年1月发现报告期内财务报告内部控制存在一项资产安全控制重大缺陷，该项缺陷目前正在整改中。 根据公司非财务报告内部控制重大及重要缺陷认定情况，于内部控制评价报告基准日，公司未发现非财务报告内部控制重大及重要缺陷。
002359	齐星铁塔	财报内控无效，非财报内控有效	报告期内，公司现有内部控制制度基本能够适应公司管理的要求，能够为编制真实、完整、公允的财务报表提供合理保证，能够为公司各项业务活动的健康运行及国家有关法律、法规和公司内部规章制度的贯彻执行提供保证，能够保护公司资产的安全、完整。公司对纳入评价范围的业务与事项均已建立了内部控制。 但是，2014年出现公司为控股股东倒贷提供短期资金拆借的行为，说明了公司在内部控制、资金监管等方面尚存在严重不足，相关责任人未能恪尽职守、忠实勤勉，维护上市公司权益，相关工作存在严重失职、违反了《上市公司信息披露管理办法》、《深圳证券交易所中小板上市公司规范运作指引》等相关规定的要求。鉴于公司存在的问题，为维护上市公司权益、保障公司规范运作，并引以为戒，公司对相关责任人进行处罚，并责令其加强相关法律法规的学习、积极参加山东监管局及深圳证券交易所举办的相关培训，提升自身专业素质、提高规范运作意识。 2014年底，公司控股股东变更为晋中龙跃投资咨询服务有限公司，成立了新一届董事会，在新一届董事会的领导下，公司将进一步优

续表

证券代码	证券简称	内部控制评价结论	内部控制评价结论说明
002359	齐星铁塔	财报内控无效，非财报内控有效	化公司治理结构，规范三会运作，按照现代企业制度的要求，充分发挥独立董事、专门委员会的职能和监事会的监督作用，约束控股股东和实际控制人的决策和经营行为。加大内部审计部门的建设，将内审部门真正建设成为直接对独立董事、董事会审计委员会负责的机构。将控股股东及关联方授信与上市公司授信分离，由银行对上市公司单独授信，坚决杜绝控股股东及其关联方非经营占用上市公司资金，进一步强化内部控制制度的执行，促进公司健康、可持续发展。
002558	世纪游轮	财报内控无效，非财报内控有效	（一）财务报告内部控制重大缺陷 重大缺陷，是指一个或多个控制缺陷的组合，可能导致企业严重偏离控制目标。在本次内部控制自我评价中，本公司管理层注意到财务报告内部控制存在以下重大缺陷： 1. 本公司全资子公司重庆新世纪国际旅行社有限公司（以下简称“新世纪国旅”）缺失对门店经营成果识别、获取、汇总的财务管控机制，无法保证门店的经营成果被准确、完整地纳入新世纪国旅的会计核算范围，该等缺陷影响财务报表中的营业收入、销售费用及税金的准确性、完整性及截止性，与之相关财务报告内部控制设计存在重大缺陷。 2. 新世纪国旅尚未就旅游业务的承接、缴费、组团等业务环节建立财务系统和业务系统核对的内部控制机制，该等缺陷影响财务报表中的营业收入、营业成本及销售费用的准确性、完整性及截止性，与之相关财务报告内部控制设计失效。 新世纪国旅尚未在2014年度完成对上述存在重大缺陷的内部控制的整改工作，但在编制2014年度财务报表时已对这些可能存在的会计差错予以关注和纠正，并对前期对应数据相应进行了追溯调整和重述。 根据2015年4月10日本公司董事会决议，本公司对2014年度财务报表的前期对应数据及当期相关数据进行了追溯重述及当期调整，更正了涉及营业收入、营业成本、营业税金及附加、销售费用、所得税以及未分配利润等会计科目前期对应数据的重大会计差错。同时，管理层已从2015年起，开始着手对该事项进行整改，将挂靠门店的经营成果全部纳入公司会计核算，完善内部管理制度，增加财务人员，对有关人员展开培训，相关措施正在纠正运行中。

续表

证券代码	证券简称	内部控制评价结论	内部控制评价结论说明
002558	世纪游轮	财报内控无效，非财报内控有效	（二）财务报告内部控制自我评估意见 本公司管理层认为，子公司新世纪国旅挂靠门市会计处理的职业判断有偏差，从而挂靠门店的经营成果未准确、完整纳入会计核算范围，导致公司内控存在缺陷。管理层已意识到该缺陷，并于2015年一季度开始采取一系列纠正措施。除上述内部控制的重大缺陷及其对实现控制目标的影响外，本公司于2014年12月31日在所有重大方面保持了按《公司法》、《公司章程》、《深圳证券交易所中小板企业板上市公司规范运作指引》等相关法律法规中与财务报告相关的有效的内部控制。
002638	勤上光电	财报内控无效，非财报内控有效	根据公司财务报告内部控制重大缺陷的认定情况，于内部控制评价报告基准日，由于存在财务报告内部控制一般缺陷，董事会认为，公司未能按照企业内部控制规范体系和相关规定的要求在所有重大方面保持有效的财务报告内部控制。 根据公司非财务报告内部控制重大缺陷认定情况，于内部控制评价报告基准日，公司不存在非财务报告内部控制重大缺陷。 自内部控制评价报告基准日至内部控制评价报告发出日之间未发生对内部控制评价结论产生实质性影响的内部控制的重大变化。
002647	宏磊股份	财报内控无效，非财报内控有效	根据公司财务报告内部控制重大缺陷的认定情况，于内部控制评价报告基准日，公司的内部控制设计与运行在报告期内基本有效，但公司在贸易业务合同执行及资金管理方面尚需完善和整改。存在缺陷如下：公司及子公司从事铜材贸易业务，未严格执行对供应商、客户资信评审程序；贸易商品仓单等凭据流转不及时；与贸易业务相关的采购付款、销售收款内部控制执行不到位，存在不按合同约定的结算方式和期限进行交易和收、付款的情况，存在大额预付款项退回的情形。董事会认为，除上述缺陷外，根据深圳证券交易所《中小企业板上市公司规范运作指引》及相关规定，本公司财务报告内部控制于2014年12月31日在其他重大方面是有效的。 根据公司非财务报告内部控制重大缺陷认定情况，于内部控制评价报告基准日，公司未发现非财务报告内部控制重大缺陷。 自内部控制评价报告基准日至内部控制评价报告发出日之间未发生影响内部控制有效性评价结论的因素。

续表

证券代码	证券简称	内部控制评价结论	内部控制评价结论说明
002694	顾地科技	财报内控无效，非财报内控有效	根据公司财务报告内部控制重大缺陷的认定情况，于内部控制评价报告基准日，公司发生控股股东控制占用公司资金的事项，公司资金、票据的内部控制运行部分失效；公司对子公司的管控存在薄弱环节，对子公司的财务管控有待加强；全资子公司佛山顾地塑胶有限公司在大宗原材料采购业务中，未严格执行对供应商资信及采购合同的评审程序、与大宗原材料采购业务相关的采购付款内部控制执行不到位，存在通过采购业务预付套取公司资金的情况。公司认为，除上述缺陷外，根据深圳证券交易所《中小企业板上市公司规范运作指引》及相关规定，本公司财务报告内部控制于2014年12月31日在其他重大方面是有效的。 根据公司非财务报告内部控制重大缺陷认定情况，于内部控制评价报告基准日，公司未发现非财务报告内部控制重大缺陷。自内部控制评价报告基准日至内部控制评价报告发出日期间，公司及公司控股股东采取了以下措施：（1）2015年1月28日，控股股东向公司归还全部占用资金，并按6.50%的年利率支付了全部资金占用利息；（2）2015年3月29日，公司召开了第二届董事会第二十次会议，审议通过了《关于控股股东资金占用的整改报告》。整改报告对前述内部控制重大缺陷进行了总结和分析，并提出了全面整改措施。我们相信，整改措施的落实将有助于弥补公司财务报告内部控制重大缺陷，全面提升公司内部控制的有效性。
600145	*ST国创	财报内控无效，非财报内控有效	公司已经根据基本规范、评价指引及其他相关法律法规的要求，对公司截至2014年12月31日的内部控制设计与运行的有效性进行了自我评价。公司未能按照《企业内部控制基本规范》和相关规定在所有重大方面保持有效的财务报告内部控制。
600408	安泰集团	财报内控无效，非财报内控有效	根据公司财务报告内部控制重大、重要缺陷的认定标准，由于公司存在两项财务报告内部控制重大缺陷，公司未能按照企业内部控制规范体系和相关规定的要求在所有重大方面保持有效的财务报告内部控制。 根据公司非财务报告内部控制重大、重要缺陷的认定标准，于内部控制评价报告基准日，公司不存在非财务报告内部控制重大缺陷。

续表

证券代码	证券简称	内部控制评价结论	内部控制评价结论说明
600408	安泰集团	财报内控无效，非财报内控有效	公司2014年度发生两项影响内部控制有效性评价结论的因素：一是公司对关联方未能按照协议约定时间支付款项的情况，未能及时采取相应措施加以催收或有效控制；二是公司控股股东控制的关联企业发生占用公司及子公司资金的情况，导致公司的内部控制运行部分失效。
600423	柳化股份	财报内控无效，非财报内控有效	根据公司财务报告内部控制重大缺陷的认定情况，于内部控制评价报告基准日，由于存在财务报告内部控制重大缺陷，董事会认为，公司未能按照企业内部控制规范体系和相关规定的要求在所有重大方面保持有效的财务报告内部控制。 根据公司非财务报告内部控制重大缺陷认定情况，于内部控制评价报告基准日，公司未发现非财务报告内部控制重大缺陷。 自内部控制评价报告基准日至内部控制评价报告发出日之间未发生影响内部控制有效性评价结论的因素。
600671	天目药业	财报内控无效，非财报内控有效	根据公司财务报告内部控制重大缺陷的认定及整改情况，于内部控制评价报告基准日，由于存在财务报告内部控制重大缺陷，董事会认为，截止到内部控制评价报告基准日，公司未能按照企业内部控制规范体系和相关规定的要求在所有重大方面保持了有效的财务报告内部控制。 根据公司非财务报告内部控制重大缺陷认定及整改情况，于内部控制评价报告基准日，除以下事项以外，公司未发现非财务报告内部控制重大缺陷：（1）公司正在改善内部审计人员配置、抽调业务能力强的人员参与内部审计、加强内部审计人员培训、整体提高内部审计人员专业胜任能力；强化内部审计对筹资和债务管理、担保业务、工程项目管理、固定资产购建与使用、无形资产取得与使用、销售业务等的监督检查职责；按照有关法律法规、内部审计监察规范的要求，编制内部审计监察工作手册，完善内部审计监察程序和相关工作记录、底稿，建立内部审计监察工作责任考核制度，进一步规范内部审计活动；（2）公司正在加强工程项目可行性论证、工程决策水平和工程管理水平分析评估、工程项目管理岗位责任考核、工程项目内部审计等内部控制的建设；（3）公司正在逐步完善人力资源政策、人力资源总体规划、人力资源能力框架的定期评估

续表

证券代码	证券简称	内部控制评价结论	内部控制评价结论说明
600671	天目药业	财报内控无效，非财报内控有效	制度，优化人力资源政策和员工绩效考核方案，以有效地提高员工的工作效率和实现自身价值；（4）公司正在规范筹资流程，加强和优化资金需求分析管理、筹资预算管理、筹资方案管理、筹资审批管理、筹资合同管理、筹资和债务管理分析、筹资与债务管理责任考核制度；（5）公司正在加强固定资产和无形资产取得、使用与维保、以及管理等事项的定期分析控制建设，优化和完善无形资产管理责任考核制度，加强内部审计与监察对固定资产和无形资产请购、取得（采购）、验收、付款、使用与维保等全过程的有效监督检查；（6）公司正逐步建立“根据发展战略、发展规划、经营计划，制定客户开发计划、开发方案和开发预算”的制度和“客户数据和客户信用管理数据”建立维护制度，将逐步完善销售流程重要工作和相关数据或信息记录及定期根据这些分析记录分析销售情况和相关问题，以及将强化内部审计与监察在销售业务中职责；（7）对关键业务实施了预算管理，但尚未实施全面管理，公司董事会将设立预算委员会，专门负责公司全面预算管理工作；针对以上不足，公司董事会和经理层正在完善相关内部控制体系，从而规范公司各种行为、切实维护公司和全体投资者的利益。公司将对存在的内部控制缺陷进行整改，并在未来经营发展中，进一步结合经营管理实际，不断完善、持续强化内控制度管理，提升公司规范化运作水平，以切实保护投资者特别是中小投资者利益。 自内部控制评价报告基准日至内部控制评价报告发出日之间，公司已经根据内部审计部门审计意见、并结合外部审计机构意见对存在的问题进行了整改：对部分存货及发出商品已经按规定计提了减值损失、对黄山市天目药业有限公司部分在建工程按相关制度办理了转固手续。自内部控制自我评价报告发出日，公司已不存在内部控制重大缺陷，已按照企业内部控制规范体系和相关规定的要求在所有重大方面保持了有效的财务报告内部控制。
600677	航天通信	财报内控无效，非财报内控有效	我公司在内部控制评价过程中，发现财务报告内存在重大内部控制缺陷，具体为客户资信等级评估执行层面内部控制程序及授信额度管理内部控制程序存在重大缺陷。 我公司在内部控制评价过程中，未发现与非财务报告相关的重大内部控制缺陷。

续表

证券代码	证券简称	内部控制评价结论	内部控制评价结论说明
600677	航天通信	财报内控无效，非财报内控有效	我公司聘请的立信会计师事务所（特殊普通合伙）已对公司财务报告相关内部控制的有效性进行了审计，已在2014年度财务报表审计中考虑了上述重大缺陷对审计程序的性质、时间安排和范围的影响，并对公司2014年度财务报表出具了标准无保留意见的审计报告。
600806	昆明机床	财报内控无效，非财报内控有效	根据公司财务报告内部控制重大缺陷的认定情况，于内部控制评价报告基准日，存在财务报告内部控制重大缺陷，董事会认为，公司尚未建立与砂箱、备件和铸件非经常性交易相关的内部控制。交易发生时，财务部门与业务部门缺乏充分的沟通，并且后续的财务报告流程中的相关复核控制运行失效。该缺陷可能对财务报表中的存货、应收账款、其他应付款、营业收入及营业成本产生重大影响。管理层与相关部门进行检讨和总结，加强管理，改善提高管理意识和水平。本公司此次产生缺陷的业务因临时产生，是不及建章建制而致，公司发现上述缺陷，并进行了整改，并在编制2014年度财务报表时已对由于上述缺陷可能引起的会计差错予以关注、避免和纠正。 根据公司非财务报告内部控制重大缺陷认定情况，于内部控制评价报告基准日，公司未发现就非财务报告内部控制重大缺陷。
601003	柳钢股份	财报内控无效，非财报内控有效	根据公司财务报告内部控制重大缺陷的认定情况，于内部控制评价报告基准日，由于存在财务报告内部控制重大缺陷，董事会认为，公司未能按照企业内部控制规范体系和相关规定的要求在所有重大方面保持有效的财务报告内部控制。 根据公司非财务报告内部控制重大缺陷认定情况，于内部控制评价报告基准日，公司未发现非财务报告内部控制重大缺陷。 自内部控制评价报告基准日至内部控制评价报告发出日之间未发生影响内部控制有效性评价结论的因素。
601558	*ST锐电	财报内控无效，非财报内控有效	根据公司财务报告内部控制重大缺陷的认定情况，于内部控制评价报告基准日，鉴于相关存货账实不同步情况严重，存在存货管理制度执行方面的重大缺陷，董事会认为，公司未能按照企业内部控制规范体系和相关规定的要求在所有重大方面保持有效的财务报告内部控制。

续表

证券代码	证券简称	内部控制评价结论	内部控制评价结论说明
601558	*ST锐电	财报内控无效，非财报内控有效	根据公司非财务报告内部控制重大缺陷认定情况，于内部控制评价报告基准日，公司未发现非财务报告内部控制重大缺陷。 自内部控制评价报告基准日至内部控制评价报告发出日之间，未发生影响内部控制有效性评价结论的因素。
000155	ST川化	财报内控有效，非财报内控无效	根据公司财务报告内部控制重大缺陷的认定标准，于内部控制评价报告基准日，不存在财务报告内部控制重大缺陷，董事会认为，公司已按照企业内部控制规范体系的要求在所有重大方面保持了有效的财务报告内部控制。 根据公司非财务报告内部控制重大缺陷认定标准，于内部控制评价报告基准日，公司发现1个非财务报告内部控制重大缺陷。 自内部控制评价报告基准日至内部控制评价报告发出日之间未发生影响内部控制有效性评价结论的因素。
000668	荣丰控股	财报内控有效，非财报内控无效	根据公司财务报告内部控制重大缺陷的认定情况，于内部控制评价报告基准日，不存在财务报告内部控制重大缺陷，董事会认为，公司已按照企业内部控制规范体系和相关规定的要求在所有重大方面保持了有效的财务报告内部控制。 根据公司非财务报告内部控制重大缺陷认定情况，于内部控制评价报告基准日，公司发现1个非财务报告内部控制重大缺陷。 自内部控制评价报告基准日至内部控制评价报告发出日之间未发生影响内部控制有效性评价结论的因素。
000912	泸天化	财报内控有效，非财报内控无效	根据公司财务报告内部控制重大缺陷的认定情况，于内部控制评价报告基准日，不存在财务报告内部控制重大缺陷，董事会认为，公司已按照企业内部控制规范体系和相关规定的要求在所有重大方面保持了有效的财务报告内部控制。 根据公司非财务报告内部控制重大缺陷认定情况，于内部控制评价报告基准日，公司发现两个非财务报告内部控制重大缺陷。 自内部控制评价报告基准日至内部控制评价报告发出日之间未发生影响内部控制有效性评价结论的因素。

续表

证券代码	证券简称	内部控制评价结论	内部控制评价结论说明
002278	神开股份	财报内控有效，非财报内控无效	根据公司财务报告内部控制重大缺陷的认定情况，于内部控制评价报告基准日，不存在财务报告内部控制重大缺陷，董事会认为，公司已按照企业内部控制规范体系和相关规定的要求在所有重大方面保持了有效的财务报告内部控制。 根据公司非财务报告内部控制重大缺陷认定情况，于内部控制评价报告基准日，公司发现两个非财务报告内部控制重大缺陷。 自内部控制评价报告基准日至内部控制评价报告发出日之间未发生影响内部控制有效性评价结论的因素。
002565	上海绿新	财报内控有效，非财报内控无效	综上所述，我们认为：报告期内，公司内部控制制度除浙江德美事项外，不存在其他重大缺陷和重要缺陷。内部控制制度得以有效执行，能够对公司各项业务的健康运行及经营风险的控制提供保证。 今后，公司将继续完善内部控制制度，规范内部控制制度执行，强化内部控制监督检查，促进公司健康、可持续发展。
600211	西藏药业	财报内控有效，非财报内控无效	根据公司财务报告内部控制重大缺陷的认定情况，不存在财务报告内部控制重大缺陷。董事会认为：公司已经按照企业内部控制规范体系和相关规定的要求在所有重大事务方面保持了有效的财务报告的内部控制。 根据公司非财务报告内部控制重大缺陷认定情况，于内部控制评价报告基准日，公司发现有两个非财务报告内部控制重大缺陷。 自内部控制评价报告基准日至内部控制评价报告发出日之间并未发生影响内部控制有效性评价结论的因素。
600721	百花村	财报内控有效，非财报内控无效	根据公司财务报告内部控制重大缺陷的认定情况，于内部控制评价报告基准日，不存在财务报告内部控制重大缺陷，董事会认为，公司已按照企业内部控制规范体系和相关规定的要求在所有重大方面保持了有效的财务报告内部控制。 根据公司非财务报告内部控制重大缺陷认定情况，于内部控制评价报告基准日，公司发现一项非财务报告内部控制重大缺陷。 自内部控制评价报告基准日至内部控制评价报告发出日之间未发生影响内部控制有效性评价结论的因素。

续表

证券代码	证券简称	内部控制评价结论	内部控制评价结论说明
600870	厦华电子	财报内控有效，非财报内控无效	根据公司财务报告内部控制重大缺陷的认定情况，不存在财务报告内部控制重大缺陷。董事会认为，公司已经按照企业内部控制规范体系和相关规定的要求在所有重大事务方面保持了有效的财务报告的内部控制。 根据公司非财务报告内部控制重大缺陷认定情况，于内部控制评价报告基准日，公司发现有1个非财务报告内部控制重大缺陷。 自内部控制评价报告基准日至内部控制评价报告发出日之间并未发生影响内部控制有效性评价结论的因素。
603366	日出东方	财报内控有效，非财报内控无效	根据公司财务报告内部控制重大缺陷的认定情况，于内部控制评价报告基准日，不存在财务报告内部控制重大缺陷。董事会认为，公司已按照企业内部控制规范体系和相关规定的要求在所有重大方面保持了有效的财务报告内部控制。 根据公司非财务报告内部控制重大缺陷认定情况，于内部控制评价报告基准日，公司发现1个非财务报告内部控制重大缺陷。 自内部控制评价报告基准日至内部控制评价报告发出日之间未发生影响内部控制有效性评价结论的因素。
000892	星美联合	未出具结论	在报告期内，公司的重大资产重组事项没有实质性进展，何时能重置主营业务、恢复持续经营能力和盈利能力尚不明确，因此，在这种情形下，公司暂时无法按照《企业内部控制基本规范》和《企业内部控制配套指引》的相关要求进行系统的、全面的内部控制建设。尽管如此，公司现有的（包括但不限于）组织控制、风险控制、信息控制、会计管理控制等内部控制管理制度比较符合公司的实际情况，能够适应公司现行的管理要求；能够保证公司会计资料的真实性、合法性、完整性；能够按照法律、法规和公司章程规定保证信息披露的真实、准确、完整和及时，确保公开、公平、公正地对待所有投资者。公司内部控制总体上符合中国证监会和深圳证券交易所关于上市公司内部控制的基本要求。
300167	迪威视讯	未出具结论	N/A

数据来源：DIB 迪博内部控制与风险管理数据库 www. ic - erm. com

(五) 内部控制评价范围及评价方法[①]

2014 年度，披露了内部控制评价报告的上市公司中，2 262 家公司披露了内部控制评价范围，占比 87.47%；274 家上市公司披露了内部控制评价方法，占比 10.60%。其中，主板上市公司内部控制评价范围披露比例显著高于深市中小板和深市创业板。如表 1－6 所示。

表 1－6　2014 年度上市公司披露内控评价范围及内控评价方法的情况

所属交易所	披露内控评价范围的公司		未披露内控评价范围的公司		披露内控评价方法的公司		未披露内控评价方法的公司		披露内控评价报告的公司数量
	数量	占比	数量	占比	数量	占比	数量	占比	
沪市主板	955	98.96%	10	1.04%	118	12.23%	847	87.77%	965
深市主板	455	98.06%	9	1.94%	65	14.01%	399	85.99%	464
深市中小板	605	81.98%	133	18.02%	57	7.72%	681	92.28%	738
深市创业板	247	58.95%	172	41.05%	34	8.11%	385	91.89%	419
总计	2 262	87.47%	324	12.53%	274	10.60%	2 312	89.40%	2 586

数据来源：DIB 迪博内部控制与风险管理数据库 www.ic－erm.com

披露了内部控制评价范围的上市公司中，96.60% 的上市公司披露了“纳入评价范围的主要单位”，81.70% 的上市公司披露了“纳入评价范围单位资产总额占公司合并财务报表资产总额的百分比”，81.79% 的上市公司披露了“纳入评价范围单位营业收入合计占公司合并财务报表营业收入总额的百分比”，98.23% 的上市公司披露了“纳入评价范围的主要业务和事项”，81.70% 的上市公司披露了“重点关注的高风险领域”，如表 1－7 所示。

① 在《规定》中，并未要求上市公司披露内部控制评价的程序和方法，本报告仅为研究用途收录并统计，并不说明未披露内部控制评价方法的上市公司有违规定。

表 1-7 2014 年度上市公司内部控制评价范围披露情况

所属交易所	披露纳入评价范围的主要单位		披露纳入评价范围单位资产总额占公司合并财务报表资产总额的百分比		披露纳入评价范围单位营业收入合计占公司合并财务报表营业收入总额的百分比		披露纳入评价范围的主要业务和事项		披露重点关注的高风险领域		披露内控评价范围的公司数量
	数量	占比	数量	占比	数量	占比	数量	占比	数量	占比	
沪市主板	932	97.59%	814	85.24%	820	85.86%	936	98.01%	812	85.03%	955
深市主板	441	96.92%	388	85.27%	384	84.40%	451	99.12%	381	83.74%	455
深市中小板	587	97.02%	475	78.51%	476	78.68%	592	97.85%	461	76.20%	605
深市创业板	225	91.09%	171	69.23%	170	68.83%	243	98.38%	194	78.54%	247
总计	2 185	96.60%	1 848	81.70%	1 850	81.79%	2 222	98.23%	1 848	81.70%	2 262

数据来源：DIB 迪博内部控制与风险管理数据库 www. ic - erm. com

三、内部控制评价缺陷

（一）内部控制缺陷认定标准披露情况

2014 年度，2 141 家上市公司披露了内部控制缺陷认定标准，445 家上市公司未披露内部控制缺陷认定标准。按照所属交易所的不同，沪市主板、深市主板、深市中小板和深市创业板上市公司中，未披露内部控制缺陷认定标准的公司占比分别为 2.38%、5.39%、24.93% 和 50.84%，如表

1－8所示。在披露了内部控制缺陷认定标准的上市公司中，1 963家上市公司披露了完整的财报和非财报内部控制缺陷定性及定量认定标准，178家上市公司未披露完整的内部控制缺陷认定标准。

表1－8　2014年度上市公司披露了内部控制缺陷认定标准的情况

所属交易所	披露了内控缺陷认定标准的公司				披露内控缺陷认定标准的公司小计		未披露内控缺陷认定标准的公司		披露内控评价报告的公司数量
	完整披露财报和非财报内控缺陷定量、定性认定标准的公司		未完整披露财报和非财报内控缺陷定量、定性认定标准的公司						
	数量	占比	数量	占比	数量	占比	数量	占比	
沪市主板	876	92.99%	66	7.01%	942	97.62%	23	2.38%	965
深市主板	377	85.88%	62	14.12%	439	94.61%	25	5.39%	464
深市中小板	526	94.95%	28	5.05%	554	75.07%	184	24.93%	738
深市创业板	184	89.32%	22	10.68%	206	49.16%	213	50.84%	419
总计	1 963	91.69%	178	8.31%	2 141	82.79%	445	17.21%	2 586

数据来源：DIB迪博内部控制与风险管理数据库 www.ic－erm.com

（二）内部控制缺陷披露情况

2014年度，351家上市公司披露了其存在内部控制缺陷。其中，343家公司披露了2014年度内部控制缺陷，其他8家公司仅披露了上年度内部控制缺陷的整改情况。

本报告仅选取2014年度内部控制缺陷进行分析，披露了内部控制评价报告的A股上市公司中，13.26%的上市公司披露了内部控制缺陷。其中，披露了财报内部控制缺陷的公司占比6.38%，披露了非财报内部控制缺陷的公司占比 10.52%；披露了内部控制重大缺陷的公司占比 1.62%，披露了重要缺陷的公司占比 1.86%，披露了一般缺陷的公司占比 10.17%，未区分缺陷等级的公司占比 0.15%。如表 1－9 所示。

表 1－9　　2014 年度披露内部控制评价缺陷的上市公司数量

分等级缺陷披露 \ 所属交易所		沪市主板	深市主板	深市中小板	深市创业板	总计
披露财报重大缺陷的公司	数量	15	8	9	0	32
	占比	1.55%	1.72%	1.22%	0.00%	1.24%
披露财报重要缺陷的公司	数量	4	5	4	2	15
	占比	0.41%	1.08%	0.54%	0.48%	0.58%
披露财报一般缺陷的公司	数量	46	22	34	15	117
	占比	4.77%	4.74%	4.61%	3.58%	4.52%
披露财报缺陷的公司小计	数量	64	35	49	17	165
	占比	6.63%	7.54%	6.64%	4.06%	6.38%
披露非财报重大缺陷的公司	数量	10	4	3	0	17
	占比	1.04%	0.86%	0.41%	0.00%	0.66%
披露非财报重要缺陷的公司	数量	26	7	3	1	37
	占比	2.69%	1.51%	0.41%	0.24%	1.43%
披露非财报一般缺陷的公司	数量	96	42	50	39	227
	占比	9.95%	9.05%	6.78%	9.31%	8.78%
披露非财报缺陷的公司小计	数量	125	52	55	40	272
	占比	12.95%	11.21%	7.45%	9.55%	10.52%
披露财报、非财报缺陷的公司总计	数量	140	67	77	43	327
	占比	14.51%	14.44%	10.43%	10.26%	12.65%
披露重大缺陷的公司小计	数量	20	11	11	0	42
	占比	2.07%	2.37%	1.49%	0.00%	1.62%

续表

分等级缺陷披露＼所属交易所		沪市主板	深市主板	深市中小板	深市创业板	总计
披露重要缺陷的公司小计	数量	27	11	7	3	48
	占比	2.80%	2.37%	0.95%	0.72%	1.86%
披露一般缺陷的公司小计	数量	111	51	59	42	263
	占比	11.50%	10.99%	7.99%	10.02%	10.17%
未区分缺陷等级的公司小计	数量	1	1	2	0	4
	占比	0.10%	0.22%	0.27%	0.00%	0.15%
披露内控缺陷的公司总计	数量	149	71	78	45	343
	占比	15.44%	15.30%	10.57%	10.74%	13.26%
披露内控评价报告公司数量		965	464	738	419	2 586

数据来源：DIB 迪博内部控制与风险管理数据库 www.ic－erm.com

2014 年度，343 家上市公司共披露 2 345 项内部控制缺陷。其中，重大缺陷 96 项，占比 4.09%；重要缺陷 77 项，占比 3.28%；一般缺陷 2 165 项，占比 92.32%；未区分缺陷等级的内部控制缺陷 7 项，占比 0.30%。如图 1－2 所示。

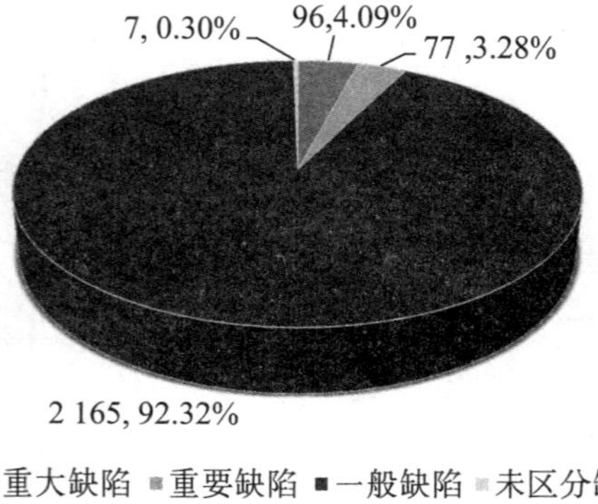

图 1－2　2014 年度内部控制评价缺陷数量披露情况

数据来源：DIB 迪博内部控制与风险管理数据库 www.ic－erm.com

（三）内部控制评价缺陷内容

2014 年度，343 家披露其存在内部控制缺陷的上市公司中，312 家公司披露了内部控制缺陷的具体内容，占比 90.96%；31 家公司未披露缺陷内容，占比 9.04%。如表 1－10 所示。

表 1－10　　2014 年度披露了具体缺陷内容的上市公司情况

所属交易所	披露具体缺陷内容的公司		未披露具体缺陷内容的公司		披露内控评价缺陷的公司数量
	数量	占比	数量	占比	
沪市主板	132	88.59%	17	11.41%	149
深市主板	61	85.92%	10	14.08%	71
深市中小板	76	97.44%	2	2.56%	78
深市创业板	43	95.56%	2	4.44%	45
总计	312	90.96%	31	9.04%	343

数据来源：DIB 迪博内部控制与风险管理数据库 www.ic－erm.com

2014 年度，343 家上市公司披露的 2 345 项内部控制缺陷中，披露了具体内容的内部控制缺陷 838 项，占比 35.74%；未披露具体内容的内部控制缺陷 1 507 项，占比 64.26%。如表 1－11 所示。

表 1－11　　2014 年度披露了具体内容的内部控制缺陷数量

所属交易所	披露具体内容的内控缺陷		未披露具体内容的内控缺陷		内控评价缺陷数量
	数量	占比	数量	占比	
沪市主板	386	22.76%	1 310	77.24%	1 696
深市主板	163	55.07%	133	44.93%	296
深市中小板	178	76.39%	55	23.61%	233
深市创业板	111	92.50%	9	7.50%	120
总计	838	35.74%	1 507	64.26%	2 345

数据来源：DIB 迪博内部控制与风险管理数据库 www.ic－erm.com

本报告按照财报缺陷/非财报缺陷、缺陷等级、设计缺陷/运行缺陷、公司层面缺陷/业务层面缺陷/信息系统层面缺陷、内部控制五要素对2014年度披露了具体内容的内部控制缺陷进行分类，统计出每个分类的内部控制缺陷数量和占比。其中，财报缺陷289项，占比34.49%，非财报缺陷549项，占比65.51%；设计缺陷144项，占比17.18%，运行缺陷601项，占比71.72%；公司层面缺陷279项，占比33.29%，业务层面缺陷533项，占比63.60%，信息系统层面缺陷26项，占比3.10%；内部环境类缺陷255项，占比30.43%，风险评估类缺陷11项，占比1.31%，控制活动类缺陷493项，占比58.83%，信息与沟通类缺陷60项，占比7.16%，内部监督类缺陷19项，占比2.27%。如表1－12所示。

表1－12　依缺陷性质分类的披露了具体内容的内部控制缺陷分布情况

内控缺陷分类＼所属交易所			沪市主板	深市主板	深市中小板	深市创业板	总计
财报/非财报	财报重大缺陷	数量	35	18	15	0	68
		占比	9.07%	11.04%	8.43%	0.00%	8.11%
	财报重要缺陷	数量	5	6	5	3	19
		占比	1.30%	3.68%	2.81%	2.70%	2.27%
	财报一般缺陷	数量	84	36	54	21	195
		占比	21.76%	22.09%	30.34%	18.92%	23.27%
	财报缺陷，未区分缺陷等级	数量	3	1	3	0	7
		占比	0.78%	0.61%	1.69%	0.00%	0.84%
	财报缺陷小计	数量	127	61	77	24	289
		占比	32.90%	37.42%	43.26%	21.62%	34.49%
	非财报重大缺陷	数量	13	8	4	0	25
		占比	3.37%	4.91%	2.25%	0.00%	2.98%

续表

内控缺陷分类 \ 所属交易所			沪市主板	深市主板	深市中小板	深市创业板	总计
财报/非财报	非财报重要缺陷	数量	37	13	3	1	54
		占比	9.59%	7.98%	1.69%	0.90%	6.44%
	非财报一般缺陷	数量	209	81	94	86	470
		占比	54.15%	49.69%	52.81%	77.48%	56.09%
	非财报缺陷小计	数量	259	102	101	87	549
		占比	67.10%	62.58%	56.74%	78.38%	65.51%
设计/运行缺陷	设计缺陷	数量	54	28	32	30	144
		占比	13.99%	17.18%	17.98%	27.03%	17.18%
	运行缺陷	数量	277	128	127	69	601
		占比	71.76%	78.53%	71.35%	62.16%	71.72%
	分类无法确定	数量	55	7	19	12	93
		占比	14.25%	4.29%	10.67%	10.81%	11.10%
公司层面/业务层面/信息系统层面	公司层面缺陷	数量	127	61	54	37	279
		占比	32.90%	37.42%	30.34%	33.33%	33.29%
	业务层面缺陷	数量	247	96	120	70	533
		占比	63.99%	58.90%	67.42%	63.06%	63.60%
	信息系统层面缺陷	数量	12	6	4	4	26
		占比	3.11%	3.68%	2.25%	3.60%	3.10%
内控五要素层面	内部环境类缺陷	数量	116	60	49	30	255
		占比	30.05%	36.81%	27.53%	27.03%	30.43%
	风险评估类缺陷	数量	3	3	5	0	11
		占比	0.78%	1.84%	2.81%	0.00%	1.31%

续表

内控缺陷分类 \ 所属交易所			沪市主板	深市主板	深市中小板	深市创业板	总计
内控五要素层面	控制活动类缺陷	数量	237	81	112	63	493
		占比	61.40%	49.69%	62.92%	56.76%	58.83%
	信息与沟通类缺陷	数量	24	16	10	10	60
		占比	6.22%	9.82%	5.62%	9.01%	7.16%
	内部监督类缺陷	数量	6	3	2	8	19
		占比	1.55%	1.84%	1.12%	7.21%	2.27%
内控缺陷总计			386	163	178	111	838

数据来源：DIB 迪博内部控制与风险管理数据库 www.ic-erm.com

2014 年度，上市公司披露了具体内容的 93 项内部控制重大缺陷中，根据缺陷涉及的业务活动/事项统计，排名前三位的分别是资金活动类缺陷、财务报告类缺陷、组织架构类缺陷。其中，资金活动类缺陷 22 项，财务报告类缺陷和组织架构类缺陷均为 13 项。如图 1-3 所示。

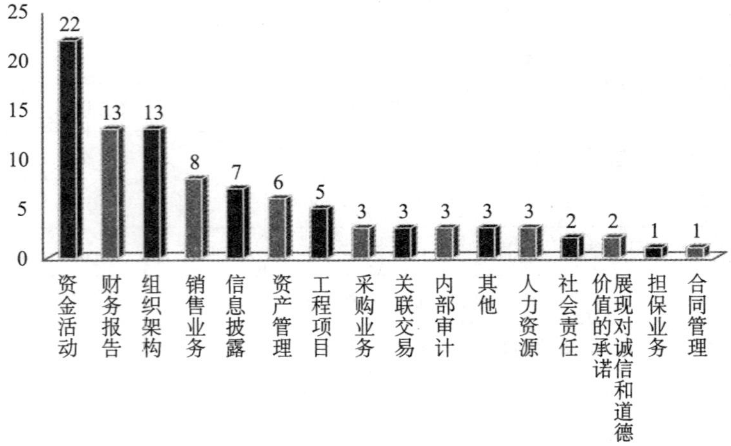

图 1-3　内部控制重大缺陷涉及的业务活动/事项情况

数据来源：DIB 迪博内部控制与风险管理数据库 www.ic-erm.com

部分内容如表 1－13 所示。

表 1－13　　内部控制重大缺陷涉及的业务/事项

排序	业务/事项	内部控制重大缺陷涉及的业务活动/事项说明
1	资金活动	（1）投资。日出东方（603366）已对对外投资建立了的适当的控制措施，但实际执行中存在不到位的情况；*ST 集成（002506）对长期股权投资和固定资产方案未进行严格的可行性研究与分析、未制定投资计划、未合理确定投资规模，导致盲目投资，投资的现金流量在规模和时间上不能与筹资现金流量保持一致，引发财务危机；烯碳新材（000511）未建立完善对外投资管理制度；山水文化（600234）设立并购基金、俊人影业、广西及北京子公司等项目进展情况不清晰，对项目的预期效益未进行有效评估。 （2）银行账户管理。山水文化（600234）公司未按照《支付结算办法》等有关规定，定期检查、清理银行账户的开立及使用情况，导致银行存款管理不符合国家法律、法规和企业内部规章制度的要求，风险发生时，不能及时发现问题及时处理，企业无法及时采取有效的措施消除不良影响；*ST 国创（600145）制定了银行账号及货币资金管理制度，但在实际业务中未得到有效执行，部分银行账户未纳入财务报表，部分银行账户虽纳入财务报表但未编制余额调节表。 （3）票据与印章管理。内蒙发展（000611）商票的购买和使用登记不准确；*ST 成城（600247）前任管理层管理较为混乱，公司在 2012 年下半年至 2014 年上半年间开具了大量商票，而这些商票的开具绝大部分并没有基于真实的贸易关系或债权关系；山水文化（600234）未严格执行合同管理业务流程及印鉴管理规定，且公司存在印鉴外借使用信息登记不完善情况，导致公司 2014 年 6 月在向交通银行青岛崂山支行申请借款时未履行外借印章程序，无借章审批单，相关部门未能及时发现公司与交通银行青岛崂山支行的借款事项以及青岛和田生物公司的担保事项，青岛和田生物 2014 年 10 月对公司提起诉讼后，公司也未及时披露。 （4）应收账款。安泰集团（600408）对关联方山西新泰钢铁有限公司未能按照协议约定时间支付款项的情况，未能及时采取相应措施加以催收或有效控制，形成大额应收账款。 （5）应付账款。山水文化（600234）资金支付未按照公司管理制度的规定履行审批程序，亦未签署相关合同。

续表

排序	业务/事项	内部控制重大缺陷涉及的业务活动/事项说明
2	财务报告	（1）会计核算。博汇纸业（600966）及其子公司存在部分货币资金收付及部分已签发票据所涉及的相关业务未及时进行账务处理、成本费用核算不规范等内部控制缺陷；昆明机床（600806）尚未建立与砂箱、备件和铸件非经常性交易相关的内部控制，交易发生时，财务部门与业务部门缺乏充分的沟通，并且后续的财务报告流程中的相关复核控制运行失效；勤上光电（002638）会计核算管理存在不足。 （2）会计准则应用。舜天船舶（002608）将以前年度已取消采购订单不符合预付账款性质的长账龄预付进口设备款，仍挂列预付账款，直接影响了财务报表的准确性；天目药业（600671）不再持有深圳京柏股份，但在2014年度第一季度报告中，依然将深圳京柏作为合并范围内的子公司，相关财务报表存在重大差错。 （3）财务报告编制。世纪游轮（002558）全资子公司重庆新世纪国际旅行社有限公司（以下简称“新世纪国旅”）缺失对门店经营成果识别、获取、汇总的财务管控机制，无法保证门店的经营成果被准确、完整地纳入新世纪国旅的会计核算范围，该等缺陷影响财务报表中的营业收入、销售费用及税金的准确性、完整性及截止性，与之相关财务报告内部控制设计存在重大缺陷。
2	组织架构	（1）公司治理。柳钢股份（601003）目前组织机构中，部分职能部门如公司办公室、人力资源中心、策划部、审计部等与控股股东广西柳州钢铁（集团）有限公司存在“一套人马、两块牌子”情形，上市公司独立性不强，内部控制环境存在重大缺陷；上海新梅（600732）因股权纠纷，公司股东大会和董事会的职能部分受到限制，股东大会不能正常召开和通过议程；公司虽然制定了战略发展目标和规划，但由于上述限制，战略发展规划无法及时在股东大会和董事会通过并实施，给企业未来的发展和收益带来重大影响。 （2）子公司管控。上海绿新（002565）因控股子公司浙江德美彩印有限公司的经营层违反公司内部管理制度，未能履行对公司的忠实和勤勉义务，存在严重违规及其他行为；泸天化（000912）

续表

排序	业务/事项	内部控制重大缺陷涉及的业务活动/事项说明
2	组织架构	未对子公司实施内部审计。 （3）内部机构设置。内蒙发展（000611）未能建立专门的内控部门；*ST 博元（600656）未设立部门和制度以降低管理层和治理层凌驾于控制之上的风险。
4	销售业务	（1）销售收款。*ST 集成（002506）销售后客户追踪管理特别是对应收账款、其他应收款回收的管理力度不足，未定期与客户对账，逾期应收账款催收缺乏有效措施，巨额应收账款长期无法收回，并导致公司资不抵债；桂东电力（600310）在 2014 年度毛细销售业务实际执行中存在偏差，内部控制方面存在不足，贸易销售收款政策执行不到位，存在贷款账期长于合同约定，且截至报告期末回款存在重大不确定性的情况，造成应收账款 17 354.536 万元回收存在重大不确定性。 （2）客户开发与信用管理。航天通信（600677）在开展贸易业务过程中，存在未能对客户的资信情况进行详细评估、超授信额度发货情况；皖江物流（600575）全资子公司淮矿现代物流有限责任公司（以下简称“淮矿物流公司”）出现重大信用风险事项，涉及巨额债权债务，且已出现债务逾期情形和重大坏账风险。 （3）发货。神开股份（002278）下属部分全资子公司仍存在先开票后发货的交易。
5	信息披露	（1）重大事项披露。柳化股份（600423）与关联方发生非经营性资金往来 106 195.10 万元，该事项未能按照《公司章程》、《关联交易规则》等进行审议、披露；山水文化（600234）于 2014 年 12 月 10 日披露的重大资产重组预案在信息披露中存在违规事项；三木集团（000632）与子公司福建武夷山三木实业有限公司及华融资产管理有限公司福建省分公司三方签订了总额为 1.5 亿元的《债权转让协议》，该协议金额占公司最近一期（2012 年年度报告）经审计的净资产的 12.2%，达到需要及时披露的标准，但公司未履行披露义务；荣丰控股（000668）于往年存在资产认购协议、对外财务资助、重大合作协议未及时履行披露义务的违规行

续表

排序	业务/事项	内部控制重大缺陷涉及的业务活动/事项说明
5	信息披露	为，受到深交所通报批评处分。 （2）定期报告披露。ST生化（000403）公司2014年度发生更正已公布的财务报告。
6	资产管理	（1）固定资产。*ST集成（002506）资产管理控制存在重大缺陷，包括部分长期闲置的固定资产缺乏有效管理和处置的控制措施，各部门、子公司间资产转移未采取完善的审批流程，难以确保资产的安全及效益。 （2）存货。皖江物流（600575）未对期末存货进行盘点，无法对存货实施有效控制；*ST锐电（601558）目前的存货管理信息系统依然不能适应集团的需求，现场维修材料的实物管理与账务管理分别由子公司与集团本部负责，导致部分存货账实出入库信息严重不同步的情况，在2014年年末存货盘点中，发现账实存在差异。 （3）无形资产。大有能源（600403）将采矿证变更至木里煤业集团，给天峻义海资产和经营收入的确认带来不确定性。
7	工程项目	（1）工程立项。康达尔（000048）西乡山海上园项目在四证不齐的情况下先开工，监理合同在四证齐全后才签订，导致项目工程现场管控存在缺陷。 （2）工程建设。泰达股份（000652）部分子公司未执行对在建工程是否达到可使用状态进行检查的控制，未执行对于工程施工成本归集和分摊的审核的内部控制且尚未建立定期分析工程进度并按照完工百分比法进行相应会计处理的内部控制。 （3）工程验收。泰达股份（000652）部分区域开发板块子公司未执行对于应付未付工程款进行暂估、预提的分析审核的内部控制。
8	采购业务	（1）供应商选择。顾地科技（002694）子公司佛山顾地塑胶有限公司在大宗原材料采购业务中，未严格执行对供应商资信评审程序。 （2）采购付款。桂东电力（600310）贸易业务付款控制执行不到

续表

排序	业务/事项	内部控制重大缺陷涉及的业务活动/事项说明
8	采购业务	位，存在贸易业务未按合同规定时间进行贸易交割，且截至报告期末预付款收回存在重大不确定性的情况，以上内部控制缺陷共造成应收账款 44 575.5014 万元回收存在重大不确定性。
8	关联交易	（1）界定关联关系。罗牛山（000735）在关联交易管理中缺少识别、获取及确认关联方信息的机制；柳钢股份（601003）在关联方及关联方交易识别及履行相关的审批和披露方面部分存在重大缺陷，一定程度影响财务报表中关联方及关联方交易完整性和披露准确性，与之相关的财务报告内部控制设计及运行失效。 （2）关联交易授权审批。康达尔（000048）关联方交易的审批制度和合同签订操作规范未得到始终一贯有效执行，对于关联方交易定价、合同签订等重大事项和程序未完全严格按照规范控制流程实施，未能及时履行信息披露程序。
8	内部审计	（1）审计人员配备。ST 川化（000155）未对部分控股子公司实施内部审计。 （2）内部审计机构设置。ST 生化（000403）公司未设立内部审计机构，无法对生产经营活动进行有效监督。
8	其他	（1）制度管理。内蒙发展（000611）未能建立有效的内控制度；厦华电子（600870）内控制度体系尚未经过公司董事会的授权批准，表现出公司在企业层面非财务报告的内部控制存在重大缺陷。 （2）流程管理。皖江物流（600575）使用银行授信开展商贸银业务操作流程不规范，部分交易和事项的会计处理缺乏审核和审批流程，可能存在虚列收入、成本和虚增资产等情况。公司对全资子公司淮矿物流公司缺少有效的内部监督及审计等内部控制。

续表

排序	业务/事项	内部控制重大缺陷涉及的业务活动/事项说明
8	人力资源	（1）薪酬与福利。泸天化（000912）高管薪酬系由母公司四川化工控股（集团）有限责任公司考核确定，不是由相关公司董事会确定，公司高管薪酬受控于控股股东，缺乏独立性；*ST 国创（600145）制定了职工薪酬业务循环相关控制，但未得到实际执行，部分职工保险未进行账务处理也未缴纳。 （2）培训。泰达股份（000652）对财务人员的专业培训不够充分、对部分会计准则的理解不够准确、会计处理及财务报告披露流程中的审核存在部分运行缺陷，未能及时发现对部分子公司资产减值、应付未付工程款的计提、按完工百分比法的销售确认、贸易收入及成本的确认、在建工程转固、现金流量表中对现金及现金等价物的认定、银行融资在应付票据与短期借款的分类、借款在长期负债与短期负债的分类、营业收入和利息收入的分类、BOT 项目核算、尚未获得土地证的预付土地款记录等会计处理的差错，影响财务报表中多个披露项目的准确性。
13	社会责任	安全生产。大有能源（600403）下属分公司千秋煤矿发生一起冲击地压事故，导致 6 人遇难，13 人受伤，经河南煤矿安全监察局会同其他相关部门调查，认定为责任事故，事故造成千秋煤矿停产；百花村（600721）控股子公司新疆大黄山豫新煤业有限责任公司在一号井工作面密闭火区未熄灭的情况下，盲目决定缩小封闭范围，在违规打开原密闭、施工新密闭过程中，发生瓦斯爆炸事故，造成 17 人遇难、3 人受伤，经国家煤矿安全监察局新疆生产建设兵团煤矿安全监察局会同其他相关部门调查，认定为责任事故，事故造成大黄山豫新煤业公司停产。
13	展现对诚信和道德价值的承诺	皖江物流（600575）原董事长汪晓秀滥用职权，系统性地串通舞弊，导致其所存在的问题一直没有被发现，致使皖江物流对淮矿物流公司内部控制失效。*ST 新都（000033）前任董事长及相关责任人对诉讼信息刻意隐瞒。

续表

排序	业务/事项	内部控制重大缺陷涉及的业务活动/事项说明
15	担保业务	*ST 新都（000033）内部控制评价报告基准日至内部控制评价报告发出日之间发现 1 项违规担保、违规借款诉讼。这些违规担保、违规借款是公司前任董事长、实际控制人违反公司《章程》及其他相关制度规定，在未经公司董事会、股东大会审议的情况下，私自以公司名义为其及其关联公司借款提供担保。
15	合同管理	宏磊股份（002647）贸易收款政策执行不到位，存在货款账期长于合同约定的情况。

数据来源：DIB 迪博内部控制与风险管理数据库 www. ic - erm. com

（四）内部控制评价缺陷整改情况

2014 年度，已披露具体内容的 838 项内部控制缺陷中，594 项内部控制缺陷已开始整改，占比 70. 88%。其中，314 项内部控制缺陷已经有效整改，占比 37. 47%；93 项内部控制缺陷尚未完成整改，占比 11. 10%；187 项内部控制缺陷未披露整改结果，占比 22. 32%。未开始整改的内部控制缺陷 244 项，占比 29. 12%。如表 1 - 14 所示。

四、2011—2014 年度内部控制评价情况对比

根据《通知》，自 2011 年 1 月 1 日首批强制实施开始，2014 年，内部控制强制实施范围已扩展至所有主板上市公司。四年来，上市公司内部控制评价报告数量和质量均稳步提升。从报告披露比例来看，2011—2014 年，上市公司内部控制披露比例较上一年度均有明显提高，平均增幅为 7. 71%；从缺陷认定标准披露情况来看，2011—2014 年度，上市公司内部控制缺陷认定标准披露比例不断提升，尤其自 2013 年度开始，增幅有了大

表 1－14　　披露了具体内容的内控缺陷整改情况

所属交易所	已开始整改的缺陷						已开始整改的缺陷小计		未开始整改①的缺陷		缺陷数量
	有效整改的缺陷		未完成整改的缺陷		未披露整改结果的缺陷						
	数量	占比	数量	占比	数量	占比	数量	占比	数量	占比	
沪市主板	194	50.26%	51	13.21%	87	22.54%	332	86.01%	54	13.99%	386
深市主板	65	39.88%	27	16.56%	48	29.45%	140	85.89%	23	14.11%	163
深市中小板	34	19.10%	12	6.74%	36	20.22%	82	46.07%	96	53.93%	178
深市创业板	21	18.92%	3	2.70%	16	14.41%	40	36.04%	71	63.96%	111
总计	314	37.47%	93	11.10%	187	22.32%	594	70.88%	244	29.12%	838

数据来源：DIB 迪博内部控制与风险管理数据库 www.ic－erm.com

幅度提升，与 2012 年度相比，2013 年度内部控制缺陷认定标准披露比例增幅达 130.77%；从内部控制缺陷披露情况来看，2011—2014 年，上市公司内部控制重大缺陷、重要缺陷的披露比例也在稳步上升，重大缺陷披露比例从 2011 年的 0.16% 上升到 2014 年的 1.62%，重要缺陷披露比例从 2011 年的 0.76% 上升到 1.86%。此外，从 2011—2014 年度上市公司内部控制评价结论非整体有效比例的不断上升也可以看出，近年来随着监管规范的不断完善和监管机构的不断推动，上市公司对内部控制的认识更趋理性和客观。如表 1－15 所示。

① 包含未披露是否开始整改的内部控制缺陷。

表 1－15　2011—2014 年度上市公司内部控制评价情况对比

对比内容 \ 年度		2011	2012	2013	2014
披露内控评价报告的公司比例	沪市主板	46.70%	76.37%	82.32%	96.12%
	深市主板	100.00%	98.72%	98.72%	99.15%
	深市中小板	100.00%	99.86%	100.00%	99.73%
	深市创业板	99.66%	100.00%	99.47%	100.00%
	总计	78.93%	90.76%	93.00%	98.29%
未披露内控评价报告的公司比例	沪市主板	53.30%	23.63%	17.68%	3.88%
	深市主板	0.00%	1.28%	1.28%	0.85%
	深市中小板	0.00%	0.14%	0.00%	0.27%
	深市创业板	0.34%	0.00%	0.53%	0.00%
	总计	21.07%	9.24%	7.00%	1.71%
内控评价结论整体有效比例	沪市主板	99.77%	99.72%	98.34%	98.13%
	深市主板	99.58%	100.00%	98.48%	98.06%
	深市中小板	100.00%	100.00%	99.30%	98.78%
	深市创业板	100.00%	99.44%	99.47%	99.76%
	总计	99.84%	99.82%	98.85%	98.57%
内控评价结论非整体有效比例	沪市主板	0.23%	0.28%	1.66%	1.87%
	深市主板	0.42%	0.00%	1.52%	1.94%
	深市中小板	0.00%	0.00%	0.70%	1.22%
	深市创业板	0.00%	0.56%	0.53%	0.24%
	总计	0.16%	0.18%	1.15%	1.43%
披露缺陷认定标准的公司比例	沪市主板	22.27%	60.76%	96.42%	97.62%
	深市主板	13.56%	54.09%	85.06%	94.61%
	深市中小板	1.84%	6.57%	68.11%	75.07%
	深市创业板	1.03%	3.10%	41.11%	49.16%
	总计	9.47%	33.18%	76.57%	82.79%
未披露缺陷认定标准的公司比例	沪市主板	77.73%	39.24%	3.58%	2.38%
	深市主板	86.44%	45.91%	14.94%	5.39%
	深市中小板	98.16%	93.43%	31.89%	24.93%
	深市创业板	98.97%	96.90%	58.89%	50.84%
	总计	90.53%	66.82%	23.43%	17.21%

续表

对比内容 \ 年度		2011	2012	2013	2014
披露内控缺陷的公司比例	沪市主板	9.74%	26.44%	18.16%	15.44%
	深市主板	19.70%	30.39%	16.02%	15.30%
	深市中小板	10.11%	17.29%	8.91%	10.57%
	深市创业板	10.31%	15.49%	10.88%	10.74%
	总计	12.51%	22.65%	13.72%	13.26%
未披露内控缺陷的公司比例	沪市主板	90.26%	73.56%	81.84%	84.56%
	深市主板	80.30%	69.61%	83.98%	84.70%
	深市中小板	89.89%	82.71%	91.09%	89.43%
	深市创业板	89.69%	84.51%	89.12%	89.26%
	总计	87.49%	77.35%	86.28%	86.74%
披露重大缺陷的公司比例	沪市主板	0.23%	0.56%	2.05%	2.07%
	深市主板	0.42%	0.43%	1.52%	2.37%
	深市中小板	0.00%	0.14%	1.39%	1.49%
	深市创业板	0.00%	0.28%	0.80%	0.00%
	总计	0.16%	0.36%	1.54%	1.62%
披露重要缺陷的公司比例	沪市主板	1.16%	3.09%	3.45%	2.80%
	深市主板	1.69%	2.80%	2.60%	2.37%
	深市中小板	0.15%	0.00%	1.11%	0.95%
	深市创业板	0.00%	0.28%	1.33%	0.72%
	总计	0.76%	1.61%	2.22%	1.86%
披露一般缺陷的公司比例	沪市主板	9.28%	25.32%	13.81%	11.50%
	深市主板	18.22%	29.31%	11.90%	10.99%
	深市中小板	10.11%	17.29%	6.69%	7.99%
	深市创业板	10.31%	15.49%	9.02%	10.02%
	总计	12.02%	22.06%	10.47%	10.17%

数据来源：DIB 迪博内部控制与风险管理数据库 www.ic－erm.com

五、内部控制审计报告

（一）内部控制审计报告披露数量

2014 年度，2 049 家上市公司披露了内部控制审计报告，总体的披露比例为 77.88%。其中，沪市主板、深市主板、深市中小板和深市创业板的披露比例分别为 92.43%、96.79%、56.49%和 59.67%。如表 1－16 所示。

表 1－16　　2014 年度上市公司内部控制审计报告披露情况

所属交易所	披露内控审计报告的公司		未披露内控审计报告的公司		上市公司数量
	数量	占比	数量	占比	
沪市主板	928	92.43%	76	7.57%	1 004
深市主板	453	96.79%	15	3.21%	468
深市中小板	418	56.49%	322	43.51%	740
深市创业板	250	59.67%	169	40.33%	419
总计	2 049	77.88%	582	22.12%	2 631

数据来源：DIB 迪博内部控制与风险管理数据库 www.ic－erm.com

（二）内部控制审计报告格式的规范性

本报告根据审计依据和审计对象将内部控制审计报告分为规范的内部控制审计报告、内部控制鉴证报告、内部控制审核报告、中小板内部控制审计报告、内部控制专项报告、其他类型报告。2014 年度，1 424 家上市公司披露了规范的内控审计报告，占比为 69.50%；未披露规范的内控审计报告的公司 625 家，占比 30.50%。其中，深市中小板仅有 11.00% 的公司披露了规范的内部控制审计报告，89.00%的公司披露格式不规范；深市创业板仅有3.20%的公司披露了规范的内部控制审计报告，96.80%的公司披露格式不规范。如表1-17所示。

表1-17　2014年度上市公司披露内控审计报告格式的规范性情况

所属交易所		沪市主板	深市主板	深市中小板	深市创业板	总计
披露规范的内控审计报告的公司	数量	921	449	46	8	1 424
	占比	99.25%	99.12%	11.00%	3.20%	69.50%
披露内控鉴证报告的公司	数量	6	4	230	185	425
	占比	0.65%	0.88%	55.02%	74.00%	20.74%
披露内控审核报告的公司	数量	1	0	75	51	127
	占比	0.11%	0.00%	17.94%	20.40%	6.20%
披露中小板内控审计报告的公司	数量	0	0	50	0	50
	占比	0.00%	0.00%	11.96%	0.00%	2.44%
披露内控专项报告的公司	数量	0	0	15	5	20
	占比	0.00%	0.00%	3.59%	2.00%	0.98%
披露其他类型报告的公司	数量	0	0	2	1	3
	占比	0.00%	0.00%	0.48%	0.40%	0.15%
披露内控审计报告的公司数量		928	453	418	250	2 049

数据来源：DIB迪博内部控制与风险管理数据库www.ic-erm.com

（三）未披露内部控制审计报告的原因

2014年度，未披露内部控制审计报告的582家上市公司中，86家为2014、2015年新上市公司，按照《通知》规定，仅要求在上市的下一年年度报告披露同时，披露内部控制审计报告，不强制要求披露2014年度内部控制审计报告；20 家因为重大资产重组、破产重整，豁免披露内部控制审计报告；295 家上市公司未披露具体原因；26 家上市公司在年报中说明已披露，但是无法找到其内部控制审计报告；还有 155 家上市公司为其他原因。如表 1－18 所示。

表 1－18　2014 年度上市公司未披露内部控制审计报告的原因说明

所属交易所	上市的下一年度年报披露的同时，披露内控审计报告的公司		豁免披露内控审计报告的公司		未披露具体原因的公司		年报显示已披露，但未找到报告的公司		其他原因①未披露的公司		未披露内控审计报告的公司总计		上市公司数量
	数量	占比	数量	占比	数量	占比	数量	占比	数量	占比	数量	占比	
沪市主板	45	4.48%	15	1.49%	1	0.10%	15	1.49%	0	0.00%	76	7.57%	1 004
深市主板	1	0.21%	5	1.07%	4	0.85%	5	1.07%	0	0.00%	15	3.21%	468
深市中小板	14	1.89%	0	0.00%	288	38.92%	6	0.81%	14	1.89%	322	43.51%	740
深市创业板	26	6.21%	0	0.00%	2	0.48%	0	0.00%	141	33.65%	169	40.33%	419
总计	86	3.27%	20	0.76%	295	11.21%	26	0.99%	155	5.89%	582	22.12%	2 631

数据来源：DIB 迪博内部控制与风险管理数据库 www.ic－erm.com

① 其他原因：1. 未编制内部控制审计报告；2. 年报中未披露是否编制并公开披露内部控制审计报告；3. 内部控制审计报告延迟披露，于本报告数据收集截止日仍未披露。

（四）内部控制审计意见

2014 年度，内部控制审计意见为标准无保留意见的上市公司共 1 965 家，占比为 95.90%；内部控制审计意见为非标意见的上市公司共 84 家，占比为 4.10%。其中，内部控制审计意见为非标意见的上市公司中，带强调事项段的无保留意见共 58 家，占比 2.83%；保留意见①共 2 家，占比 0.10%；否定意见共 21 家，占比 1.02%；无法表示意见共 3 家，占比 0.15%。如图 1－4 所示。

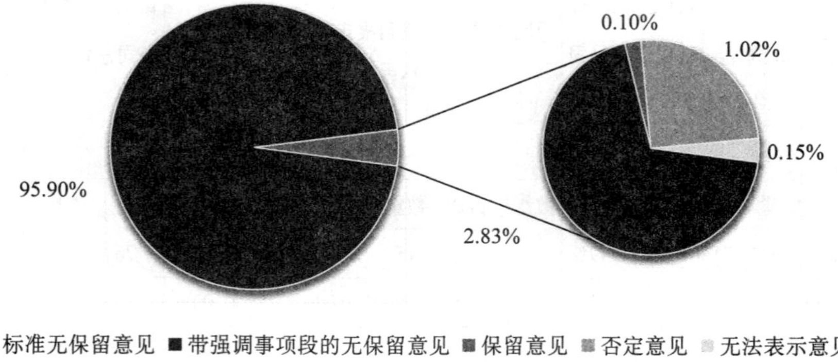

图 1－4　2014 年度上市公司内部控制审计意见情况

数据来源：DIB 迪博内部控制与风险管理数据库 www. ic－erm. com

2014 年度，沪市主板、深市主板、深市中小板和深市创业板分别有 94.61%、94.70%、97.61%和 100.00%的公司内部控制审计意见为标准无保留意见。如表 1－19 所示。

---

① 《企业内部控制审计指引》中内部控制审计意见无“保留意见”，但有两家上市公司按照《中国注册会计师其他鉴证业务准则第 3101 号——历史财务信息审计或审阅以外的鉴证业务》出具了保留意见。

表 1-19　　2014 年度上市公司内部控制审计意见情况对比

所属交易所	内控审计意见为标准无保留意见的公司		内控审计意见为非标意见的公司		披露内控审计报告的公司数量
	数量	占比	数量	占比	
沪市主板	878	94.61%	50	5.39%	928
深市主板	429	94.70%	24	5.30%	453
深市中小板	408	97.61%	10	2.39%	418
深市创业板	250	100.00%	0	0.00%	250
总计	1 965	95.90%	84	4.10%	2 049

数据来源：DIB 迪博内部控制与风险管理数据库 www.ic-erm.com

内部控制审计意见为非标意见的上市公司情况如表 1-20 所示。

表 1-20　　2014 年度上市公司内部控制审计意见为非标意见的上市公司情况

证券代码	证券简称	审计意见	涉及的业务活动	影响的目标
000017	深中华 A	带强调事项段的无保留意见	并购重组，可持续经营	战略目标，经营目标
000033	*ST 新都	否定意见	担保业务，信息披露，审批，诉讼事项	经营目标，合规目标，财务报告目标
000035	中国天楹	带强调事项段的无保留意见	募集资金管理，资金活动	资产安全目标
000038	深大通	带强调事项段的无保留意见	工程项目	经营目标，合规目标
000048	康达尔	带强调事项段的无保留意见	并购重组的子公司未纳入审计范围	——

续表

证券代码	证券简称	审计意见	涉及的业务活动	影响的目标
000066	长城电脑	带强调事项段的无保留意见	审计范围受限	——
000155	ST川化	带强调事项段的无保留意见	内部审计	财务报告目标
000403	ST生化	否定意见	内部审计，内部审计机构设置，财务报告，立案稽查	经营目标，合规目标，财务报告目标
000408	金谷源	带强调事项段的无保留意见	担保业务，会计更正，诉讼事项，立案稽查	合规目标，财务报告目标
000504	南华生物	带强调事项段的无保留意见	信息披露，立案稽查	合规目标
000511	烯碳新材	否定意见	投资，会计核算，会计准则应用，税收管理，资产管理，财务报告	经营目标，合规目标，财务报告目标
000568	泸州老窖	带强调事项段的无保留意见	银行账户管理	资产安全目标
000594	*ST国恒	无法表示意见	审计范围受限	——
000652	泰达股份	否定意见	存货，应付账款，会计核算，客户开发与信用管理，固定资产，会计准则应用，销售收款，现金管理，银行贷款管理，无形资产，财务报告，人力资源	经营目标，资产安全目标，财务报告目标

续表

证券代码	证券简称	审计意见	涉及的业务活动	影响的目标
000668	荣丰控股	否定意见	信息披露，公司治理	合规目标，财务报告目标
000691	亚太实业	带强调事项段的无保留意见	内部审计机构设置，实际控制人	经营目标，资产安全目标，财务报告目标
000719	大地传媒	带强调事项段的无保留意见	并购重组的子公司未纳入审计范围	——
000735	罗牛山	带强调事项段的无保留意见	界定关联关系，关联交易授权审批，关联交易执行控制，工程立项，工程设计，工程招投标，工程建设，工程验收，会计核算	经营目标，财务报告目标
000788	北大医药	带强调事项段的无保留意见	立案稽查	合规目标
000815	美利纸业	带强调事项段的无保留意见	人力资源，反舞弊，工程项目建设，固定资产，立案稽查	经营目标，合规目标
000820	金城股份	带强调事项段的无保留意见	全面预算，工程项目	经营目标
000892	星美联合	无法表示意见	并购重组的子公司未纳入审计范围，审计范围受限	经营目标
000912	泸天化	带强调事项段的无保留意见	内部审计，高管薪酬	财务报告目标，经营目标

续表

证券代码	证券简称	审计意见	涉及的业务活动	影响的目标
000982	中银绒业	带强调事项段的无保留意见	信息披露，立案稽查	合规目标
002124	天邦股份	带强调事项段的无保留意见	信息披露，并购重组，会计更正	财务报告目标
002288	超华科技	带强调事项段的无保留意见	应收账款，会计核算，存货	经营目标，财务报告目标
002289	宇顺电子	保留意见	存货，会计核算	经营目标，财务报告目标
002336	人人乐	保留意见	资产安全管控	资产安全目标
002535	林州重机	带强调事项段的无保留意见	信息披露，关联方资金往来	合规目标
002558	世纪游轮	否定意见	会计核算，财务报告	财务报告目标
002565	上海绿新	带强调事项段的无保留意见	子公司管控，会计准则应用	经营目标，财务报告目标
002600	江粉磁材	带强调事项段的无保留意见	——	——
002638	勤上光电	带强调事项段的无保留意见	信息披露，关联交易	合规目标
002694	顾地科技	否定意见	公司治理，子公司管控	经营目标，合规目标，资产安全目标
600091	ST 明科	带强调事项段的无保留意见	审计范围受限	——

续表

证券代码	证券简称	审计意见	涉及的业务活动	影响的目标
600139	西部资源	带强调事项段的无保留意见	并购重组的子公司未纳入审计范围	——
600145	*ST 国创	否定意见	银行账户管理，投资，应收账款，担保业务，会计核算，应付账款，存货，薪酬与福利，会计核算	经营目标，资产安全目标，财务报告目标
600146	大元股份	带强调事项段的无保留意见	无形资产，战略制定，战略实施，可持续经营，立案稽查	战略目标，经营目标，合规目标
600156	华升股份	带强调事项段的无保留意见	税收管理	经营目标，财务报告目标
600186	莲花味精	带强调事项段的无保留意见	可持续经营，应收账款	经营目标，财务报告目标
600193	创兴资源	带强调事项段的无保留意见	立案稽查	合规目标
600211	西藏药业	带强调事项段的无保留意见	公司治理，子公司管控	战略目标，经营目标
600225	天津松江	带强调事项段的无保留意见	反舞弊，银行账户管理	资产安全目标
600228	*ST 昌九	带强调事项段的无保留意见	审计范围受限	——
600234	山水文化	否定意见	合同管理，票据与印章管理，债务融资管理，银行账户管理，应付账款	经营目标，资产安全目标

续表

证券代码	证券简称	审计意见	涉及的业务活动	影响的目标
600236	桂冠电力	带强调事项段的无保留意见	组织架构，同业竞争	战略目标，经营目标
600247	*ST 成城	无法表示意见	审计范围受限，内部控制运行时间，会计核算，诉讼事项	经营目标，资产安全目标，财务报告目标
600280	中央商场	带强调事项段的无保留意见	——	——
600301	ST 南化	带强调事项段的无保留意见	审计范围受限	——
600319	亚星化学	带强调事项段的无保留意见	无形资产	资产安全目标
600385	ST 金泰	带强调事项段的无保留意见	可持续经营，薪酬与福利，税收管理	经营目标，财务报告目标
600401	海润光伏	带强调事项段的无保留意见	信息披露，立案稽查	合规目标
600403	大有能源	否定意见	销售业务，无形资产	经营目标，资产安全目标
600408	安泰集团	否定意见	公司治理，客户开发与信用管理，销售收款	经营目标，合规目标，资产安全目标
600421	仰帆控股	带强调事项段的无保留意见	立案稽查	合规目标
600423	柳化股份	否定意见	公司治理	经营目标，资产安全目标

续表

证券代码	证券简称	审计意见	涉及的业务活动	影响的目标
600516	方大炭素	带强调事项段的无保留意见	审计范围受限	——
600539	狮头股份	带强调事项段的无保留意见	审计范围受限	——
600546	山煤国际	带强调事项段的无保留意见	担保业务	经营目标
600567	山鹰纸业	带强调事项段的无保留意见	重大决策程序	经营目标，资产安全目标
600575	皖江物流	否定意见	客户开发与信用管理，应收账款，子公司管控，会计核算，公司治理，存货，内部审计	经营目标，资产安全目标，财务报告目标
600616	金枫酒业	带强调事项段的无保留意见	并购重组的子公司未纳入审计范围，反舞弊	合规目标
600671	天目药业	否定意见	固定资产，工程项目	经营目标，财务报告目标
600677	航天通信	否定意见	担保业务，客户开发与信用管理	经营目标，资产安全目标
600696	多伦股份	否定意见	担保业务，合同管理，信息披露，子公司管控，票据与印章管理，投资	经营目标，资产安全目标
600710	常林股份	带强调事项段的无保留意见	重大决策程序	财务报告目标

续表

证券代码	证券简称	审计意见	涉及的业务活动	影响的目标
600721	百花村	带强调事项段的无保留意见	安全生产	经营目标
600732	上海新梅	否定意见	内部审计	经营目标
600744	华银电力	带强调事项段的无保留意见	组织架构，关联交易，同业竞争	经营目标
600747	大连控股	带强调事项段的无保留意见	担保业务，信息披露，募集资金管理	经营目标，资产安全目标
600779	水井坊	否定意见	资金活动，资产管理	合规目标，财务报告目标
600793	ST 宜纸	带强调事项段的无保留意见	审计范围受限	——
600806	昆明机床	否定意见	内部信息传递，财务报告	经营目标，财务报告目标
600822	上海物贸	带强调事项段的无保留意见	信息披露，立案稽查	合规目标
600870	厦华电子	带强调事项段的无保留意见	组织架构评估调整，战略优化与调整	战略目标，经营目标
600971	恒源煤电	带强调事项段的无保留意见	银行账户管理	经营目标
601003	柳钢股份	否定意见	关联交易，信息披露，组织架构，信息披露	战略目标，经营目标，财务报告目标

续表

证券代码	证券简称	审计意见	涉及的业务活动	影响的目标
601058	赛轮金宇	带强调事项段的无保留意见	并购重组的子公司未纳入审计范围	——
601117	中国化学	带强调事项段的无保留意见	担保业务，信息披露	经营目标，合规目标，资产安全目标
601268	*ST 二重	带强调事项段的无保留意见	销售业务，销售计划管理，客户开发与信用管理，销售定价	经营目标，资产安全目标
601518	吉林高速	带强调事项段的无保留意见	反舞弊	合规目标
601558	*ST 锐电	否定意见	资产管理，会计核算	经营目标，财务报告目标
601901	方正证券	带强调事项段的无保留意见	公司治理，并购重组，信息披露	战略目标，经营目标
603333	明星电缆	带强调事项段的无保留意见	财务造假，诉讼事项	合规目标

数据来源：DIB 迪博内部控制与风险管理数据库 www. ic – erm. com

（五）审计发现的内部控制重大缺陷

2014 年度，导致否定意见的内部控制重大缺陷共计 53 项。根据其所涉及的业务活动/事项，排名第一位的是资金活动类缺陷，共 14 项，占比 26. 42%；其次是财务报告类缺陷和资产管理类缺陷，分别为 7 项、6 项，占比 13. 21%、11. 32%。如图 1 –5 所示。

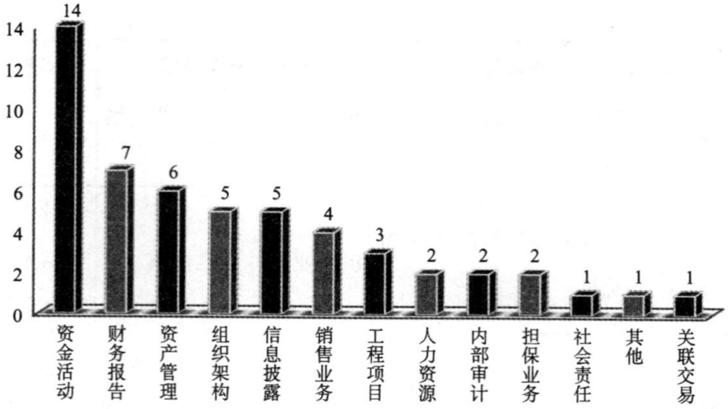

图 1－5　导致否定意见的内部控制重大缺陷所涉及的业务活动/事项

数据来源：DIB 迪博内部控制与风险管理数据库 www. ic－erm. com

2014 年度，会计师事务所出具的内部控制审计报告中，认定上市公司存在非财报内部控制重大缺陷的共 13 家，缺陷共计 14 项①。根据缺陷所涉及的业务活动/事项，分别为组织架构类缺陷 9 项，占比 64. 29%；信息披露类缺陷 3 项，占比 21. 43%；社会责任类缺陷 2 项，占比 14. 29%。如图 1－6 所示。

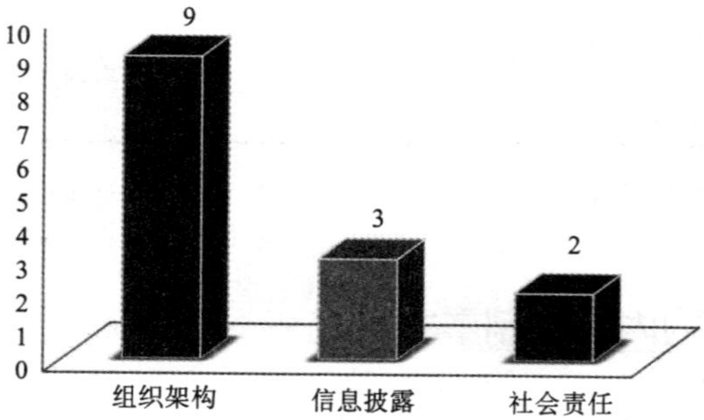

图 1－6　非财报内部控制重大缺陷所涉及的业务活动/事项

数据来源：DIB 迪博内部控制与风险管理数据库 www. ic－erm. com

① 内部控制审计报告中总共披露 17 项非财报缺陷，然而其中有 3 项缺陷按照内容应属于财报缺陷，此处统计时将这 3 项缺陷剔除。

（六）上市公司内部控制整合审计情况

2014 年度，采用内部控制整合审计的上市公司共计 2 011 家，占比 98.15%；采用单独审计的上市公司 38 家，占比 1.85%。如表 1 – 21 所示。

表 1 – 21　　2014 年度上市公司内部控制整合审计情况

所属交易所	实施整合审计的公司		实施单独审计的公司		披露内控审计报告的公司数量
	数量	占比	数量	占比	
沪市主板	906	97.63%	22	2.37%	928
深市主板	439	96.91%	14	3.09%	453
深市中小板	417	99.76%	1	0.24%	418
深市创业板	249	99.60%	1	0.40%	250
总计	2 011	98.15%	38	1.85%	2 049

数据来源：DIB 迪博内部控制与风险管理数据库 www.ic – erm.com

（七）内部控制审计费用

2014 年度，2 049 家披露了内部控制审计报告的上市公司中，1 249 家公司披露其支付了内部控制审计费用①，占比 60.96%。其中，1 206 家公司单独披露了内部控制审计费用的数额，43 家公司未披露具体的内部控制审计费用数额，如表 1 – 22 所示。

① 披露支付了内部控制审计费用，是指上市公司在年报中披露公司支付了内部控制审计费用，包括单独披露内控审计费用和未单独披露内控审计费用两种情况。其中未单独披露内控审计费用是指公司披露支付了内控审计费用，但未披露具体的内控审计费用金额的情形。

表 1-22　　2014 年度上市公司内部控制审计费用披露情况

所属交易所	披露支付了内控审计费用的公司				披露支付了内控审计费用的公司小计		未披露内控审计费用的公司		披露内控审计报告的公司数量
	单独披露内控审计费用的公司		未单独披露内控审计费用的公司						
	数量	占比	数量	占比	数量	占比	数量	占比	
沪市主板	885	95.37%	13	1.40%	898	96.77%	30	3.23%	928
深市主板	291	64.24%	25	5.52%	316	69.76%	137	30.24%	453
深市中小板	30	7.18%	5	1.20%	35	8.37%	383	91.63%	418
深市创业板	0	0.00%	0	0.00%	0	0.00%	250	100.00%	250
总计	1 206	58.86%	43	2.10%	1 249	60.96%	800	39.04%	2 049

数据来源：DIB 迪博内部控制与风险管理数据库 www. ic - erm. com

2014 年度，单独披露内部控制审计费用的 1 206 家上市公司，其披露的内部控制审计费用总额共计 54 868. 17 万元，平均每家公司花费的内部控制审计费用为 45. 50 万元。根据每家上市公司内部控制审计费用占审计费用总额①的比例分析显示，内部控制审计费用占审计费用总额的比例平均为 27. 32%。如表 1-23 所示。

六、2011—2014 年度内部控制审计情况对比

2011—2014 年度，上市公司内部控制审计情况也发生了显著变化。从审计报告的披露比例来看，2011—2014 年度，上市公司内部控制审计报告的披露比例每年都在稳步提升，平均增幅为 24. 76%；从内部控制审计费

① 审计费用总额为财务报告审计费用和内部控制审计费用之和。

表 1－23　　内部控制审计费用总额

所属交易所/内控审计报告类型		单独披露内控审计费用公司数量	内部控制审计费用总额（万元）	内部控制审计费用平均值（万元）	内部控制审计费用占审计费用总额比例的平均值
所属交易所	沪市主板	885	43 844.55	49.54	27.07%
	深市主板	291	9 906.45	34.04	28.22%
	深市中小板	30	1 117.17	37.24	25.81%
	深市创业板	0	0	0	0.00%
内控审计报告类型	规范的内部控制审计报告	1 196	54 690.17	45.73	27.39%
	内部控制鉴证报告	6	131.00	21.83	24.08%
	内部控制审核报告	2	32.00	16.00	13.97%
	中小板内部控制审计报告	2	15.00	7.50	10.56%
	内部控制专项报告	0	0	0	0.00%
	其他类型	0	0	0	0.00%
总计		1 206	54 868.17	45.50	27.32%

数据来源：DIB 迪博内部控制与风险管理数据库 www.ic－erm.com

用的披露情况来看，四年来，上市公司内部控制审计费用披露比例大幅提升，尤其是自 2012 年开始，平均增幅为 220.18%。同时，从内部控制审计非标意见的披露情况来看，2011—2014 年度，上市公司内部控制审计非标意见的比例也呈现出不断上升的趋势，从一定程度上反映出，随着监管力度的不断加大和监管要求的日益规范，上市公司内部控制审计工作也日趋严格。如表 1－24 所示。

表 1－24　2011—2014 年度上市公司内部控制审计情况对比

对比内容 \ 年度		2011	2012	2013	2014
披露内控审计报告的公司比例	沪市主板	26.00%	68.53%	78.00%	92.43%
	深市主板	28.18%	65.74%	75.21%	96.79%
	深市中小板	66.00%	51.50%	68.11%	56.49%
	深市创业板	55.82%	60.00%	59.10%	59.67%
	总计	41.32%	61.90%	71.81%	77.88%
未披露内控审计报告的公司比例	沪市主板	74.00%	31.47%	22.00%	7.57%
	深市主板	71.82%	34.26%	24.79%	3.21%
	深市中小板	34.00%	48.50%	31.89%	43.51%
	深市创业板	44.18%	40.00%	40.90%	40.33%
	总计	58.68%	38.10%	28.19%	22.12%
内控审计意见为标准无保留意见的公司比例	沪市主板	99.58%	97.18%	95.55%	94.61%
	深市主板	97.74%	98.38%	96.31%	94.70%
	深市中小板	99.77%	99.72%	98.57%	97.61%
	深市创业板	100.00%	99.53%	99.11%	100.00%
	总计	99.48%	98.36%	96.95%	95.90%
内控审计意见为非标准无保留意见的公司比例	沪市主板	0.42%	2.82%	4.45%	5.39%
	深市主板	2.26%	1.62%	3.69%	5.30%
	深市中小板	0.23%	0.28%	1.43%	2.39%
	深市创业板	0.00%	0.47%	0.89%	0.00%
	总计	0.52%	1.64%	3.04%	4.10%
披露内部控制审计费用的公司比例	沪市主板	10.83%	80.25%	89.88%	96.77%
	深市主板	19.55%	64.72%	67.90%	69.76%
	深市中小板	2.55%	8.31%	10.43%	8.37%
	深市创业板	0.61%	0.00%	0.00%	0.00%
	总计	6.62%	48.78%	52.93%	60.96%

数据来源：DIB 迪博内部控制与风险管理数据库 www. ic－erm. com

第二章

纳入强制实施范围的上市公司内部控制体系执行情况

一、2014 年度纳入强制实施范围的上市公司名单

按照《关于 2012 年主板上市公司分类分批实施企业内部控制规范体系的通知》规定，2014 年度，主板上市公司中，除了破产重整、借壳上市、重大资产重组或晚于 2014 年 12 月 31 日上市的公司均应在披露 2014 年公司年报的同时，披露董事会对公司内部控制的自我评价报告以及注册会计师出具的财务报告内部控制审计报告。

按照上述规定，2014 年度共有 1 390 家 A 股上市公司纳入强制实施范围。

二、纳入强制实施范围的上市公司基本情况

（一）纳入强制实施范围的上市公司经营情况

2014 年度，1 390 家上市公司纳入强制实施范围，占纳入研究范围的 A 股上市公司的比重为 52.83%，且 2014 年年末总资产、营业总收入和净利润在所有 A 股上市公司的占比均达到 90% 以上。2014 年度纳入强制实施范围上市公司经营情况如下：

纳入强制实施范围的 1 390 家上市公司 2014 年年末的总资产为 145 115 252 537 450 元，占所有 A 股上市公司总资产的比重为 96.67%；2014 年年末的营业总收入为 25 746 357 379 297 元，占所有 A 股上市公司营业总收入的比重为 90.49%；2014 年年末的净利润为 2 373 899 870 425 元，占所有 A 股上市公司净利润的比重为 92.28%。

（二）纳入强制实施范围的上市公司行业分布情况

本书中行业依据证监会 2015 年第一季度分类办法进行划分，2014 年全国上市公司共分 19 个一级行业、90 个二级行业，由于制造业公司数量非常多，故按照制造业二级、其他行业一级来描述各个行业的内部控制评级情况。同时，排除了上市公司数量为 0 的行业，分别是：一级行业居民服务、修理和其他服务业；二级行业烟草制品业，金属制品、机械和设备修理业。因而，一共是 17 个一级行业（不含制造业）和 29 个制造业的二级行业，共 46 个行业。

1 390 家纳入强制实施范围的上市公司的行业分布如表 2－1 所示：批发和零售业纳入强制实施范围的上市公司最多，共计 122 家，占所有纳入强制实施范围的上市公司的比例为 8.78%；其次是房地产业、化学原料及化学制品制造业。

表 2－1　　纳入强制实施范围的上市公司的行业分布

序号	行业	公司数量	占比
1	A 农、林、牧、渔业	20	1.44%
2	B 采矿业	57	4.10%
3	C13 农副食品加工业	17	1.22%
4	C14 食品制造业	12	0.86%
5	C15 酒、饮料和精制茶制造业	30	2.16%
6	C17 纺织业	25	1.80%
7	C18 纺织服装、服饰业	7	0.50%
8	C19 皮革、毛皮、羽毛及其制品和制鞋业	3	0.22%
9	C20 木材加工及木、竹、藤、棕、草制品业	4	0.29%

续表

序号	行业	公司数量	占比
10	C21 家具制造业	3	0.22%
11	C22 造纸及纸制品业	17	1.22%
12	C23 印刷和记录媒介复制业	3	0.22%
13	C24 文教、工美、体育和娱乐用品制造业	0	0.00%
14	C25 石油加工、炼焦及核燃料加工业	17	1.22%
15	C26 化学原料及化学制品制造业	82	5.90%
16	C27 医药制造业	75	5.40%
17	C28 化学纤维制造业	16	1.15%
18	C29 橡胶和塑料制品业	17	1.22%
19	C30 非金属矿物制品业	40	2.88%
20	C31 黑色金属冶炼及压延加工业	29	2.09%
21	C32 有色金属冶炼和压延加工业	35	2.52%
22	C33 金属制品业	13	0.94%
23	C34 通用设备制造业	33	2.37%
24	C35 专用设备制造业	46	3.31%
25	C36 汽车制造业	45	3.24%
26	C37 铁路、船舶、航空航天和其他运输设备制造业	27	1.94%
27	C38 电气机械及器材制造业	59	4.24%
28	C39 计算机、通信和其他电子设备制造业	73	5.25%
29	C40 仪器仪表制造业	4	0.29%
30	C41 其他制造业	4	0.29%
31	C42 废弃资源综合利用业	0	0.00%

续表

序号	行业	公司数量	占比
32	D 电力、热力、燃气及水生产和供应业	76	5.47%
33	E 建筑业	35	2.52%
34	F 批发和零售业	122	8.78%
35	G 交通运输、仓储和邮政业	70	5.04%
36	H 住宿和餐饮业	9	0.65%
37	I 信息传输、软件和信息技术服务业	32	2.30%
38	J 金融业	41	2.95%
39	K 房地产业	120	8.63%
40	L 租赁和商务服务业	13	0.94%
41	M 科学研究和技术服务业	1	0.07%
42	N 水利、环境和公共设施管理业	15	1.08%
43	P 教育	1	0.07%
44	Q 卫生与社会工作	1	0.07%
45	R 文化、体育和娱乐业	19	1.37%
46	S 综合	22	1.58%
合计		1 390	100.00%

数据来源：DIB 迪博内部控制与风险管理数据库 www.ic－erm.com

（三）纳入强制实施范围的上市公司辖区分布情况

按照证监会的辖区分类，2014 年度纳入强制实施范围的上市公司的辖区分布如表 2－2 所示：上海辖区纳入强制实施范围的上市公司最多，共计 139 家，占所有纳入强制实施范围的上市公司的比例为 10.00%，其次是北京辖区、江苏辖区。

表 2－2　　纳入强制实施范围的上市公司的辖区分布

序号	辖区	公司数量	占比
1	安徽辖区	44	3.17%
2	北京辖区	126	9.06%
3	大连辖区	16	1.15%
4	福建辖区	31	2.23%
5	甘肃辖区	19	1.37%
6	广东辖区	69	4.96%
7	广西辖区	24	1.73%
8	贵州辖区	15	1.08%
9	海南辖区	21	1.51%
10	河北辖区	32	2.30%
11	河南辖区	35	2.52%
12	黑龙江辖区	28	2.01%
13	湖北辖区	60	4.32%
14	湖南辖区	41	2.95%
15	吉林辖区	29	2.09%
16	江苏辖区	96	6.91%
17	江西辖区	22	1.58%
18	辽宁辖区	30	2.16%
19	内蒙古辖区	18	1.29%
20	宁波辖区	24	1.73%
21	宁夏辖区	11	0.79%
22	青岛辖区	10	0.72%
23	青海辖区	8	0.58%
24	厦门辖区	14	1.01%

续表

序号	辖区	公司数量	占比
25	山东辖区	65	4.68%
26	山西辖区	30	2.16%
27	陕西辖区	28	2.01%
28	上海辖区	139	10.00%
29	深圳辖区	72	5.18%
30	四川辖区	57	4.10%
31	天津辖区	27	1.94%
32	西藏辖区	8	0.58%
33	新疆辖区	26	1.87%
34	云南辖区	20	1.44%
35	浙江辖区	66	4.75%
36	重庆辖区	29	2.09%
总计		1 390	100.00%

数据来源：DIB 迪博内部控制与风险管理数据库 www.ic－erm.com

三、纳入强制实施范围的上市公司内部控制评价报告披露情况

（一）内部控制评价报告披露数量

截至 2015 年 5 月 18 日，1 390 家纳入强制实施范围的上市公司中，1 386家上市公司披露了内部控制评价报告，占比为 99.28%；4 家上市公司未披露内部控制评价报告，占比为 0.72%。而 1 241 家未纳入强制实施范围的上市公司中，仅 1 200 家披露了内部控制评价报告，对比情况如表 2－3 所示。

表 2 - 3　　按是否强制实施分类的内部控制评价报告披露情况

	披露内部控制评价报告	上市公司总数量	披露比例
强制实施	1 386	1 390	99.71%
非强制实施	1 200	1 241	96.70%
总计	2 586	2 631	98.29%

数据来源：DIB 迪博内部控制与风险管理数据库 www. ic - erm. com

未披露内部控制评价报告的 4 家上市公司分别是南宁糖业（000911）、钱江水利（600283）、一汽富维（600742）和株冶集团（600961），这 4 家上市公司均在年报中说明其披露了内部控制评价报告，但截至 2015 年 5 月 18 日，均未在巨潮资讯、深交所、上交所和公司官网公开披露。

（二）内部控制评价报告格式

1 386 家披露了内部控制评价报告的纳入强制实施范围的上市公司中，1 297 家上市公司按照规范的格式进行披露，占比 93.58%；82 家上市公司按照以前年度的格式进行披露，占比 5.92%；7 家上市公司按照其他格式进行披露，占比 0.51%，如图 2 - 1 所示。

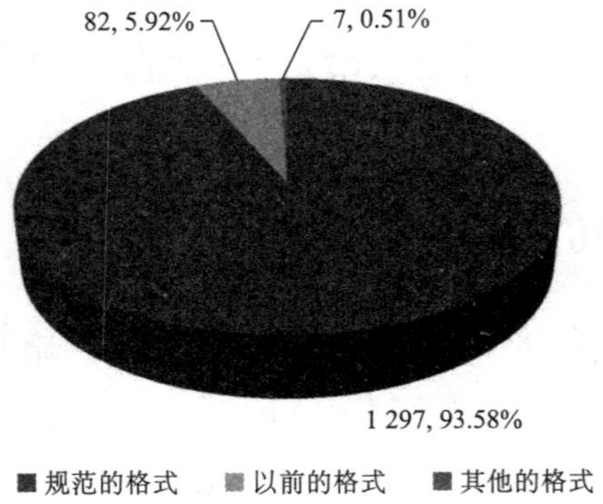

图 2 - 1　纳入强制实施范围上市公司内部控制评价报告格式的规范性

数据来源：DIB 迪博内部控制与风险管理数据库 www. ic - erm. com

2014 年度，纳入强制实施的上市公司中，规范的内部控制评价报告披露比例为 93.58%；未纳入强制实施的上市公司中，规范的内部控制评价报告披露比例仅为 65.92%，对比情况如表 2－4 所示。

表 2－4　按是否强制实施分类的内部控制评价报告格式披露情况

	规范的格式	以前的格式	其他的格式
强制实施	93.58%	5.92%	0.51%
非强制实施	65.92%	27.83%	6.25%
总计	80.74%	16.09%	3.17%

数据来源：DIB 迪博内部控制与风险管理数据库 www.ic－erm.com

（三）内部控制评价结论

1 386 家披露了内部控制评价报告的纳入强制实施范围的上市公司中，内部控制评价结论为整体有效的上市公司 1 359 家，占比 98.05%；非整体有效的上市公司 27 家，占比 1.95%。内部控制评价结论非整体有效的上市公司中，7 家为财报内控有效、非财报内控无效，占比 0.51%；12 家为财报内控无效、非财报内控有效，占比 0.87%；7 家为内部控制整体无效，占比 0.51%；1 家未出具内部控制评价结论，占比 0.07%，如图 2－2 所示。

2014 年度，纳入强制实施范围的上市公司内部控制评价结论整体有效的比例为 98.05%，低于非强制实施范围的上市公司，对比情况如表 2－5 所示。

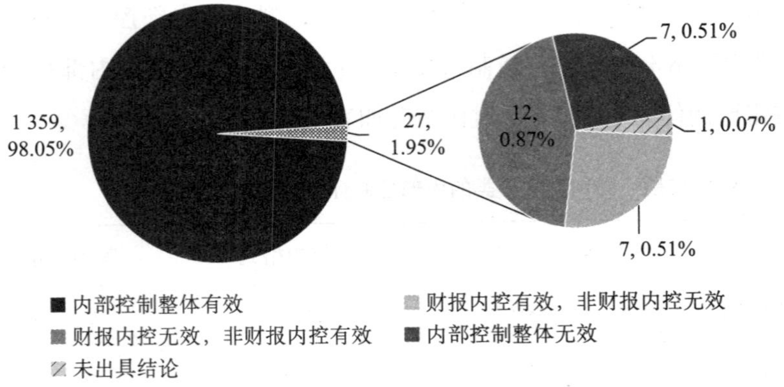

图 2－2　纳入强制实施范围上市公司内部控制评价结论

数据来源：DIB 迪博内部控制与风险管理数据库 www. ic－erm. com

表 2－5　按是否强制实施分类的上市公司内部控制评价结论情况

	内部控制整体有效	内部控制非整体有效			
		财报内控有效，非财报内控无效	财报内控无效，非财报内控有效	内部控制整体无效	未出具结论
强制实施	98.05%	0.51%	0.87%	0.51%	0.07%
非强制实施	99.17%	0.17%	0.50%	0.08%	0.08%
总计	98.57%	0.35%	0.70%	0.31%	0.08%

数据来源：DIB 迪博内部控制与风险管理数据库 www. ic－erm. com

（四）内部控制评价范围

2014 年度，1 386 家披露了内部控制评价报告的纳入强制实施范围的上市公司中，1 373 家披露了内部控制评价范围，占比为 99.06%，其中，1 337 家披露了纳入评价范围的主要单位，占比为 96.46%；1 174 家披露了纳入评价范围单位资产总额占公司合并财务报表资产总额的百分比，占比为 84.70%；1 176 家披露了纳入评价范围单位营业收入合计占公司合并财务报表营业收入总额的百分比，占比为84.85%；1 350家披露了纳入评价范围的主要业务和事项，占比为97.40%；1 162家披露了重点关注的高风险领域，占比为83.84%。对于未纳入强制实施范围的上市公司，以上占比分别为74.08%、70.67%、56.17%、56.17%、72.67%和57.17%，均低于纳入强制实施范围的上市公司，对比情况如表2-6所示。

表2-6 按是否强制实施分类的上市公司内部控制评价范围情况

		强制实施	非强制实施	总计
披露了内部控制评价范围的公司	数量	1 373	889	2 262
	占比	99.06%	74.08%	87.47%
披露了纳入评价范围的主要单位的公司	数量	1 337	848	2 185
	占比	96.46%	70.67%	84.49%
披露了纳入评价范围单位资产总额占公司合并财务报表资产总额的百分比的公司	数量	1 174	674	1 848
	占比	84.70%	56.17%	71.46%
披露了纳入评价范围单位营业收入合计占公司合并财务报表营业收入总额的百分比的公司	数量	1 176	674	1 850
	占比	84.85%	56.17%	71.54%
披露了纳入评价范围的主要业务和事项的公司	数量	1 350	872	2 222
	占比	97.40%	72.67%	85.92%
披露了重点关注的高风险领域的公司	数量	1 162	686	1 848
	占比	83.84%	57.17%	71.46%
披露了内部控制评级报告的公司	数量	1 386	1 200	2 586

数据来源：DIB迪博内部控制与风险管理数据库 www.ic-erm.com

（五）内部控制评价方法

2014年度，1 386家披露了内部控制评价报告的纳入强制实施范围的上市公司中，179 家上市公司披露了内部控制评价方法，占比为 12.91%，未纳入强制实施范围的上市公司中，仅 7.92% 披露了内部控制评价方法，如表 2－7 所示。

表 2－7　按是否强制实施分类的上市公司内部控制评价方法披露情况

	披露内部控制评价方法	披露内部控制评价报告上市公司数量	披露比例
强制实施	179	1 386	12.91%
非强制实施	95	1 200	7.92%
总计	274	2 586	10.60%

数据来源：DIB 迪博内部控制与风险管理数据库 www.ic－erm.com

（六）监事会及独立董事关于内部控制评价报告的意见

2014 年度，1 386 家披露了内部控制评价报告的纳入强制实施范围的上市公司中，162 家上市公司披露了监事会关于内部控制评价报告的意见，占比 11.69%；91 家上市公司披露了独立董事关于内部控制评价报告的意见，占比 6.57%。未纳入强制实施范围的上市公司中，仅 10.00% 的上市公司披露了监事会关于内部控制评价报告的意见，1.58% 的上市公司披露了独立董事关于内部控制评价报告的意见，披露比例均低于纳入强制实施范围的上市公司，对比情况如表 2－8 所示。

四、纳入强制实施范围的上市公司内部控制缺陷披露情况

（一）内部控制缺陷认定标准

2014 年度，1 386 家披露了内部控制评价报告的纳入强制实施范围的

表 2-8　　按是否强制实施分类的上市公司监事会及独立董事关于内部控制评价报告的意见披露情况

	披露了监事会关于内部控制评价报告的意见的公司		披露了独立董事关于内部控制评价报告的意见的公司		披露了内部控制评价报告的公司数量
	数量	占比	数量	占比	
强制实施	162	11.69%	91	6.57%	1 386
非强制实施	120	10.00%	19	1.58%	1 200
总计	282	10.90%	110	4.25%	2 586

数据来源：DIB 迪博内部控制与风险管理数据库 www. ic - erm. com

上市公司中，1 346 家披露了内部控制缺陷认定标准，占比 97. 11%，其中 1 239 家披露了完整的财报和非财报内控缺陷定量、定性认定标准，占比 92. 05%；非强制实施的上市公司仅 66. 25% 披露了内部控制缺陷认定标准，对比情况如表 2-9 所示。

表 2-9　　按是否强制实施分类的上市公司内部控制缺陷认定标准披露情况

	披露了内控缺陷认定标准的公司				披露内控缺陷认定标准的公司小计		未披露内控缺陷认定标准的公司		披露内控评价报告的公司数量
	完整披露财报和非财报内控缺陷定量、定性认定标准的公司		未完整披露财报和非财报内控缺陷定量、定性认定标准的公司						
	数量	占比	数量	占比	数量	占比	数量	占比	
强制实施	1 239	92.05%	107	7.95%	1 346	97.11%	40	2.89%	1 386
非强制实施	745	93.71%	50	6.29%	795	66.25%	405	33.75%	1 200
总计	1 984	92.67%	157	7.33%	2 141	82.79%	445	17.21%	2 586

数据来源：DIB 迪博内部控制与风险管理数据库 www. ic - erm. com

（二）内部控制缺陷披露情况

2014 年度，1 386 家披露了内部控制评价报告的纳入强制实施范围的上市公司中，219 家上市公司披露其存在内部控制缺陷，占比为 15.80%，披露的内部控制缺陷共 1 990 项，未纳入强制实施范围的上市公司仅 10.33% 披露其存在内部控制缺陷，披露的内部控制缺陷仅 355 条，披露比例和缺陷数量远低于纳入强制实施范围的上市公司。

按照财报/非财报进行分类，219 家披露其存在内部控制缺陷的纳入强制实施范围的上市公司中，23 家披露了财报内控重大缺陷，占比为 1.66%，披露了 61 条缺陷；9 家披露了财报内控重要缺陷，占比 0.65%，披露了 11 条缺陷；68 家披露了财报内控一般缺陷，占比 4.91%，披露了 354 条缺陷；披露了财报内控缺陷的共 99① 家上市公司，占披露了内部控制评价报告的公司的比例为 7.14%，共披露 430 条财报内控缺陷，占纳入强制实施范围的上市公司缺陷总数的 21.61%。14 家披露了非财报内控重大缺陷，占比为 1.01%，披露了 19 条缺陷；33 家披露了非财报内控重要缺陷，占比 2.38%，披露了 51 条缺陷；137 家披露了非财报内控一般缺陷，占比 9.88%，披露了 1 219 条缺陷；披露了非财报内控缺陷的共 176 家上市公司，占披露了内部控制评价报告的公司的比例为 12.70%，共披露 1 289 条非财报内控缺陷，占纳入强制实施范围的上市公司缺陷总数的 64.77%。纳入强制实施范围的上市公司中，共 206 家上市公司披露了财报或非财报内控缺陷，占比为 14.86%，共披露 1 719 条缺陷，另外，有 25 家上市公司未说明其内控缺陷是财报还是非财报，未区分财报/非财报的内部控制缺陷共 271 条，占缺陷总数的 13.62%。

按照缺陷等级进行分类，219 家披露其存在内部控制缺陷的纳入强制

① 部分公司同时披露财报内控重大、重要或一般缺陷。

实施范围的上市公司中，31 家披露了重大缺陷，占比 2.24%，披露了 80 条重大缺陷；38 家上市公司披露了重要缺陷，占比 2.74%，披露了 62 条重要缺陷；161 家披露了一般缺陷，占比 11.62%，披露了 1 844 条一般缺陷。另外，2 家上市公司未说明其内部控制缺陷的缺陷等级，占比为 0.14%，未区分等级的内控缺陷共 4 条。

以上内容如表 2－10 所示。

表 2－10　按是否强制实施分类的上市公司内部控制缺陷披露情况

缺陷类型		强制实施	非强制实施	总计
财报内控重大缺陷	公司数量	23	9	32
	公司占比	1.66%	0.75%	1.24%
	缺陷数量	61	12	73
	缺陷占比	3.07%	3.38%	3.11%
财报内控重要缺陷	公司数量	9	6	15
	公司占比	0.65%	0.50%	0.58%
	缺陷数量	11	8	19
	缺陷占比	0.55%	2.25%	0.81%
财报内控一般缺陷	公司数量	68	49	117
	公司占比	4.91%	4.08%	4.52%
	缺陷数量	354	74	428
	缺陷占比	17.79%	20.85%	18.25%
财报内控缺陷	公司数量	99	66	165
	公司占比	7.14%	5.50%	6.38%
	缺陷数量	430	97	527
	缺陷占比	21.61%	27.32%	22.47%

续表

缺陷类型		强制实施	非强制实施	总计
非财报内控重大缺陷	公司数量	14	3	17
	公司占比	1.01%	0.25%	0.66%
	缺陷数量	19	4	23
	缺陷占比	0.95%	1.13%	0.98%
非财报内控重要缺陷	公司数量	33	4	37
	公司占比	2.38%	0.33%	1.43%
	缺陷数量	51	7	58
	缺陷占比	2.56%	1.97%	2.47%
非财报内控一般缺陷	公司数量	137	90	227
	公司占比	9.88%	7.50%	8.78%
	缺陷数量	1 219	216	1 435
	缺陷占比	61.26%	60.85%	61.19%
非财报内控缺陷	公司数量	176	96	272
	公司占比	12.70%	8.00%	10.52%
	缺陷数量	1 289	227	1 516
	缺陷占比	64.77%	63.94%	64.65%
财报/非财报内控缺陷	公司数量	206	121	327
	公司占比	14.86%	10.08%	12.65%
	缺陷数量	1 719	324	2 043
	缺陷占比	86.38%	91.27%	87.12%
未区分财报/非财报	公司数量	25	5	30
	公司占比	1.80%	0.42%	1.16%
	缺陷数量	271	31	302
	缺陷占比	13.62%	8.73%	12.88%

续表

缺陷类型		强制实施	非强制实施	总计
重大缺陷	公司数量	31	11	42
	公司占比	2.24%	0.92%	1.62%
	缺陷数量	80	16	96
	缺陷占比	4.02%	4.51%	4.09%
重要缺陷	公司数量	38	10	48
	公司占比	2.74%	0.83%	1.86%
	缺陷数量	62	15	77
	缺陷占比	3.12%	4.23%	3.28%
一般缺陷	公司数量	161	102	263
	公司占比	11.62%	8.50%	10.17%
	缺陷数量	1 844	321	2 165
	缺陷占比	92.66%	90.42%	92.32%
未区分缺陷等级	公司数量	2	2	4
	公司占比	0.14%	0.17%	0.15%
	缺陷数量	4	3	7
	缺陷占比	0.20%	0.85%	0.30%
缺陷总数	公司数量	219	124	343
	公司占比	15.80%	10.33%	13.26%
	缺陷总数	1 990	355	2 345
披露了内部控制评价报告的公司	公司总数	1 386	1 200	2 586

数据来源：DIB 迪博内部控制与风险管理数据库 www.ic－erm.com

（三）内部控制缺陷内容

2014 年度，1 386 家披露了内部控制评价报告的纳入强制实施范围的上市公司中，219 家上市公司披露其存在内部控制缺陷，其中，192 家披露了内部控制缺陷的内容，占比为 87.67%，另外的 27 家未披露其内部控制缺陷的内容，如表 2－11 所示。

表 2－11　按是否强制实施分类的上市公司内部控制缺陷内容的披露情况（按上市公司统计）

	披露内控缺陷内容的公司		未披露内控缺陷内容的公司		披露其存在内部控制缺陷的上市公司总计
	数量	占比	数量	占比	
强制实施	192	87.67%	27	12.33%	219
非强制实施	120	96.77%	4	3.23%	124
总计	312	90.96%	31	9.04%	343

数据来源：DIB 迪博内部控制与风险管理数据库 www.ic－erm.com

2014 年度，纳入强制实施范围的上市公司披露了 1 990 项内部控制缺陷，且披露了 547 项内部控制缺陷的具体内容，披露比例为 27.49%，另外的 1 443 项内部控制缺陷未披露具体的内容，如表 2－12 所示。

由表 2－10、表 2－11 和表 2－12 可以看出，纳入强制实施范围的上市公司内部控制缺陷披露比例较高，但内容的披露比例较低。缺陷披露比例高是因为纳入强制实施范围的上市公司更倾向于按照规范的格式披露内部控制评价报告，在内部控制缺陷的识别和披露方面也更加严格、规范，披露的内部控制缺陷严格区分了缺陷等级和缺陷性质；而未纳入强制实施范围的上市公司内部控制缺陷的识别和披露大多不太规范，部分上市公司未披露内部控制缺陷，部分上市公司仅仅简单陈述其在内部控制方面存在

表 2-12　　按是否强制实施分类的上市公司内部控制缺陷内容的披露情况（按缺陷统计）

	披露具体内容的内控缺陷		未披露具体内容的内控缺陷		披露的内部控制缺陷数量总计
	数量	占比	数量	占比	
强制实施	547	27.49%	1 443	72.51%	1 990
非强制实施	291	81.97%	64	18.03%	355
总计	838	35.74%	1 507	64.26%	2 345

数据来源：DIB 迪博内部控制与风险管理数据库 www.ic-erm.com

的问题，描述大多简单而笼统，并未实实在在地反映其问题。内容披露比例低是因为纳入强制实施范围的上市公司未完整披露一般缺陷的内容，在缺陷内容的披露上，更倾向于完整披露重大和重要缺陷，对于影响较小、数量较大、整改已经完成的一般缺陷未能全部披露。

本书对于披露了具体内容的内部控制缺陷进行了更深一步的分析，按照财报缺陷/非财报缺陷、缺陷等级、设计缺陷/运行缺陷、公司层面缺陷/业务层面缺陷/信息系统层面缺陷、内部控制五要素对缺陷进行了分类，统计出每个分类的内部控制缺陷数量和占比。纳入强制实施范围的上市公司披露的具体内容的内部控制缺陷中，财报缺陷 188 条，占比 34.37%，非财报缺陷 359 条，占比 65.63%；设计缺陷 81 条，占比 14.81%，运行缺陷 404 条，占比 73.86%，缺陷类型无法确定的 62 条，占比 11.33%；公司层面缺陷 188 条，占比 34.37%，业务层面缺陷 341 条，占比 62.34%，信息系统层面缺陷 18 条，占比 3.29%；内部环境类缺陷 176 条，占比 32.18%，风险评估类缺陷 6 条，占比 1.10%，控制活动类缺陷 316 条，占比 57.77%，信息与沟通类缺陷 40 条，占比 7.31%，内部监督类缺陷 9 条，占比 1.65%。如表 2-13 所示。

表 2－13　　按是否强制实施分类的上市公司
内部控制缺陷内容的缺陷性质分布情况

			强制实施	非强制实施	总计
财报/非财报	财报重大缺陷	数量	53	15	68
		占比	9.69%	5.15%	8.11%
	财报重要缺陷	数量	11	8	19
		占比	2.01%	2.75%	2.27%
	财报一般缺陷	数量	120	75	195
		占比	21.94%	25.77%	23.27%
	财报缺陷，未区分缺陷等级	数量	4	3	7
		占比	0.73%	1.03%	0.84%
	财报缺陷小计	数量	188	101	289
		占比	34.37%	34.71%	34.49%
	非财报重大缺陷	数量	21	4	25
		占比	3.84%	1.37%	2.98%
	非财报重要缺陷	数量	50	4	54
		占比	9.14%	1.37%	6.44%
	非财报一般缺陷	数量	288	182	470
		占比	52.65%	62.54%	56.09%
	非财报缺陷小计	数量	359	190	549
		占比	65.63%	65.29%	65.51%
设计/运行缺陷	设计缺陷	数量	81	63	144
		占比	14.81%	21.65%	17.18%
	运行缺陷	数量	404	197	601
		占比	73.86%	67.70%	71.72%
	分类无法确定	数量	62	31	93
		占比	11.33%	10.65%	11.10%

续表

			强制实施	非强制实施	总计
公司层面/业务层面/信息系统层面	公司层面缺陷	数量	188	91	279
		占比	34.37%	31.27%	33.29%
	业务层面缺陷	数量	341	192	533
		占比	62.34%	65.98%	63.60%
	信息系统层面缺陷	数量	18	8	26
		占比	3.29%	2.75%	3.10%
内控五要素层面	内部环境类缺陷	数量	176	79	255
		占比	32.18%	27.15%	30.43%
	风险评估类缺陷	数量	6	5	11
		占比	1.10%	1.72%	1.31%
	控制活动类缺陷	数量	316	177	493
		占比	57.77%	60.82%	58.83%
	信息与沟通类缺陷	数量	40	20	60
		占比	7.31%	6.87%	7.16%
	内部监督类缺陷	数量	9	10	19
		占比	1.65%	3.44%	2.27%
内控缺陷总计			547	291	838

数据来源：DIB 迪博内部控制与风险管理数据库 www.ic-erm.com

（四）内部控制缺陷的整改情况

2014 年度，纳入强制实施范围的上市公司披露的 547 项有具体内容的内部控制缺陷中，已经开始整改的共 472 项内部控制缺陷，占比为 86.29%，远远高于未纳入强制实施范围的上市公司；未开始整改的共 75 项内部控制缺陷，占比 13.71%。开始整改的内部控制缺陷中，已经有效整改的259项，占比47.35%，远远高于未纳入强制实施范围的上市公司；未完成整改的78项，占比14.26%；未披露整改结果的135项，占比24.68%。如表2－14所示。

表2－14　　按是否强制实施分类的上市公司内部控制缺陷整改情况

	已开始整改的缺陷						已开始整改的缺陷小计		未开始整改的缺陷①		缺陷数量
	有效整改的缺陷		未完成整改的缺陷		未披露整改结果的缺陷						
	数量	占比	数量	占比	数量	占比	数量	占比	数量	占比	
强制实施	259	47.35%	78	14.26%	135	24.68%	472	86.29%	75	13.71%	547
非强制实施	55	18.90%	15	5.15%	52	17.87%	122	41.92%	169	58.08%	291
总计	314	37.47%	93	11.10%	187	22.32%	594	70.88%	244	29.12%	838

数据来源：DIB迪博内部控制与风险管理数据库 www.ic－erm.com

五、纳入强制实施范围的上市公司内部控制审计情况

（一）内部控制审计报告披露数量

截至2015年5月18日，1 390家纳入强制实施范围的上市公司中，1 365家上市公司披露了内部控制审计报告，占比为98.20%；25家上市公司未披露内部控制审计报告，占比为1.80%。而1 241家未纳入强制实施范围的上市公司中，仅684家披露了内部控制审计报告，披露比例为55.12%，对比情况如表2－15所示。

① 包含未披露是否开始整改的内部控制缺陷。

表 2－15　　按是否强制实施分类的内部控制审计报告披露情况

	披露内部控制审计报告	上市公司总数量	披露比例
强制实施	1 365	1 390	98. 20%
非强制实施	684	1 241	55. 12%
总计	2 049	2 631	77. 88%

数据来源：DIB 迪博内部控制与风险管理数据库 www. ic－erm. com

未披露内部控制审计报告的 25 家上市公司如表 2－16 所示。

表 2－16　　未披露内部控制审计报告的纳入强制实施范围的上市公司名单及原因

序号	证券代码	证券简称	未披露内审报告原因
1	000004	国农科技	年报说明未披露，但未解释原因
2	000007	零七股份	年报说明未披露，但未解释原因
3	000611	内蒙发展	年报说明已披露，但找不到报告
4	000799	酒 鬼 酒	年报说明已披露，但找不到报告
5	000811	烟台冰轮	年报说明已披露，但找不到报告
6	000830	鲁西化工	年报说明已披露，但找不到报告
7	000908	天一科技	年报说明未披露，但未解释原因
8	000963	华东医药	年报说明已披露，但找不到报告
9	000996	中国中期	年报说明未披露，但未解释原因
10	600086	东方金钰	年报说明已披露，但找不到报告
11	600128	弘业股份	年报说明已披露，但找不到报告
12	600129	太极集团	年报说明已披露，但找不到报告

续表

序号	证券代码	证券简称	未披露内审报告原因
13	600230	沧州大化	年报说明已披露，但找不到报告
14	600302	标准股份	年报说明已披露，但找不到报告
15	600317	营口港	年报说明已披露，但找不到报告
16	600320	振华重工	年报说明已披露，但找不到报告
17	600358	国旅联合	年报说明已披露，但找不到报告
18	600547	山东黄金	年报说明已披露，但找不到报告
19	600569	安阳钢铁	年报说明已披露，但找不到报告
20	600656	*ST 博元	年报说明未披露，但未解释原因
21	600742	一汽富维	年报说明已披露，但找不到报告
22	600766	园城黄金	年报说明已披露，但找不到报告
23	600961	株冶集团	年报说明已披露，但找不到报告
24	601668	中国建筑	年报说明已披露，但找不到报告
25	601992	金隅股份	年报说明已披露，但找不到报告

数据来源：DIB 迪博内部控制与风险管理数据库 www. ic – erm. com

（二）内部控制审计报告格式的规范性

2014 年度，纳入强制实施范围的 1 365 家披露了内部控制审计报告的上市公司中，1 357 家上市公司按照规范的内部控制审计报告进行披露，占比 99. 41%；7 家按照内部控制鉴证报告进行披露，占比 0. 51%；1 家按照内部控制审核报告进行披露，占比 0. 07%。纳入强制实施范围的上市公司的内部控制审计报告的规范性要远远高于非强制实施的上市公司，如表 2 – 17 所示。

表 2 – 17　按是否强制实施分类的内部控制审计报告格式规范性情况

		强制实施	非强制实施	总计
披露规范的内控审计报告的公司	数量	1 357	67	1 424
	占比	99.41%	9.80%	69.50%
披露内控鉴证报告的公司	数量	7	418	425
	占比	0.51%	61.11%	20.74%
披露内控审核报告的公司	数量	1	126	127
	占比	0.07%	18.42%	6.20%
披露中小板内控审计报告的公司	数量	0	50	50
	占比	0.00%	7.31%	2.44%
披露内控专项报告的公司	数量	0	20	20
	占比	0.00%	2.92%	0.98%
披露其他类型报告的公司	数量	0	3	3
	占比	0.00%	0.44%	0.15%
披露内控审计报告的公司数量		1 365	684	2 049

数据来源：DIB 迪博内部控制与风险管理数据库 www. ic – erm. com

（三）内部控制审计意见

2014 年度，纳入强制实施范围的 1 365 家披露了内部控制审计报告的上市公司中，1 291 家上市公司出具了标准无保留的内部控制审计意见，占比 94. 58%；74 家上市公司出具了非标准无保留的内部控制审计意见，占比 5. 42%。在非标准无保留意见中，52 家上市公司出具了带强调事项段的无保留意见，占比 3. 81%；19 家出具了否定意见，占比 1. 39%；3 家无法表示内部控制审计意见，占比 0. 22%。如图 2 – 3 所示。

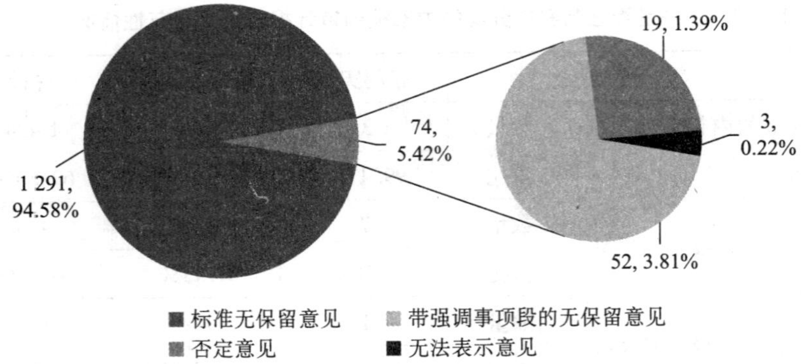

图 2－3　纳入强制实施范围上市公司内部控制审计意见

数据来源：DIB 迪博内部控制与风险管理数据库 www. ic－erm. com

2014 年度，纳入强制实施范围的上市公司中 94. 58% 的内部控制审计意见为标准无保留意见，非强制实施的上市公司中 98. 54% 为标准无保留意见，如表 2－18 所示。

表 2－18　按是否强制实施分类的上市公司内部控制审计意见情况

	标准无保留意见	非标准无保留意见			
		带强调事项段的无保留意见	保留意见	否定意见	无法表示意见
强制实施	94. 58%	3. 81%	0. 00%	1. 39%	0. 22%
非强制实施	98. 54%	0. 88%	0. 29%	0. 29%	0. 00%
总计	95. 90%	2. 83%	0. 10%	1. 02%	0. 15%

数据来源：DIB 迪博内部控制与风险管理数据库 www. ic－erm. com

（四）审计发现的内部控制缺陷

2014 年度，纳入强制实施范围的 1 365 家披露了内部控制审计报告的上市公司中，61 家上市公司在内部控制审计报告中披露了缺陷，占比

4.47%；未纳入强制实施范围的上市公司中，10家上市公司披露了缺陷，占比1.46%，如表2-19所示。

表2-19　　按是否强制实施分类的上市公司内部控制审计报告中缺陷披露情况

	在内部控制审计报告中披露了缺陷的上市公司		未在内部控制审计报告中披露了缺陷的上市公司		上市公司数量
	数量	占比	数量	占比	
强制实施	61	4.47%	1 304	95.53%	1 365
非强制实施	10	1.46%	674	98.54%	684
总计	71	3.47%	1 978	96.53%	2 049

数据来源：DIB迪博内部控制与风险管理数据库 www.ic-erm.com

2014年度，纳入强制实施范围的上市公司在内部控制审计报告中共披露59项重大缺陷，4项重要缺陷，1项一般缺陷；非强制实施的上市公司在内部控制审计报告中披露9项重大缺陷，1项重要缺陷，未披露一般缺陷；另外，39项缺陷未被披露缺陷等级，5项缺陷未被披露具体内容，如表2-20所示。

表2-20　　按是否强制实施分类的上市公司内部控制审计报告中缺陷数量的披露情况

	重大缺陷	重要缺陷	一般缺陷	未披露缺陷等级	未披露缺陷具体内容，无法判断缺陷等级	缺陷数量总计
强制实施	59	4	1	34	5	103
非强制实施	9	1	0	5	0	15
总计	68	5	1	39	5	118

数据来源：DIB迪博内部控制与风险管理数据库 www.ic-erm.com

（五）上市公司内部控制整合审计情况

2014 年度，纳入强制实施范围的 1 365 家披露了内部控制审计报告的上市公司中，实施整合审计的上市公司共 1 329 家，占比 97.36%，实施单独审计的上市公司 36 家，占比 2.64%；非强制实施的上市公司中，682 家为整合审计，占比 99.71%，2 家为单独审计，占比 0.29%，如表 2－21 所示。

表 2－21　按是否强制实施分类的上市公司内部控制整合审计情况

	实施整合审计的公司		实施单独审计的公司		披露内控审计报告的公司数量
	数量	占比	数量	占比	
强制实施	1 329	97.36%	36	2.64%	1 365
非强制实施	682	99.71%	2	0.29%	684
总计	2 011	98.15%	38	1.85%	2 049

数据来源：DIB 迪博内部控制与风险管理数据库 www.ic－erm.com

（六）内部控制审计费用

2014 年度，纳入强制实施范围的 1 365 家披露了内部控制审计报告的上市公司中，1 201 家披露其支付了内控审计费用，占比 87.99%；164 家未披露其支付内控审计费用，占比 12.01%。在披露其支付内控审计费用的上市公司中，1 164 家单独披露了具体的内控审计费用，占比为 85.27%；37 家未单独披露具体的内控审计费用，占比为 2.71%，如表 2－22 所示。

表 2-22　按是否强制实施分类的上市公司内部控制审计费用披露情况

	披露支付了内控审计费用的公司				披露支付了内控审计费用的公司小计		未披露内控审计费用的公司		披露内控审计报告的公司数量
	单独披露内控审计费用的公司		未单独披露内控审计费用的公司						
	数量	占比	数量	占比	数量	占比	数量	占比	
强制实施	1 164	85.27%	37	2.71%	1 201	87.99%	164	12.01%	1 365
非强制实施	43	6.29%	5	0.73%	48	7.02%	636	92.98%	684
总计	1 207	58.91%	42	2.05%	1 249	60.96%	800	39.04%	2 049

数据来源：DIB 迪博内部控制与风险管理数据库 www.ic-erm.com

2014 年度，纳入强制实施范围的 1 365 家披露了内部控制审计报告的上市公司中，单独披露了内部控制审计费用的上市公司共 1 164 家，披露的内部控制审计费用总额共 53 588 万元，平均每家上市公司花费的内部控制审计费用为 46.04 万元，内部控制审计费用占审计费用总额比例的平均值为 27.41%。强制实施的上市公司在内部控制审计的花费上显著多于非强制实施上市公司，如表 2-23 所示。

表 2-23　按是否强制实施分类的上市公司内部控制审计费用金额披露情况

	单独披露内控审计费用公司数量	内部控制审计费用总额（万元）	内部控制审计费用平均值（万元）	内部控制审计费用占审计费用总额比例的平均值
强制实施	1 164	53 588.00	46.04	27.41%
非强制实施	43	1 348.17	30.64	24.85%
总计	1 207	54 936.17	45.48	27.32%

数据来源：DIB 迪博内部控制与风险管理数据库 www.ic-erm.com

六、2011—2014 年度纳入强制实施范围上市公司变化情况

（一）2011—2014 年度纳入强制实施范围上市公司名单

根据《关于 2012 年主板上市公司分类分批实施企业内部控制规范体系的通知》①，自 2012 年 1 月 1 日起在上海证券交易所、深圳证券交易所主板上市公司开始实施《企业内部控制基本规范》（财会〔2008〕7 号）和《企业内部控制配套指引》（财会〔2010〕11 号）（以下简称企业内部控制规范体系）。

2011 年度，境内外同时上市和试点单位被列为强制实施范围，考虑到部分试点单位在以后年度未纳入强制实施范围，为保证研究的延续性，本书仅将 2011 年度强制实施范围中境内外同时上市的公司纳入研究范围，共计 67 家 A 股上市公司。

2012 年度，中央和地方国有控股上市公司被列为强制实施范围，共计 853 家上市公司，其中 839 家 A 股上市公司②。

2013 年度，于 2011 年 12 月 31 日公司总市值（证监会算法）在 50 亿元以上，同时 2009 年至 2011 年平均净利润在 3 000 万元以上的上市公司被列入强制实施范围，共计 1 052 家上市公司，其中 1 036 家 A 股上市公司。

2014 年度，主板上市公司被列入强制实施范围，共计 1 411 家上市公司，其中 1 390 家 A 股上市公司。

如需具体名单，请联系查阅 DIB 内部控制与风险管理数据库（www.

① 强制实施范围的名单不完全根据《关于 2012 年主板上市公司分类分批实施企业内部控制规范体系的通知》定，同时综合了证监会意见。

② 本文仅研究 A 股上市公司。

ic－erm. com）。

（二）内部控制评价报告披露变化情况

1. 内部控制评价报告

2011 年度，纳入强制实施范围的 67 家上市公司，截至 2012 年 4 月 30 日[①]前按时披露了内部控制评价报告，按时披露比例为 100%；2012 年，纳入强制实施范围的 839 家上市公司，截至 2013 年 4 月 30 日，共 834 家按时披露了内部控制评价报告，按时披露比例为 99.40%；2013 年，纳入强制实施范围的 1 036 家上市公司，截至 2014 年 4 月 30 日，共 1 035 家按时披露了内部控制评价报告，按时披露比例为 99.90%；2014 年，纳入强制实施范围的 1 390 家上市公司，截至 2015 年 4 月 30 日，共 1 383 家按时披露了内部控制评价报告，按时披露比例为 99.50%，如表 2－24 所示。

内部控制评价报告的披露比例在 2011—2014 年度有小幅波动，但均在 99%以上。

表 2－24　　2011—2014 年度纳入强制实施范围上市公司内部控制评价报告披露情况

年份	披露内部控制评价报告公司数量	纳入强制实施范围的公司总数	按时披露比例
2011	67	67	100%
2012	834	839	99.40%
2013	1 035	1 036	99.90%
2014	1 383	1 390	99.50%

数据来源：DIB 迪博内部控制与风险管理数据库 www. ic－erm. com

① 统计日期为信息披露的截止日，与前文不同，此处是为了研究规范性信息披露的情况。

2. 内部控制评价结论

2011—2014 年度，纳入强制实施范围且按时披露了内部控制评价报告的上市公司，其内部控制评价结论为“非整体有效”的比例呈先降后升趋势：2011 年，1 家上市公司内部控制评价结论不是整体有效，占比 1.49%；2012 年，内部控制评价结论不是整体有效的上市公司为 2 家，占比 0.24%；2013 年，内部控制评价结论为非整体有效的上市公司 15 家，占比 1.45%；2014 年，内部控制评价结论为非整体有效的上市公司达到 26 家，占比 1.88%，如图 2－4 所示。

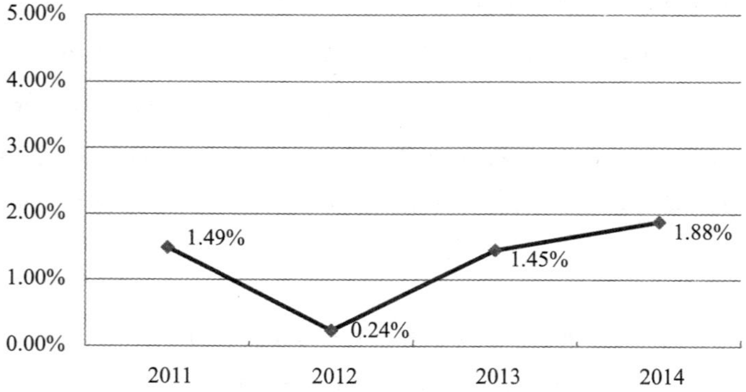

图 2－4　2011—2014 年度纳入强制实施范围上市公司评价结论“非整体有效”情况

数据来源：DIB 迪博内部控制与风险管理数据库 www.ic－erm.com

（三）内部控制缺陷变化情况

1. 缺陷认定标准

2011—2014 年度，纳入强制实施范围且按时披露了内部控制评价报告的上市公司中，披露了内部控制缺陷认定标准的上市公司比例呈逐年上升趋势：2011 年，55. 22% 的上市公司披露了内部控制缺陷认定标准；2012 年，这一比例上升为 67. 15%；2013 年，披露了内部控制缺陷认定标准的上市公司披露比例为 96. 14%；2014 年，内部控制缺陷认定标准的上市公司披露比例已高达 97. 18%，如图 2 –5 所示。

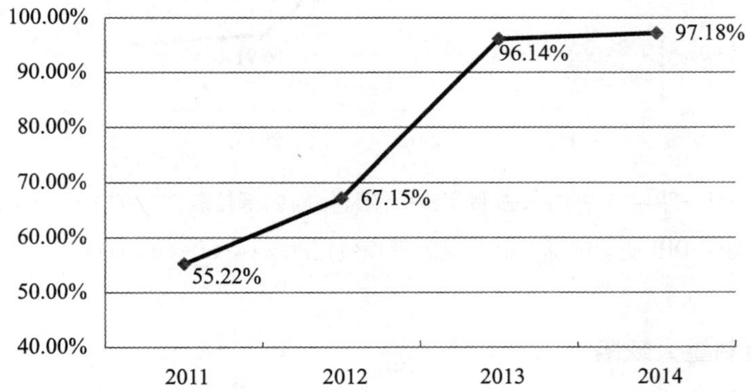

图 2 –5　2011—2014 年度纳入强制实施范围且披露内部控制缺陷认定标准的比例趋势

数据来源：DIB 迪博内部控制与风险管理数据库 www. ic – erm. com

2. 内部控制缺陷

2011—2014 年度，纳入强制实施范围且披露内部控制缺陷的上市公司占比总体呈下降趋势：2011 年，67 家纳入强制实施范围且按时披露内部控制评价报告的上市公司中，有 28. 36% （19 家）的上市公司披露了内部控制缺陷；2012 年，834 家纳入强制实施范围且按时披露了内部控制评价报告的上市公司中，有 28. 78% （240 家）公司披露了内部控制缺陷；2013 年，1 035 家纳入强制实施范围且按时披露了内部控制评价报告的上市公司中，有 16. 91% （175 家）公司披露了内部控制缺陷；2014 年，纳入强制实施范围且披露内部控制缺陷的上市公司比例下降至 15. 76% （218 家），如图 2 –6 所示。

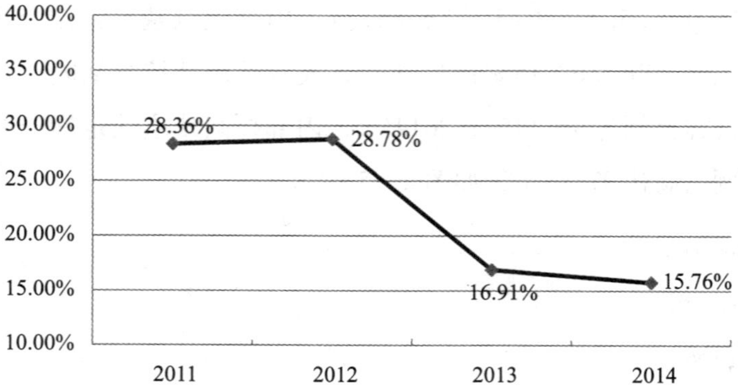

图 2－6　2011—2014 年度纳入强制实施范围且披露内部控制缺陷的上市公司比例趋势

数据来源：DIB 迪博内部控制与风险管理数据库 www. ic－erm. com

3. 内部控制重大缺陷

2011—2014 年度，披露了内部控制重大缺陷的上市公司比例波动较大，呈先降后升趋势：2011 年，1. 49% 的上市公司披露了内部控制重大缺陷；2012 年，该比例下降为 0. 48%；2013 年，披露内部控制重大缺陷的比例又上升到 1. 84%；2014 年，该比例上升至 2. 17%（30 家），如图 2－7 所示。

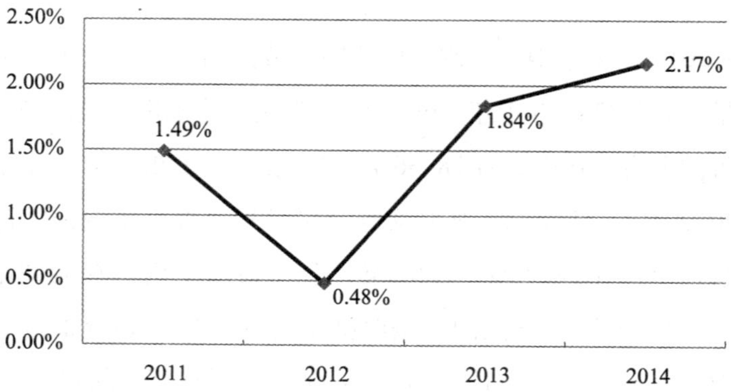

图 2－7　2011—2014 年度纳入强制实施范围且披露内部控制重大缺陷的上市公司比例趋势

数据来源：DIB 迪博内部控制与风险管理数据库 www. ic－erm. com

4. 内部控制重要缺陷

2011—2014 年度，披露了内部控制重要缺陷的上市公司比例在 2.5%—3.5% 间波动：2011 年，2.99% 的上市公司披露了内部控制重要缺陷；2012 年，该比例下降为 2.64%；2013 年，披露内部控制重要缺陷的比例上升至 3.29%；2014 年，该比例下降为 2.75%（38 家），如图 2-8 所示。

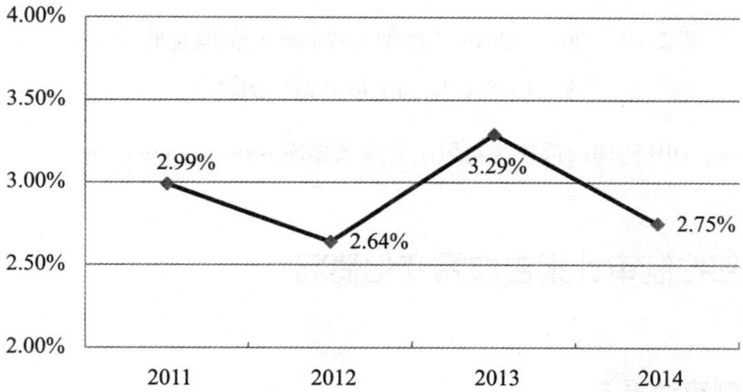

图 2-8　2011—2014 年度纳入强制实施范围且披露内部控制重要缺陷的上市公司比例趋势

数据来源：DIB 迪博内部控制与风险管理数据库 www.ic-erm.com

5. 内部控制一般缺陷

2011—2014 年度，披露了内部控制一般缺陷的上市公司呈总体下降趋势：2011 年，26.87% 的上市公司披露了内部控制一般缺陷；2012 年，该比例变为 27.82%；2013 年，披露内部控制一般缺陷的上市公司比例又大幅降至 12.66%；2014 年，该比例降至 11.64%（161 家），如图 2-9 所示。

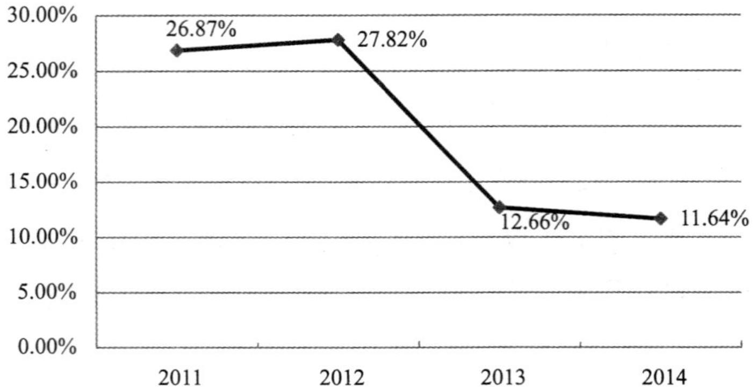

图 2－9　2011—2014 年度纳入强制实施范围且披露内部控制一般缺陷的上市公司比例趋势

数据来源：DIB 迪博内部控制与风险管理数据库 www. ic－erm. com

（四）内部控制审计报告披露变化情况

1. 内部控制审计报告

2011 年，纳入强制实施范围的 67 家上市公司全部在 2012 年 4 月 30 日前按时披露了内部控制审计报告，按时披露比例为 100%；2012 年，826 家上市公司在 2013 年 4 月 30 日前按时披露了内部控制审计报告，按时披露比例降为 98. 45%；2013 年，1 036 家纳入强制实施范围的上市公司中，1 028 家上市公司于 2014 年 4 月 30 日前披露了内部控制审计报告，按时披露比例为 99. 23%；2014 年，1 390 家纳入强制实施范围的上市公司中，1 363 家上市公司于 2015 年 4 月 30 日前披露了内部控制审计报告，按时披露比例为 98. 06%，如表 2－25 所示。

内部控制审计报告的披露比例在 2011—2014 年度波动较大，但均在 98% 以上。

表 2－25　　2011—2014 年度纳入强制实施范围上市公司内部控制审计报告披露情况

年份	披露内部控制审计报告的公司数	纳入强制实施范围的公司总数	按时披露比例
2011	67	67	100%
2012	826	839	98.45%
2013	1 028	1 036	99.23%
2014	1 363	1 390	98.06%

数据来源：DIB 迪博内部控制与风险管理数据库 www.ic－erm.com

2. 内部控制审计意见

2011—2014 年度，纳入强制实施范围且按时披露内部控制审计报告的上市公司，内部控制审计意见呈现出差异化趋势，其中内部控制审计意见为非标意见的比例呈逐年上升趋势：2011 年，纳入强制实施范围上市公司中，1.49%出具了非标的内部控制审计意见；2012 年，该比例为 2.54%；2013 年，上升至 3.99%；2014 年，该比例已上升为 5.43%（74 家），如图 2－10 所示。

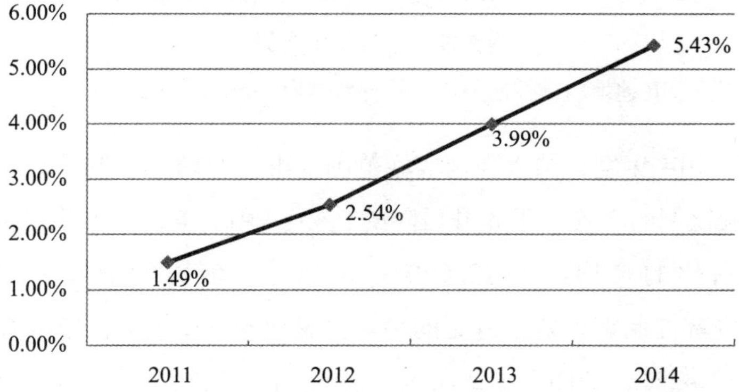

图 2－10　2011—2014 年度纳入强制实施范围上市公司非标审计意见所占比例趋势

数据来源：DIB 迪博内部控制与风险管理数据库 www.ic－erm.com

3. 内部控制审计费用

2011—2014 年度，纳入强制实施范围且按时披露内部控制审计报告的上市公司中，在年报中披露支付了内部控制审计费用的上市公司所占比重增长较快，呈逐年上升趋势：2011 年，纳入强制实施范围上市公司仅 25.37% 披露其支付了内部控制审计费用；2012 年，该比例大幅增长至 76.88%；2013 年，该比例为 84.44%；2014 年，该比例已达 87.97%（1 199 家），如图 2－11 所示。

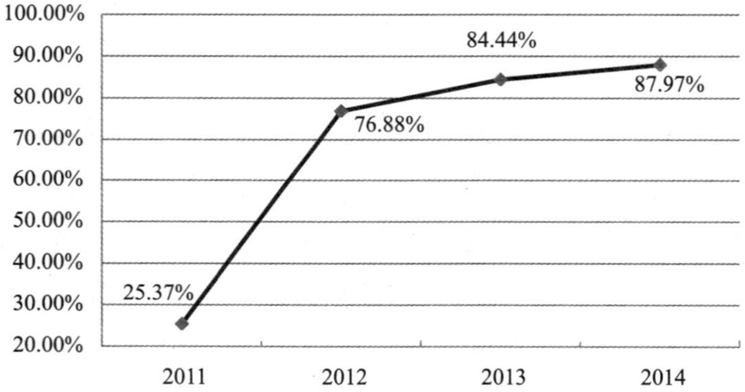

图 2－11　2011—2014 年度纳入强制实施范围上市公司披露内部控制审计费用趋势

数据来源：DIB 迪博内部控制与风险管理数据库 www.ic－erm.com

2011—2014 年度，纳入强制实施范围上市公司内部控制审计费用占审计费用总额比例的平均值呈先升后降的趋势：2011 年，上市公司内部控制审计费用占比的平均值为 12.69%；2012 年，该比例增长为 29.14%；2013 年，内部控制审计费用占比的平均值又降至 27.66%；2014 年，该比例下降至 27.42%，如图 2－12 所示。

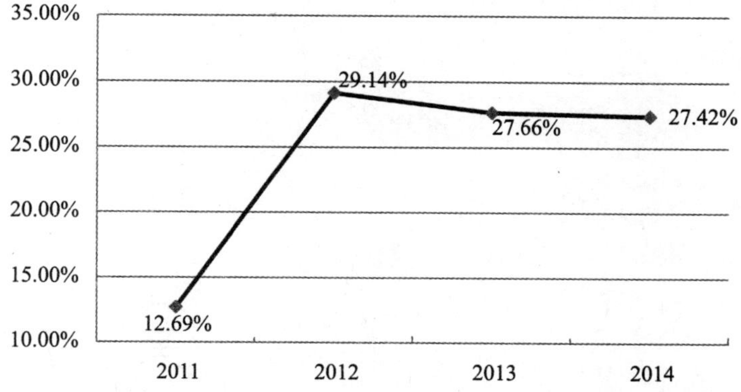

图 2－12　2011—2014 年度纳入强制实施范围上市公司内部控制审计费用占比平均值趋势

数据来源：DIB 迪博内部控制与风险管理数据库 www. ic－erm. com

第三章

各辖区上市公司内部控制实施情况

根据证监会派出机构的划分方法，2014 年全国上市公司共划分到 36 个辖区。这 36 个辖区分别是安徽辖区、北京辖区、大连辖区、福建辖区、甘肃辖区、广东辖区、广西辖区、贵州辖区、海南辖区、河北辖区、河南辖区、黑龙江辖区、湖北辖区、湖南辖区、吉林辖区、江苏辖区、江西辖区、辽宁辖区、内蒙古辖区、宁波辖区、宁夏辖区、青岛辖区、青海辖区、厦门辖区、山东辖区、山西辖区、陕西辖区、上海辖区、深圳辖区、四川辖区、天津辖区、西藏辖区、新疆辖区、云南辖区、浙江辖区、重庆辖区。本报告将按照上述分类，对各辖区的上市公司内部控制实施情况进行分析，所有 36 个辖区上市公司内部控制报告内容及详细原始数据均已收录至 DIB 内部控制与风险管理数据库（www. ic – erm. com）。

一、各辖区上市公司基本情况

2014 年度，各辖区上市公司数量、资产总计、营业总收入、净利润情况如表 3 – 1 所示。江苏辖区上市公司数量最多，共计 259 家，占全国上市公司总量的 9. 84%，其次是北京辖区、浙江辖区；北京辖区上市公司资产总额最多，共 97 500 566 百万元，占全国上市公司资产总额的 64. 95%，其次是上海辖区、深圳辖区；北京辖区上市公司营业总收入最多，共 13 053 215百万元，占全国上市公司营业总收入的 45. 88%，其次是上海辖区、深圳辖区；北京辖区上市公司净利润最多，共 1 448 409 百万元，占全国上市公司净利润的 56. 30%，其次是上海辖区、深圳辖区。

二、指标选取

迪博公司通过归纳整理各辖区上市公司披露的年报、内部控制评价报告、内部控制审计报告、财务重述报告、诉讼报告以及监管机构对上市公

表3－1　　各辖区上市公司基本情况统计　　（单位：百万元）

辖区	上市公司		资产		营业总收入		净利润	
	数量	占比	总额	占比	总额	占比	总额	占比
安徽辖区	82	3.12%	695 144	0.46%	519 245	1.82%	21 713	0.84%
北京辖区	241	9.16%	97 500 566	64.95%	13 053 215	45.88%	1 448 409	56.30%
大连辖区	25	0.95%	392 188	0.26%	145 566	0.51%	12 302	0.48%
福建辖区	63	2.39%	4 914 056	3.27%	375 104	1.32%	64 135	2.49%
甘肃辖区	26	0.99%	345 520	0.23%	174 854	0.61%	14 158	0.55%
广东辖区	201	7.64%	2 147 439	1.43%	1 165 406	4.10%	95 494	3.71%
广西辖区	32	1.22%	221 664	0.15%	125 872	0.44%	4 003	0.16%
贵州辖区	21	0.80%	218 387	0.15%	98 237	0.35%	19 033	0.74%
海南辖区	27	1.03%	232 449	0.15%	87 604	0.31%	4 781	0.19%
河北辖区	49	1.86%	834 770	0.56%	481 698	1.69%	24 636	0.96%
河南辖区	67	2.55%	543 708	0.36%	339 764	1.19%	16 882	0.66%
黑龙江辖区	32	1.22%	316 705	0.21%	107 054	0.38%	7 506	0.29%
湖北辖区	84	3.19%	784 119	0.52%	483 562	1.70%	28 503	1.11%
湖南辖区	75	2.85%	566 912	0.38%	278 779	0.98%	10 457	0.41%
吉林辖区	40	1.52%	329 158	0.22%	137 784	0.48%	7 956	0.31%
江苏辖区	259	9.84%	2 302 981	1.53%	997 267	3.51%	58 034	2.26%
江西辖区	32	1.22%	308 296	0.21%	397 729	1.40%	10 740	0.42%
辽宁辖区	45	1.71%	375 065	0.25%	267 548	0.94%	2 423	0.09%
内蒙古辖区	24	0.91%	395 733	0.26%	174 724	0.61%	11 049	0.43%
宁波辖区	47	1.79%	862 162	0.57%	166 897	0.59%	17 289	0.67%
宁夏辖区	12	0.46%	49 304	0.03%	22 933	0.08%	-353	-0.01%
青岛辖区	19	0.72%	181 875	0.12%	186 989	0.66%	12 123	0.47%
青海辖区	10	0.38%	138 014	0.09%	57 038	0.20%	2 225	0.09%

续表

辖区	上市公司		资产		营业总收入		净利润	
	数量	占比	总额	占比	总额	占比	总额	占比
厦门辖区	30	1.14%	250 811	0.17%	322 627	1.13%	8 532	0.33%
山东辖区	133	5.06%	1 243 988	0.83%	730 338	2.57%	42 453	1.65%
山西辖区	35	1.33%	642 891	0.43%	359 461	1.26%	17 321	0.67%
陕西辖区	42	1.60%	366 550	0.24%	170 156	0.60%	7 419	0.29%
上海辖区	205	7.79%	15 231 374	10.15%	3 025 808	10.63%	273 402	10.63%
深圳辖区	190	7.22%	13 817 271	9.20%	1 766 215	6.21%	218 041	8.48%
四川辖区	92	3.50%	798 836	0.53%	487 901	1.71%	6 117	0.24%
天津辖区	43	1.63%	536 945	0.36%	328 568	1.15%	20 729	0.81%
西藏辖区	10	0.38%	46 208	0.03%	18 774	0.07%	1 321	0.05%
新疆辖区	41	1.56%	568 409	0.38%	192 204	0.68%	10 267	0.40%
云南辖区	30	1.14%	324 976	0.22%	249 386	0.88%	647	0.03%
浙江辖区	226	8.59%	1 168 994	0.78%	750 043	2.64%	56 332	2.19%
重庆辖区	41	1.56%	465 002	0.31%	206 267	0.72%	16 521	0.64%
总计	2 631	100%	150 118 468	100%	28 452 617	100%	2 572 600	100%

数据来源：DIB 迪博内部控制与风险管理数据库 www.ic－erm.com

司违法违规行为的处理公告等公开资料，对 2014 年度各辖区上市公司基本情况、内部控制评价报告、内部控制缺陷以及内部控制审计报告披露情况进行详细具体的分析，以期为各辖区上市公司、监管机构尤其是各辖区监管部门等全面了解相关辖区 2014 年内部控制规范体系执行情况提供参考，为监管层制定监管政策及全面推进内部控制工作提供借鉴，为各辖区上市公司进一步完善内部控制体系提供经验证据。

各辖区上市公司内部控制报告主要内容如表 3－2 所示。

表 3－2　　辖区上市公司内部控制报告主要指标选取情况

内容	内容说明	关键指标
辖区上市公司基本情况	分析各辖区上市公司 2014 年末总资产、营业总收入以及净利润总额等基本信息，以最直观的了解各辖区上市公司经营现状。	资产总额占比、营业总收入占比、净利润占比
辖区上市公司内部控制评价报告	（1）各辖区 2014 年内部控制评价报告披露情况； （2）各辖区内部控制评价报告格式的规范性情况； （3）各辖区未披露内部控制评价报告的原因； （4）各辖区内部控制评价结论、评价结论非整体有效情况； （5）各辖区内部控制评价范围及评价方法。	内部控制评价报告披露比例 内部控制评价报告规范性比例 未披露内部控制评价报告的原因 内部控制评价结论整体有效率 内控评价范围及方法披露比例
辖区上市公司内部控制缺陷	（1）各辖区内部控制缺陷认定标准披露情况； （2）各辖区内部控制缺陷总体披露情况； （3）各辖区内部控制缺陷内容披露情况； （4）各辖区内部控制缺陷内容（包含缺陷内容、缺陷等级、缺陷性质、整改结果）。	内部控制缺陷认定标准披露比例 内部控制缺陷数量披露比例 内部控制缺陷内容披露比例 内部控制缺陷内容
2011—2014 年度内部控制评价情况对比	（1）各辖区 2011—2014 年内控评价报告披露情况； （2）各辖区 2011—2014 年内控评价结论整体有效情况； （3）各辖区 2011—2014 年缺陷认定标准披露情况； （4）各辖区 2011—2014 年内控缺陷披露情况； （5）各辖区 2011—2014 年重大、重要和一般缺陷披露情况。	内控评价报告披露情况 内控评价结论整体有效情况 缺陷认定标准披露情况 内控缺陷披露情况 重大、重要和一般缺陷披露情况

续表

内容	内容说明	关键指标
辖区上市公司内部控制审计报告	(1) 各辖区内部控制审计报告披露情况； (2) 各辖区内部控制审计报告格式的规范性情况； (3) 各辖区未披露内部控制审计报告原因； (4) 各辖区内部控制审计意见情况； (5) 各辖区内部控制审计发现的重大缺陷； (6) 各辖区上市公司内部控制审计意见与内部控制评价结论、财务报表审计意见不一致情况； (7) 内部控制整合审计情况； (8) 内部控制审计费用披露情况、审计费用总额披露情况。	内部控制审计报告披露比例 内部控制审计报告格式的规范性 未披露内部控制审计报告原因 内部控制审计意见情况 内部控制审计发现的缺陷 内部控制审计意见与内部控制评价结论不一致情况 内部控制审计意见与财务报表审计意见不一致情况 进行整合审计上市公司比例 内部控制审计费用披露情况
2011—2014年度内部控制审计情况对比	(1) 各辖区2011—2014年内控审计报告披露情况； (2) 各辖区2011—2014年内控审计意见情况； (3) 各辖区2011—2014年内部控制审计费用披露情况。	内控审计报告披露情况 内控审计意见情况 内部控制审计费用披露情况

数据来源：DIB迪博内部控制与风险管理数据库 www. ic - erm. com

本书将从36个辖区中选取一个辖区作为研究样本，选取的辖区为北京辖区，北京辖区不仅上市公司众多，而且北京辖区上市公司2014年末资产总额、营业收入总额、净利润总额占全部上市公司的比重在所有辖区中位居第一。

下文将对北京辖区2014年度内部控制信息披露以及内部控制体系的建立健全情况进行全面系统分析，如有读者需要了解其他辖区上市公司内部控制报告或各辖区上市公司内部控制的详细原始数据，请联系作者查阅（www. ic - erm. com）。

三、北京辖区上市公司内部控制报告

（一）北京辖区上市公司基本情况

截至2015年5月4日，北京辖区披露了2014年度报告的A股上市公司共241家，占全国披露了2014年度报告的A股上市公司数量的比例为9.16%；北京辖区上市公司2014年年末的资产总额97 500 565 585 670.5元，2014年度的营业总收入13 053 214 873 493.6元、净利润1 448 409 140 352.97元。北京辖区上市公司的资产总额、营业总收入和净利润总额占所有A股上市公司的比重分别为64.95%、45.88%和56.30%。

依据《企业内部控制基本规范》、《企业内部控制配套指引》、《关于2012年主板上市公司分类分批实施企业内部控制规范体系的通知》（以下简称《通知》）和《公开发行证券的公司信息披露编报规则第21号——年度内部控制评价报告的一般规定》（以下简称《规定》）等规范文件，2015年全国上市公司内部控制体系建立健全工作继续稳步推进。根据《通知》规定，除豁免披露的上市公司，所有主板上市公司均应披露2014年度董事会对公司内部控制的自我评价报告以及注册会计师出具的财务报告内部控制审计报告，豁免披露为以下情况：一是主板上市公司因进行破产重整、借壳上市或重大资产重组，无法按照规定时间建立健全内控体系的，原则上应在相关交易完成后的下一个会计年度年报披露的同时，披露内部控制自我评价报告和内部控制审计报告；二是新上市的主板上市公司应于上市当年开始建设内控体系，并在上市的下一年度年报披露的同时，披露内部控制自我评价报告和内部控制审计报告。

深圳市迪博企业风险管理技术有限公司（以下简称迪博）通过归纳整理上市公司披露的年报、内部控制评价报告、内部控制审计报告等公开资料，对上市公司2014年度内部控制信息披露以及内部控制体系的建立健全情况进行统计与分析，以期为监管机构制定政策及全面推进内部控制工作提供参考依据，为北京辖区上市公司进一步完善内部控制体系提供经验依据，同时为研究学者开展内部控制研究提供实证数据。

本报告数据来源于上市公司公开披露的年报、内部控制评价报告、内部控制审计报告等。所有原始数据均已录入DIB迪博内部控制与风险管理数据库中（www. icerm. com）。

（二）内部控制评价报告

1. 内部控制评价报告披露数量

2014年度，北京辖区238家上市公司披露了内部控制评价报告，总体披露比例为98.76%；3家上市公司未披露内部控制评价报告，占比为1.24%，如图3－1所示。全国上市公司内部控制评价报告披露比例则为98.29%。

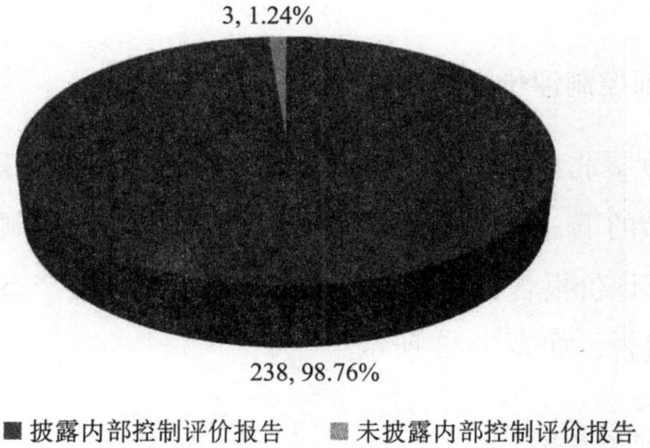

图3－1　北京辖区上市公司内部控制评价报告披露情况

数据来源：DIB迪博内部控制与风险管理数据库 www. ic－erm. com

2. 内部控制评价报告格式的规范性

2014 年度，北京辖区 191 家上市公司按照规范的格式披露了内部控制评价报告，占比为 80.25%，如图 3－2 所示。全国上市公司内部控制评价报告的规范性比例则为 80.74%。

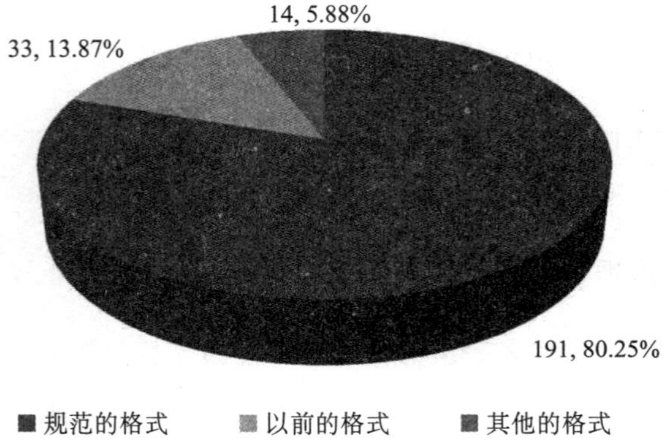

图 3－2　北京辖区上市公司内部控制评价报告格式规范性情况

数据来源：DIB 迪博内部控制与风险管理数据库 www.ic－erm.com

3. 未披露内部控制评价报告的原因

2014 年度，北京辖区未披露内部控制评价报告的 3 家上市公司中，2 家因为"上市的下一年度年报披露的同时，披露内部控制评价报告"的原因未披露内部评价报告；1 家因为重大资产重组、破产重整，豁免披露内部控制评价报告，如表 3－3 所示。

4. 内部控制评价结论

2014 年度，内部控制评价结论整体有效的北京辖区上市公司共 237 家，占比为 99.58%；非整体有效的上市公司 1 家，占比 0.42%，如图

表3－3　北京辖区上市公司未披露内部控制评价报告的原因

序号	证券代码	证券简称	未披露内部控制评价报告的原因
1	000605	渤海股份	重大资产重组，交易完成后的下一个会计年度年报披露的同时，披露内部控制自我评价报告
2	601016	节能风电	2014 年上市，需在 2016 年披露 2015 年度内部控制评价报告
3	603698	航天工程	2015 年上市，需在 2017 年披露 2016 年度内部控制评价报告

数据来源：DIB 迪博内部控制与风险管理数据库 www. ic－erm. com

3－3 所示。全国上市公司内部控制评价结论的有效性比例则为 98. 57%。内部控制评价结论非整体有效的 1 家上市公司为财报内控无效、非财报内控有效，占比 0. 42%，该公司为*ST 锐电（601558）。

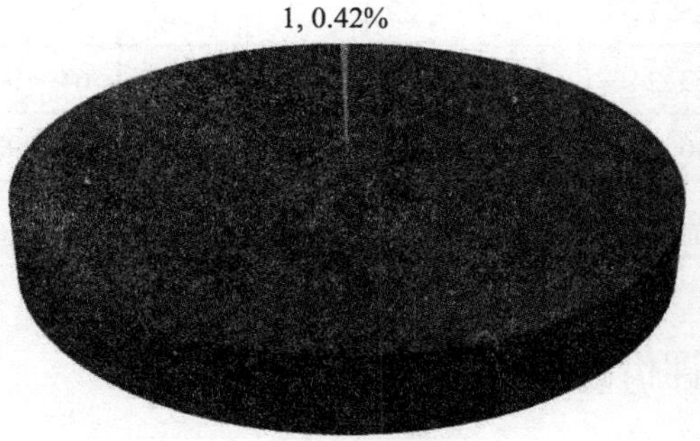

图 3－3　北京辖区上市公司内部控制评价结论

数据来源：DIB 迪博内部控制与风险管理数据库 www. ic－erm. com

5. 内部控制评价范围及评价方法

2014 年度，北京辖区披露了内部控制评价报告的上市公司中，205 家上市公司披露了内部控制评价范围，披露比例为 86.13%；19 家上市公司披露了内部控制评价方法，披露比例为 7.98%，如表 3－4 所示。全国上市公司内部控制评价范围和内部控制评价方法的披露比例则分别为 87.47% 和 10.60%。

表 3－4　　北京辖区上市公司内部控制评价范围及评价方法披露情况

所属交易所	披露内控评价范围的公司		未披露内控评价范围的公司		披露内控评价方法的公司		未披露内控评价方法的公司		披露内控评价报告的公司数量
	数量	占比	数量	占比	数量	占比	数量	占比	
沪市主板	101	100%	0	0.00%	12	11.88%	89	88.12%	101
深市主板	25	92.59%	2	7.41%	1	3.70%	26	96.30%	27
深市中小板	36	85.71%	6	14.29%	2	4.76%	40	95.24%	42
深市创业板	43	63.24%	25	36.76%	4	5.88%	64	94.12%	68
总计	205	86.13%	33	13.87%	19	7.98%	219	92.02%	238

数据来源：DIB 迪博内部控制与风险管理数据库 www.ic－erm.com

（三）内部控制评价缺陷

1. 内部控制缺陷认定标准披露情况

2014 年度，北京辖区 188 家上市公司披露了内部控制缺陷认定标准，占比 78.99%；50 家上市公司未披露内部控制缺陷认定标准，占比 21.01%。披露了内部控制缺陷认定标准的上市公司中，165 家上市公司披露了完整的财报和非财报内控缺陷定性及定量认定标准，23 家上市公司未披露完整的内部控制缺陷认定标准。全国上市公司内部控制缺陷认定标准的披露比例则为 82.79%。如表 3－5 所示。

表 3－5　　北京辖区上市公司内部控制缺陷认定标准披露情况

所属交易所	披露了内控缺陷认定标准的公司				披露内控缺陷认定标准的公司		未披露内控缺陷认定标准的公司		披露内控评价报告的公司数量
	完整披露财报和非财报缺陷定量、定性认定标准的公司		未完整披露财报和非财报缺陷定量、定性认定标准的公司						
	数量	占比	数量	占比	数量	占比	数量	占比	
沪市主板	85	84.16%	12	11.88%	97	96.04%	4	3.96%	101
深市主板	20	74.07%	2	7.41%	22	81.48%	5	18.52%	27
深市中小板	31	73.81%	3	7.14%	34	80.95%	8	19.05%	42
深市创业板	29	42.65%	6	8.82%	35	51.47%	33	48.53%	68
总计	165	69.33%	23	9.66%	188	78.99%	50	21.01%	238

数据来源：DIB 迪博内部控制与风险管理数据库 www.ic－erm.com

2. 内部控制缺陷披露情况

2014 年度，北京辖区 20 家上市公司披露了内部控制缺陷，占比 8.40%。北京辖区披露了内部控制评价报告的 A 股上市公司中，披露了财报内部控制缺陷的公司占比 4.20%，披露了非财报内部控制缺陷的公司占比 5.46%；披露了内部控制重大缺陷的公司占比 0.42%，披露内部控制重要缺陷的公司占比 1.26%，披露了一般缺陷的公司占比 6.30%，未区分缺陷等级的公司占比 0.42%，如表 3－6 所示。2014 年度，全国上市公司内部控制缺陷的披露比例为 13.26%。

表 3－6　　北京辖区上市公司内部控制缺陷披露情况

分等级缺陷披露		沪市主板	深市主板	深市中小板	深市创业板	总计	全国情况
披露财报重大缺陷的公司	数量	1	0	0	0	1	32
	占比	0.99%	0.00%	0.00%	0.00%	0.42%	1.24%
披露财报重要缺陷的公司	数量	0	1	0	1	2	15
	占比	0.00%	3.70%	0.00%	1.47%	0.84%	0.58%
披露财报一般缺陷的公司	数量	2	1	1	2	6	117
	占比	1.98%	3.70%	2.38%	2.94%	2.52%	4.52%
披露财报缺陷的公司小计	数量	3	2	2	3	10	165
	占比	2.97%	7.41%	4.76%	4.41%	4.20%	6.38%
披露非财报重大缺陷的公司	数量	0	0	0	0	0	17
	占比	0.00%	0.00%	0.00%	0.00%	0.00%	0.66%
披露非财报重要缺陷的公司	数量	1	0	0	0	1	37
	占比	0.99%	0.00%	0.00%	0.00%	0.42%	1.43%
披露非财报一般缺陷的公司	数量	6	2	0	4	12	227
	占比	5.94%	7.41%	0.00%	5.88%	5.04%	8.78%
披露非财报缺陷的公司小计	数量	7	2	0	4	13	272
	占比	6.93%	7.41%	0.00%	5.88%	5.46%	10.52%
披露财报、非财报缺陷的公司合计	数量	8	3	2	5	18	327
	占比	7.92%	11.11%	4.76%	7.35%	7.56%	12.65%
披露重大缺陷公司小计	数量	1	0	0	0	1	42
	占比	0.99%	0.00%	0.00%	0.00%	0.42%	1.62%
披露重要缺陷公司小计	数量	1	1	0	1	3	48
	占比	0.99%	3.70%	0.00%	1.47%	1.26%	1.86%

续表

分等级缺陷披露		沪市主板	深市主板	深市中小板	深市创业板	总计	全国情况
披露一般缺陷公司小计	数量	7	2	1	5	15	263
	占比	6.93%	7.41%	2.38%	7.35%	6.30%	10.17%
未区分缺陷等级公司小计	数量	0	0	1	0	1	4
	占比	0.00%	0.00%	2.38%	0.00%	0.42%	0.15%
披露内控缺陷的公司总计	数量	9	3	2	6	20	343
	占比	8.91%	11.11%	4.76%	8.82%	8.40%	13.26%
披露内控评价报告公司数量	数量	101	27	42	68	238	2 586

数据来源：DIB 迪博内部控制与风险管理数据库 www.ic-erm.com

2014 年度，20 家上市公司共披露 51 项内部控制缺陷。其中，重大缺陷 1 项，占比 1.96%；重要缺陷 3 项，占比 5.88%；一般缺陷 45 项，占比 88.24%；未区分缺陷等级的内部控制缺陷 2 项，占比 3.92%，如图 3-4 所示。

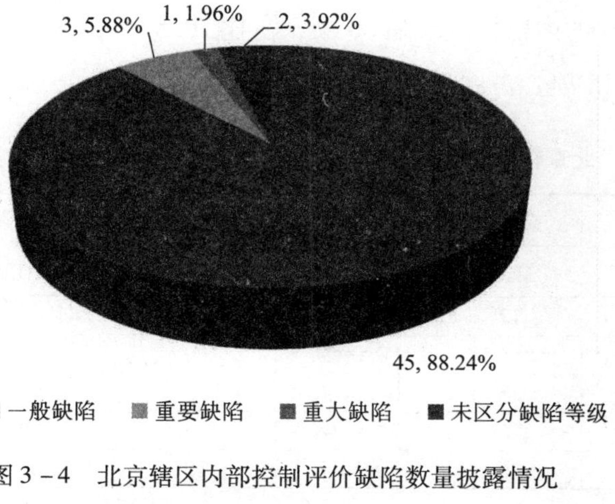

图 3-4　北京辖区内部控制评价缺陷数量披露情况

数据来源：DIB 迪博内部控制与风险管理数据库 www.ic-erm.com

3. 内部控制评价缺陷内容

2014 年度，北京辖区 20 家披露其存在内部控制缺陷的上市公司中，18 家公司披露了内部控制缺陷的具体内容，占比 90.00%；2 家公司未披露缺陷内容，占比 10.00%，如表 3 -7 所示。全国上市公司内部控制缺陷内容的披露比例则为 90.00%。

表 3 -7　北京辖区上市公司披露了具体缺陷内容的上市公司情况

所属交易所	披露具体缺陷内容的公司		未披露具体缺陷内容的公司		披露内控评价缺陷的公司数量
	数量	占比	数量	占比	
沪市主板	8	88.89%	1	11.11%	9
深市主板	3	100.00%	0	0.00%	3
深市中小板	2	100.00%	0	0.00%	2
深市创业板	5	83.33%	1	16.67%	6
总计	18	90.00%	2	10.00%	20

数据来源：DIB 迪博内部控制与风险管理数据库 www.ic - erm.com

2014 年度，北京辖区 20 家上市公司披露的 51 项内部控制缺陷中，披露了具体内容的内部控制缺陷 36 项，占比 70.59%；未披露具体内容的内部控制缺陷 15 项，占比 29.41%，如表 3 -8 所示。

表 3 -8　北京辖区上市公司披露了具体内容的内部控制缺陷数量

所属交易所	披露具体内容的缺陷		未披露具体内容的缺陷		内控评价缺陷数量
	数量	占比	数量	占比	
沪市主板	17	58.62%	12	41.38%	29
深市主板	6	100.00%	0	0.00%	6
深市中小板	3	100.00%	0	0.00%	3
深市创业板	10	76.92%	3	23.08%	13
总计	36	70.59%	15	29.41%	51

数据来源：DIB 迪博内部控制与风险管理数据库 www.ic - erm.com

（四）2011—2014 年度内部控制评价情况对比

表 3-9　2011—2014 年度北京辖区上市公司内控评价情况对比

对比内容		2011 年	2012 年	2013 年	2014 年
披露内控评价报告的公司比例	沪市主板	79.38%	92.93%	97.98%	98.06%
	深市主板	100.00%	96.43%	96.43%	96.43%
	深市中小板	100.00%	100.00%	100.00%	100.00%
	深市创业板	100.00%	100.00%	100.00%	100.00%
	总计	90.00%	96.31%	98.67%	98.76%
未披露内控评价报告的公司比例	沪市主板	20.62%	7.07%	2.02%	1.94%
	深市主板	0.00%	3.57%	3.57%	3.57%
	深市中小板	0.00%	0.00%	0.00%	0.00%
	深市创业板	0.00%	0.00%	0.00%	0.00%
	总计	10.00%	3.69%	1.33%	1.24%
内控评价结论整体有效比例	沪市主板	100.00%	100.00%	98.97%	99.01%
	深市主板	100.00%	100.00%	100.00%	100.00%
	深市中小板	100.00%	100.00%	100.00%	100.00%
	深市创业板	100.00%	100.00%	100.00%	100.00%
	总计	100.00%	100.00%	99.55%	99.58%
内控评价结论非整体有效比例	沪市主板	0.00%	0.00%	1.03%	0.99%
	深市主板	0.00%	0.00%	0.00%	0.00%
	深市中小板	0.00%	0.00%	0.00%	0.00%
	深市创业板	0.00%	0.00%	0.00%	0.00%
	总计	0.00%	0.00%	0.45%	0.42%

续表

对比内容		2011 年	2012 年	2013 年	2014 年
披露缺陷认定标准的公司比例	沪市主板	22.08%	60.87%	94.85%	96.04%
	深市主板	7.14%	51.85%	74.07%	81.48%
	深市中小板	0.00%	5.41%	67.50%	80.95%
	深市创业板	0.00%	0.00%	44.07%	51.47%
	总计	10.56%	34.45%	73.99%	78.99%
未披露缺陷认定标准的公司比例	沪市主板	77.92%	39.13%	5.15%	3.96%
	深市主板	92.86%	48.15%	25.93%	18.52%
	深市中小板	100.00%	94.59%	32.50%	19.05%
	深市创业板	100.00%	100.00%	55.93%	48.53%
	总计	89.44%	65.55%	26.01%	21.01%
披露内控缺陷的公司比例	沪市主板	7.79%	11.96%	8.25%	8.91%
	深市主板	14.29%	22.22%	22.22%	11.11%
	深市中小板	9.38%	8.11%	7.50%	4.76%
	深市创业板	6.98%	11.32%	6.78%	8.82%
	总计	8.89%	12.44%	9.42%	8.40%
未披露内控缺陷的公司比例	沪市主板	92.21%	88.04%	91.75%	91.09%
	深市主板	85.71%	77.78%	77.78%	88.89%
	深市中小板	90.62%	91.89%	92.50%	95.24%
	深市创业板	93.02%	88.68%	93.22%	91.18%
	总计	91.11%	87.56%	90.58%	91.60%
披露重大缺陷的公司比例	沪市主板	0.00%	0.00%	1.03%	0.99%
	深市主板	0.00%	0.00%	0.00%	0.00%
	深市中小板	0.00%	0.00%	2.50%	0.00%
	深市创业板	0.00%	0.00%	0.00%	0.00%
	总计	0.00%	0.00%	0.90%	0.42%

续表

对比内容		2011 年	2012 年	2013 年	2014 年
披露重要缺陷的公司比例	沪市主板	0.00%	2.17%	3.09%	0.99%
	深市主板	0.00%	0.00%	0.00%	3.70%
	深市中小板	0.00%	0.00%	2.50%	0.00%
	深市创业板	0.00%	0.00%	0.00%	1.47%
	总计	0.00%	0.96%	1.79%	1.26%
披露一般缺陷的公司比例	沪市主板	7.79%	11.96%	4.12%	6.93%
	深市主板	14.29%	22.22%	22.22%	7.41%
	深市中小板	9.38%	8.11%	2.50%	2.38%
	深市创业板	6.98%	11.32%	6.78%	7.35%
	总计	8.89%	12.44%	6.73%	6.30%

数据来源：DIB 迪博内部控制与风险管理数据库 www.ic－erm.com

（五）内部控制审计报告

1. 内部控制审计报告披露数量

2014 年度，北京辖区 212 家上市公司披露了内部控制审计报告，总体的披露比例为 87.97%；未披露内部控制审计报告的上市公司 29 家，占比 12.03%，如图 3－5 所示。全国上市公司内部控制审计报告的披露比例为 77.88%。

2. 内部控制审计报告格式的规范性

本报告根据审计依据和审计对象将内部控制审计报告分为规范的内部控制审计报告、内部控制鉴证报告、内部控制审核报告、中小板内部控制审计报告、内部控制专项报告、其他类型报告。

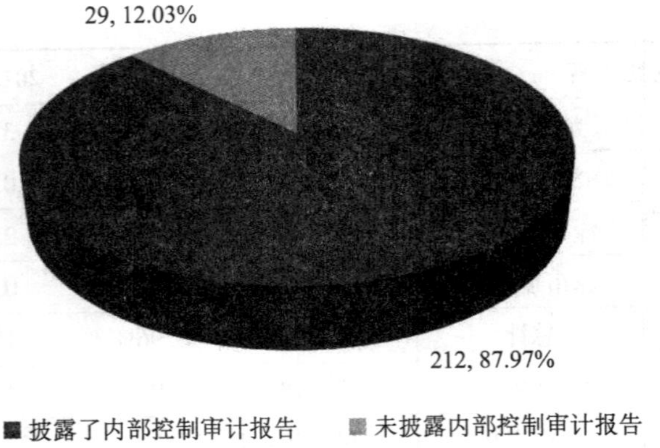

图 3－5　北京辖区上市公司内部控制审计报告披露情况

数据来源：DIB 迪博内部控制与风险管理数据库 www. ic－erm. com

2014 年度，北京辖区 123 家上市公司披露了规范的内部控制审计报告，占比为 66. 49%；披露了内部控制鉴证报告的上市公司 62 家，占比 33. 51%，如图 3－6 所示。全国上市公司披露的内部控制审计报告格式的规范性比例则为 58%。

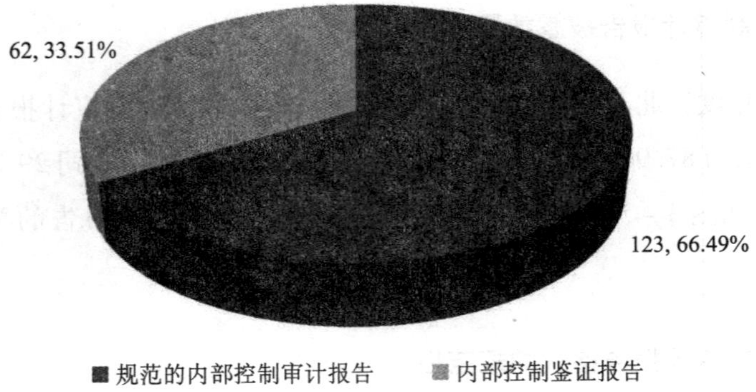

图 3－6　北京辖区上市公司内部控制审计报告格式的规范性

数据来源：DIB 迪博内部控制与风险管理数据库 www. ic－erm. com

3. 未披露内部控制审计报告的原因

2014 年度，北京辖区未披露内部控制审计报告的 29 家上市公司中，9 家因为“上市的下一年度年报披露的同时，披露内部控制审计报告”的原因未披露内部审计报告；1 家因为重大资产重组、破产重整，豁免披露内部控制审计报告；8 家上市公司未披露具体原因；2 家公司年报显示已披露，但未找到报告；9 家公司因为其他原因未披露报告，如表 3 – 10 所示。

表 3 – 10　　北京辖区上市公司未披露内部控制审计报告原因

序号	证券代码	证券简称	未披露内审报告原因说明
1	000605	渤海股份	重大资产重组，交易完成后的下一个会计年度年报披露的同时，披露内部控制审计报告
2	000996	中国中期	年报说明未披露，但未解释原因
3	002306	中科云网	年报说明未披露，但未解释原因
4	002392	北京利尔	年报说明未披露，但未解释原因
5	002573	国电清新	年报说明未披露，但未解释原因
6	002612	朗姿股份	年报说明未披露，但未解释原因
7	002658	雪迪龙	年报说明未披露，但未解释原因
8	002662	京威股份	年报说明未披露，但未解释原因
9	002701	奥瑞金	年报说明未披露，但未解释原因
10	002713	东易日盛	2014 年上市，需在 2016 年披露 2015 年度内部控制审计报告
11	002738	中矿资源	2014 年上市，需在 2016 年披露 2015 年度内部控制审计报告
12	300139	福星晓程	年报中未说明是否披露了内部控制审计报告
13	300157	恒泰艾普	年报中未说明是否披露了内部控制审计报告

续表

序号	证券代码	证券简称	未披露内审报告原因说明
14	300231	银信科技	年报中未说明是否披露了内部控制审计报告
15	300282	汇冠股份	年报中未说明是否披露了内部控制审计报告
16	300289	利德曼	年报中未说明是否披露了内部控制审计报告
17	300296	利亚德	年报中未说明是否披露了内部控制审计报告
18	300324	旋极信息	年报中未说明是否披露了内部控制审计报告
19	300352	北信源	年报中未说明是否披露了内部控制审计报告
20	300374	恒通科技	2015 年上市，需在 2017 年披露 2016 年度内部控制审计报告
21	300379	东方通	2014 年上市，需在 2016 年披露 2015 年度内部控制审计报告
22	300386	飞天诚信	2014 年上市，需在 2016 年披露 2015 年度内部控制审计报告
23	300399	京天利	2014 年上市，需在 2016 年披露 2015 年度内部控制审计报告
24	300419	浩丰科技	年报中未说明是否披露了内部控制审计报告
25	601016	节能风电	2014 年上市，需在 2016 年披露 2015 年度内部控制审计报告
26	601668	中国建筑	年报说明已披露，但找不到报告，且中注协发布的《2014 年年报审计情况快报》有此公司
27	601992	金隅股份	年报说明已披露，但找不到报告，且中注协发布的《2014 年年报审计情况快报》有此公司
28	603588	高能环境	2014 年上市，需在 2016 年披露 2015 年度内部控制审计报告
29	603698	航天工程	2015 年上市，需在 2017 年披露 2016 年度内部控制审计报告

数据来源：DIB 迪博内部控制与风险管理数据库 www. ic – erm. com

4. 内部控制审计意见

2014 年度，北京辖区内部控制审计意见为标准无保留意见的上市公司共 209 家，占比为 98.58%；内部控制审计意见为非标意见的上市公司共 3 家，占比为 1.42%。内部控制审计意见为非标意见的上市公司中，带强调事项段的无保留意见共 2 家，占比 0.94%；否定意见共 1 家，占比 0.47%，如图 3－7 所示。全国上市公司内部控制审计意见为标准无保留意见的比例则为 95.90%。

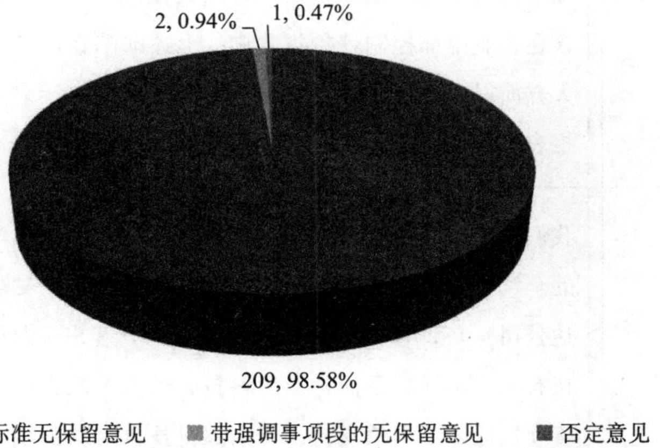

图 3－7 北京辖区上市公司内部控制审计意见

数据来源：DIB 迪博内部控制与风险管理数据库 www.ic－erm.com

5. 审计发现的内部控制缺陷

2014 年度，北京辖区上市公司在内部控制审计报告中披露的内部控制缺陷共 3 项，其中，重大缺陷 1 项，重要缺陷 1 项，一般缺陷 0 项，未区分等级的缺陷 1 项，缺陷内容如表 3－11 所示。

表 3－11　　北京辖区上市公司审计发现的内部控制缺陷内容

序号	证券代码	证券简称	缺陷内容	缺陷等级	缺陷性质
1	601558	华锐风电	华锐风电公司未对部门实物资产的出、入库实施有效控制，致使部分实物资产的出、入库信息与财务账簿记录不同步。有效的内部控制能够为财务报告及相关信息的真实完整提供合理保证，而上述重大缺陷使华锐风电公司内部控制失去这一功能。华锐风电公司管理层已识别出上述重大缺陷，并将其包含在企业内部控制评价报告中。上述缺陷在所有重大方面得到公允反映。在华锐风电公司 2014 年财务报表出具的审计报告产生影响。	重大缺陷	财报缺陷
2	601117	中国化学	我们提醒内部控制审计报告使用者关注，中国化学的全资子公司中国成达工程有限公司（以下简称成达公司）在 2012 年—2013 年期间，为其客户东源科技有限公司（以下简称东源科技）及其关联方的融资项目提供了增信支持，若东源科技自借款到期之日起六个月仍未清偿借款本息和相关费用，成达公司需无条件受让债权方未受偿的债权。该增信支持事项未经中国化学董事会审议，违反了中国化学《对外担保管理办法》的规定，且成达公司未向中国化学及时报告该事项，导致中国化学未能及时履行披露程序。	重要缺陷	非财报缺陷

续表

序号	证券代码	证券简称	缺陷内容	缺陷等级	缺陷性质
3	000504	南华生物	南华生物公司于2014年11月13日收到《中国证券监督管理委员会调查通知书》（编号：稽查总队调查通知142797号），因南华生物公司涉嫌信息披露违法违规，中国证券监督管理委员会已对南华生物公司立案稽查；截至审计报告日，中国证券监督管理委员会对南华生物公司涉嫌信息披露违法违规的稽查尚未结案。本段内容不影响已发表的审计意见。	未区分缺陷等级	非财报缺陷

数据来源：DIB迪博内部控制与风险管理数据库 www. ic – erm. com

6. 内部控制审计意见与内部控制评价结论比较

本报告将内部控制审计意见与评价结论进行对比发现，2014年度，北京辖区共有2家上市公司的内部控制评价结论与内部控制审计意见存在显著差异，占出具内部控制审计报告上市公司总量的0.94%，内容如表3－12所示。

表3－12　北京辖区内部控制审计意见与内部控制评价结论差异结果

序号	证券代码	证券简称	内部控制审计意见	内部控制评价结论
1	000504	南华生物	带强调事项段的无保留意见	内部控制整体有效
2	601117	中国化学	带强调事项段的无保留意见	内部控制整体有效

数据来源：DIB迪博内部控制与风险管理数据库 www. ic – erm. com

7. 内部控制审计意见与财务报表审计意见比较

对比上市公司内部控制审计意见与财务报表审计意见发现，2014年度，北京辖区共计 2 家上市公司两种审计意见存在不一致，占出具内部控制审计报告上市公司总量的 0.94%，内容如表 3－13 所示。

表 3－13 北京辖区内部控制审计意见与财务报表审计意见差异结果

序号	证券代码	证券简称	内部控制审计意见	财报审计意见
1	601558	*ST 锐电	否定意见	带强调事项段的无保留意见
2	600890	中房股份	标准无保留意见	带强调事项段的无保留意见

数据来源：DIB 迪博内部控制与风险管理数据库 www.ic－erm.com

8. 上市公司内部控制整合审计情况

2014 年度，北京辖区采用内部控制整合审计的上市公司共计 207 家，占比 97.64%；采用单独审计的上市公司 5 家，占比 2.36%，如表 3－14 所示。

表 3－14 北京辖区上市公司内部控制整合审计情况

所属交易所	实施整合审计的公司		实施单独审计的公司		披露内控审计报告的公司数量
	数量	占比	数量	占比	
沪市主板	94	95.92%	4	4.08%	98
深市主板	25	96.15%	1	3.85%	26
深市中小板	33	100.00%	0	0.00%	33
深市创业板	55	100.00%	0	0.00%	55
总计	207	97.64%	5	2.36%	212

数据来源：DIB 迪博内部控制与风险管理数据库 www.ic－erm.com

9. 内部控制审计费用

2014 年度，北京辖区 212 家披露了内部控制审计报告的上市公司中，

111 家公司披露其支付了内部控制审计费用，占比 52.36%。其中，106 家公司单独披露了内部控制审计费用的数额，5 家公司未披露具体的内部控制审计费用数额，如表 3－15 所示。

表 3－15　　北京辖区上市公司内控审计费用披露情况

所属交易所	披露支付了内控审计费用的公司				披露支付了内控审计费用的公司小计		未披露内控审计费用的公司		披露内控审计报告的公司数量
	单独披露内控审计费用的公司		未单独披露内控审计费用的公司						
	数量	占比	数量	占比	数量	占比	数量	占比	
沪市主板	91	92.86%	3	3.06%	94	95.92%	4	4.08%	98
深市主板	15	57.69%	2	7.69%	17	65.38%	9	34.62%	26
深市中小板	0	0.00%	0	0.00%	0	0.00%	33	100%	33
深市创业板	0	0.00%	0	0.00%	0	0.00%	55	100%	55
总计	106	50.00%	5	2.36%	111	52.36%	101	47.64%	212

数据来源：DIB 迪博内部控制与风险管理数据库 www.ic－erm.com

2014 年度，北京辖区单独披露内部控制审计费用的 106 家上市公司，其披露的内部控制审计费用总额共计 12 772.10 万元，平均每家公司花费的内部控制审计费用为 120.49 万元。根据每家上市公司内部控制审计费用占审计费用总额（财务报告审计费用和内部控制审计费用之和）的比例分析显示，内部控制审计费用占审计费用总额的比例平均为 22.82%，如表 3－16 所示。

表 3－16　　北京辖区上市公司内控审计费用总额

所属交易所/内控审计报告类型	单独披露内控审计费用公司数量	内部控制审计费用总额（万元）	内部控制审计费用平均值（万元）	内部控制审计费用占审计费用总额比例的平均值
沪市主板	91	12 128.60	133.28	22.19%
深市主板	15	643.50	42.90	26.66%
深市中小板	0	0.00	0.00	0.00%
深市创业板	0	0.00	0.00	0.00%
规范的内部控制审计报告	106	12 772.10	120.49	22.82%
内部控制专项报告	0	0.00	0.00	0.00%
其他类型	0	0.00	0.00	0.00%
总计	106	12 772.10	120.49	22.82%

数据来源：DIB 迪博内部控制与风险管理数据库 www.ic－erm.com

（六）2011—2014 年度内部控制审计情况对比

表 3－17　　2011—2014 年度上市公司内部控制审计情况对比

对比内容		2011 年	2012 年	2013 年	2014 年
披露内控审计报告的公司比例	沪市主板	51.55%	86.87%	95.96%	95.15%
	深市主板	53.57%	78.57%	85.71%	92.86%
	深市中小板	81.25%	75.68%	82.50%	78.57%
	深市创业板	81.40%	86.79%	71.19%	80.88%
	总计	63.00%	83.87%	85.84%	87.97%

续表

对比内容		2011年	2012年	2013年	2014年
未披露内控审计报告的公司比例	沪市主板	48.45%	13.13%	4.04%	4.85%
	深市主板	46.43%	21.43%	14.29%	7.14%
	深市中小板	18.75%	24.32%	17.50%	21.43%
	深市创业板	18.60%	13.21%	28.81%	19.12%
	总计	37.00%	16.13%	14.16%	12.03%
内控审计意见为标准无保留意见的公司比例	沪市主板	100.00%	100.00%	98.95%	97.96%
	深市主板	100.00%	100.00%	95.83%	96.15%
	深市中小板	100.00%	100.00%	100.00%	100.00%
	深市创业板	100.00%	100.00%	100.00%	100.00%
	总计	100.00%	100.00%	98.97%	98.58%
内控审计意见为非标准无保留意见的公司比例	沪市主板	0.00%	0.00%	1.05%	2.04%
	深市主板	0.00%	0.00%	4.17%	3.85%
	深市中小板	0.00%	0.00%	0.00%	0.00%
	深市创业板	0.00%	0.00%	0.00%	0.00%
	总计	0.00%	0.00%	1.03%	1.42%
披露内部控制审计费用的公司比例	沪市主板	14.00%	75.58%	89.47%	95.92%
	深市主板	6.67%	50.00%	58.33%	65.38%
	深市中小板	0.00%	0.00%	0.00%	0.00%
	深市创业板	0.00%	0.00%	0.00%	0.00%
	总计	6.35%	41.76%	51.03%	52.36%

数据来源：DIB迪博内部控制与风险管理数据库 www.ic-erm.com

第四章

各行业上市公司内部控制实施情况

根据证监会2015年第一季度上市公司行业的分类方法，2014年全国上市公司共分19个一级行业、90个二级行业，由于一级行业制造业公司数量非常多，故按照制造业二级、其他行业一级来描述各个行业的内部控制评级情况。同时，排除了上市公司数量为零的行业，分别是：一级行业居民服务、修理和其他服务业；二级行业烟草制品业，金属制品、机械和设备修理业。研究的对象是17个一级行业（不含制造业）和29个制造业的二级行业，共46个行业。

这46个行业如下：采矿业，电力、热力、燃气及水生产和供应业，房地产业，建筑业，交通运输、仓储和邮政业，教育业，金融业，科学研究和技术服务业，农、林、牧、渔业，批发和零售业，水利、环境和公共设施管理业，卫生与社会工作业，文化、体育和娱乐业，信息传输、软件和信息技术服务业，住宿和餐饮业，综合业，租赁和商务服务业，制造业—电气机械和器材制造业，制造业—纺织服装、服饰业，制造业—纺织业，制造业—非金属矿物制品业，制造业—废弃资源综合利用业，制造业—黑色金属冶炼和压延加工业，制造业—化学纤维制造业，制造业—化学原料和化学制品制造业，制造业—计算机、通信和其他电子设备制造业，制造业—家具制造业，制造业—金属制品业，制造业—酒、饮料和精制茶制造业，制造业—木材加工和木、竹、藤、棕、草制品业，制造业—农副食品加工业，制造业—皮革、毛皮、羽毛及其制品和制鞋业，制造业—其他制造业，制造业—汽车制造业，制造业—石油加工、炼焦和核燃料加工业，制造业—食品制造业，制造业—铁路、船舶、航空航天和其他运输设备制造业，制造业—通用设备制造业，制造业—文教、工美、体育和娱乐用品制造业，制造业—橡胶和塑料制品业，制造业—医药制造业，制造业—仪器仪表制造业，制造业—印刷和记录媒介复制业，制造业—有色金属冶炼和压延加工业，制造业—造纸和纸制品业，制造业—专用设备制造业。

一、各行业上市公司基本情况

2014 年度，各行业上市公司数量、资产总计、营业总收入、净利润情况如表 4－1 所示。制造业—计算机、通信和其他电子设备制造业上市公司数量最多，共计 220 家上市公司，占全国上市公司总量的 8.36%，其次是制造业—化学原料和化学制品制造业、制造业—电气机械和器材制造业；金融业上市公司资产总额最多，共 116 132 867 百万元，占全国上市公司资产总额的 77.36%，其次是采矿业、建筑业；采矿业上市公司营业总收入最多，共 6 165 370 百万元，占全国上市公司营业总收入的 21.67%，其次是金融业、建筑业；金融业上市公司净利润最多，共 1 420 136 百万元，占全国上市公司净利润的 55.20%，其次是采矿业、电力、热力、燃气及水生产和供应业。

表 4－1　　各行业上市公司基本情况统计　　（单位：百万元）

辖区	上市公司		资产		营业总收入		净利润	
	数量	占比	总额	占比	总额	占比	总额	占比
采矿业	72	2.74%	5 942 804	3.96%	6 165 370	21.67%	241 634	9.39%
电力、热力、燃气及水生产和供应业	85	3.23%	2 400 924	1.60%	773 448	2.72%	105 006	4.08%
房地产业	132	5.02%	3 364 677	2.24%	797 505	2.80%	94 170	3.66%
建筑业	66	2.51%	4 424 531	2.95%	3 414 377	12.00%	102 479	3.98%
交通运输、仓储和邮政业	82	3.12%	1 953 307	1.30%	826 335	2.90%	74 558	2.90%
教育业	1	0.04%	1 723	0.00%	1 166	0.00%	53	0.00%

续表

辖区	上市公司		资产		营业总收入		净利润	
	数量	占比	总额	占比	总额	占比	总额	占比
金融业	46	1.75%	16 132 867	77.36%	4 341 922	15.26%	1 420 136	55.2%
科学研究和技术服务业	18	0.68%	46 906	0.03%	25 907	0.09%	2 567	0.10%
农、林、牧、渔业	40	1.52%	128 837	0.09%	60 328	0.21%	938	0.04%
批发和零售业	149	5.66%	1 356 982	0.90%	1 894 793	6.66%	35 300	1.37%
水利、环境和公共设施管理业	30	1.14%	198 364	0.13%	64 881	0.23%	11 206	0.44%
卫生与社会工作业	4	0.15%	5 810	0.00%	4 945	0.02%	691	0.03%
文化、体育和娱乐业	32	1.22%	163 557	0.11%	86 837	0.31%	12 643	0.49%
信息传输、软件和信息技术服务业	139	5.28%	913 497	0.61%	477 064	1.68%	32 945	1.28%
住宿和餐饮业	11	0.42%	30 939	0.02%	9 232	0.03%	-523	-0.02%
综合业	23	0.87%	98 057	0.07%	32 355	0.11%	2 920	0.11%
租赁和商务服务业	24	0.91%	258 774	0.17%	184 120	0.65%	9 232	0.36%
制造业—电气机械和器材制造业	168	6.39%	1 021 352	0.68%	834 730	2.93%	58 732	2.28%

续表

辖区	上市公司		资产		营业总收入		净利润	
	数量	占比	总额	占比	总额	占比	总额	占比
制造业—纺织服装、服饰业	31	1.18%	164 255	0.11%	96 363	0.34%	10 386	0.40%
制造业—纺织业	41	1.56%	225 003	0.15%	83 668	0.29%	3 547	0.14%
制造业—非金属矿物制品业	80	3.04%	718 132	0.48%	317 822	1.12%	28 004	1.09%
制造业—废弃资源综合利用业	1	0.04%	11 587	0.01%	3 909	0.01%	259	0.01%
制造业—黑色金属冶炼和压延加工业	31	1.18%	1 472 171	0.98%	1 188 967	4.18%	6 750	0.26%
制造业—化学纤维制造业	23	0.87%	136 142	0.09%	138 095	0.49%	-426	-0.02%
制造业—化学原料和化学制品制造业	182	6.92%	1 019 138	0.68%	646 196	2.27%	22 594	0.88%
制造业—计算机、通信和其他电子设备制造业	220	8.36%	1 251 882	0.83%	883 913	3.11%	49 038	1.91%
制造业—家具制造业	7	0.27%	26 281	0.02%	15 895	0.06%	1 969	0.08%

续表

辖区	上市公司		资产		营业总收入		净利润	
	数量	占比	总额	占比	总额	占比	总额	占比
制造业—金属制品业	41	1.56%	180 323	0.12%	143 546	0.50%	4 941	0.19%
制造业—酒、饮料和精制茶制造业	36	1.37%	289 511	0.19%	163 243	0.57%	34 646	1.35%
制造业—木材加工和木、竹、藤、棕、草制品业	8	0.30%	25 015	0.02%	16 465	0.06%	572	0.02%
制造业—农副食品加工业	38	1.44%	185 942	0.12%	277 477	0.98%	10 577	0.41%
制造业—皮革、毛皮、羽毛及其制品和制鞋业	6	0.23%	15 215	0.01%	9 643	0.03%	653	0.03%
制造业—其他制造业	17	0.65%	47 867	0.03%	76 394	0.27%	2 898	0.11%
制造业—汽车制造业	87	3.31%	1 349 059	0.90%	1 381 927	4.86%	86 960	3.38%
制造业—石油加工、炼焦和核燃料加工业	19	0.72%	172 503	0.11%	206 041	0.72%	-4 573	-0.18%

续表

辖区	上市公司		资产		营业总收入		净利润	
	数量	占比	总额	占比	总额	占比	总额	占比
制造业—食品制造业	28	1.06%	143 668	0.10%	142 179	0.50%	9 497	0.37%
制造业—铁路、船舶、航空航天和其他运输设备制造业	34	1.29%	789 164	0.53%	441 691	1.55%	17 773	0.69%
制造业—通用设备制造业	102	3.88%	642 064	0.43%	322 642	1.13%	19 662	0.76%
制造业—文教、工美、体育和娱乐用品制造业	11	0.42%	19 460	0.01%	14 403	0.05%	1 437	0.06%
制造业—橡胶和塑料制品业	51	1.94%	186 159	0.12%	143 218	0.50%	7 048	0.27%
制造业—医药制造业	150	5.70%	649 924	0.43%	383 283	1.35%	44 795	1.74%
制造业—仪器仪表制造业	31	1.18%	48 250	0.03%	22 915	0.08%	2 786	0.11%
制造业—印刷和记录媒介复制业	7	0.27%	18 030	0.01%	9 496	0.03%	1 735	0.07%
制造业—有色金属冶炼和压延加工业	57	2.17%	851 567	0.57%	870 899	3.06%	-7 127	-0.28%

续表

辖区	上市公司		资产		营业总收入		净利润	
	数量	占比	总额	占比	总额	占比	总额	占比
制造业—造纸和纸制品业	26	0.99%	191 495	0.13%	88 238	0.31%	235	0.01%
制造业—专用设备制造业	144	5.47%	844 752	0.56%	368 775	1.30%	11 277	0.44%
总计	2 631	100%	150 118 468	100%	28 452 617	100%	2 572 600	100%

数据来源：DIB 迪博内部控制与风险管理数据库 www.ic－erm.com

二、指标选取

迪博公司通过归纳整理各行业上市公司披露的年报、内部控制评价报告、内部控制审计报告、财务重述报告、诉讼报告以及监管机构对上市公司违法违规行为的处理公告等公开资料，对 2014 年度各行业上市公司基本情况、内部控制评价报告、内部控制缺陷以及内部控制审计报告披露情况进行详细具体的分析，以期为各行业上市公司、行业上下游客户、监管机构等全面了解相关行业 2013 年度内部控制规范体系执行情况提供参考，为监管层制定监管政策及全面推进内部控制工作提供借鉴，为各行业上市公司进一步完善内部控制体系提供经验证据。

各行业上市公司内部控制报告主要内容如表 4－2 所示。

本书将从 46 个行业中选取一个行业作为研究样本，选取的行业为房地产业，房地产业上市公司 2014 年末资产总额占全部上市公司的比重在所有行业中位居第四，净利润总额位居第五，营业收入总额位居第十一。

表 4-2　行业上市公司内部控制报告主要指标选取情况

内容	内容说明	关键指标
行业上市公司基本情况	分析各行业上市公司2014年末总资产、营业总收入以及净利润总额等基本信息，以最直观地了解各行业上市公司经营现状。	资产总额占比、营业总收入占比、净利润占比
行业上市公司内部控制评价报告	（1）各行业2014年内部控制评价报告披露情况； （2）各行业内部控制评价报告格式的规范性情况； （3）各行业未披露内部控制评价报告的原因； （4）各行业内部控制评价结论、评价结论非整体有效情况； （5）各行业内部控制评价范围及评价方法。	内部控制评价报告披露比例 内部控制评价报告规范性比例 未披露内部控制评价报告的原因 内部控制评价结论整体有效率 内控评价范围及方法披露比例
行业上市公司内部控制缺陷	（1）各行业内部控制缺陷认定标准披露情况； （2）各行业内部控制缺陷总体披露情况； （3）各行业内部控制缺陷内容披露情况； （4）各行业内部控制缺陷内容（包含缺陷内容、缺陷等级、缺陷性质、整改结果）。	内部控制缺陷认定标准披露比例 内部控制缺陷数量披露比例 内部控制缺陷内容披露比例 内部控制缺陷内容
2011—2014年度内部控制评价情况对比	（1）各行业2011—2014年内控评价报告披露情况； （2）各行业2011—2014年内控评价结论整体有效情况； （3）各行业2011—2014年缺陷认定标准披露情况； （4）各行业2011—2014年内控缺陷披露情况； （5）各行业2011—2014年重大、重要和一般缺陷披露情况。	内控评价报告披露情况 内控评价结论整体有效情况 缺陷认定标准披露情况 内控缺陷披露情况 重大、重要和一般缺陷披露情况

续表

内容	内容说明	关键指标
行业上市公司内部控制审计报告	（1）各行业内部控制审计报告披露情况； （2）各行业内部控制审计报告格式的规范性情况； （3）各行业未披露内部控制审计报告原因； （4）各行业内部控制审计意见情况； （5）各行业内部控制审计发现的重大缺陷； （6）各行业上市公司内部控制审计意见与内部控制评价结论、财务报表审计意见不一致情况； （7）内部控制整合审计情况； （8）内部控制审计费用披露情况、审计费用总额披露情况。	内部控制审计报告披露比例
		内部控制审计报告格式的规范性
		未披露内部控制审计报告原因
		内部控制审计意见情况
		内部控制审计发现的缺陷
		内部控制审计意见与内部控制评价结论不一致情况
		内部控制审计意见与财务报表审计意见不一致情况
		进行整合审计上市公司比例
		内部控制审计费用披露情况
2011—2014年度内部控制审计情况对比	（1）各行业2011—2014年内控审计报告披露情况； （2）各行业2011—2014年内控审计意见情况； （3）各行业2011—2014年内部控制审计费用披露情况。	内控审计报告披露情况
		内控审计意见情况
		内部控制审计费用披露情况

数据来源：DIB迪博内部控制与风险管理数据库 www. ic - erm. com

下文将对房地产业2014年度内部控制信息披露以及内部控制体系的建立健全情况进行全面系统分析，如有读者需要了解其他行业上市公司内部控制报告或各行业上市公司内部控制的详细原始数据，请联系作者查阅（www. ic - erm. com）。

三、房地产业上市公司内部控制报告

（一）房地产业上市公司基本情况

截至2015年5月4日，房地产业披露了2014年度报告的A股上市公司共132家，占披露了2014年度报告的A股上市公司数量的比例为5.02%；房地产业上市公司2014年年末的资产总额3 364 677 399 900元，2014年度的营业总收入797 504 596 175元、净利润94 169 945 864元，房地产业上市公司的资产总额、营业总收入和净利润总额占所有A股上市公司的比重分别为2.24%、2.80%和3.66%。

依据《企业内部控制基本规范》、《企业内部控制配套指引》、《关于2012年主板上市公司分类分批实施企业内部控制规范体系的通知》（以下简称《通知》）和《公开发行证券的公司信息披露编报规则第21号——年度内部控制评价报告的一般规定》（以下简称《规定》）等文件规定，2014年各行业上市公司内部控制体系建立健全工作继续稳步推进。根据《通知》，除豁免披露的上市公司，所有主板上市公司均应披露2014年度董事会对公司内部控制的自我评价报告以及注册会计师出具的财务报告内部控制审计报告，豁免披露为以下情况：一是主板上市公司因进行破产重整、借壳上市或重大资产重组，无法按照规定时间建立健全内控体系的，原则上应在相关交易完成后的下一个会计年度年报披露的同时，披露内部控制自我评价报告和内部控制审计报告；二是新上市的主板上市公司应于上市当年开始建设内控体系，并在上市的下一年度年报披露的同时，披露内部控制自我评价报告和内部控制审计报告。

深圳市迪博企业风险管理技术有限公司（以下简称迪博）通过归纳整理上市公司披露的年报、内部控制评价报告、内部控制审计报告等公开资料，对上市公司2014年度内部控制信息披露以及内部控制体系的建立健全情况进行统计与分析，以期为监管机构制定政策及全面推进内部控制工作提供参考依据，为房地产业上市公司进一步完善内部控制体系提供经验依据，同时为研究学者开展内部控制研究提供实证数据。

本报告数据来源于上市公司公开披露的年报、内部控制评价报告、内部控制审计报告等。所有原始数据均已录入DIB迪博内部控制与风险管理数据库中（www. ic－erm. com）。

（二）内部控制评价报告

1. 内部控制评价报告披露数量

2014年度，房地产业130家上市公司披露了内部控制评价报告，总体披露比例为98.48%；2家上市公司未披露内部控制评价报告，占比为1.52%，如表4－3所示。

未披露内部控制评价报告的上市公司为武昌鱼（600275）和S前锋（600733）。

表4－3　　房地产业上市公司内部控制评价报告总体披露情况

所属交易所	披露内控评价报告的公司		未披露内控评价报告的公司		上市公司
	数量	占比	数量	占比	数量
沪市主板	67	97.10%	2	2.90%	69
深市主板	54	100.00%	0	0.00%	54
深市中小板	9	100.00%	0	0.00%	9
深市创业板	0	0.00%	0	0.00%	0
总计	130	98.48%	2	1.52%	132

数据来源：DIB迪博内部控制与风险管理数据库 www. ic－erm. com

2. 内部控制评价报告格式的规范性

2014 年度，房地产业 119 家上市公司按照规范的格式披露了内部控制评价报告，占比为 91.54%，如表 4-4 所示。

表 4-4　2014 年度房地产业上市公司内部控制评价报告格式规范性情况

所属交易所	披露规范的格式的内控评价报告的公司		披露以前的格式的内控评价报告的公司		披露其他的格式的内控评价报告的公司		披露内控评价报告的公司数量
	数量	占比	数量	占比	数量	占比	
沪市主板	64	95.52%	2	2.99%	1	1.49%	67
深市主板	48	88.89%	6	11.11%	0	0.00%	54
深市中小板	7	77.78%	2	22.22%	0	0.00%	9
深市创业板	0	0.00%	0	0.00%	0	0.00%	0
总计	119	91.54%	10	7.69%	1	0.77%	130

数据来源：DIB 迪博内部控制与风险管理数据库 www.ic-erm.com

房地产业披露的内部控制评价报告的格式非规范的上市公司情况如表 4-5 所示。

表 4-5　2014 年度房地产业披露的内部控制评价报告的格式非规范的上市公司情况

序号	证券代码	证券简称	内部控制评价报告格式
1	000526	银润投资	以前的格式
2	000667	美好集团	以前的格式
3	000671	阳光城	以前的格式
4	000732	泰禾集团	以前的格式

续表

序号	证券代码	证券简称	内部控制评价报告格式
5	000797	中国武夷	以前的格式
6	000897	津滨发展	以前的格式
7	002113	天润控股	以前的格式
8	002244	滨江集团	以前的格式
9	600767	运盛实业	以前的格式
10	600862	南通科技	以前的格式
11	600393	东华实业	其他的格式

数据来源：DIB 迪博内部控制与风险管理数据库 www. ic - erm. com

3. 未披露内部控制评价报告的原因

2014 年度，未披露内部控制评价报告的房地产业上市公司共 2 家。2 家上市公司因为重大资产重组、破产重整，豁免披露内部控制评价报告，如表 4 - 6 所示。

豁免披露内部控制评价报告的上市公司为武昌鱼（600275）和 S 前锋（600733）。

4. 内部控制评价结论

2014 年度，内部控制评价结论整体有效的房地产业上市公司共 127 家，占比为 97. 69%；非整体有效的上市公司 3 家，占比 2. 31%。内部控制评价结论非整体有效的上市公司中，1 家为财报内控有效、非财报内控无效，占比 0. 77%；2 家为内部控制整体无效，占比 1. 54%，如图 4 - 1 所示。

表4-6　　2014年度房地产业上市公司未披露内部控制评价报告情况说明

所属交易所	上市的下一年度年报披露的同时，披露内控评价报告的公司		豁免披露内控评价报告的公司		年报显示已披露，但未找到报告的公司		其他原因未披露内控评价报告的公司（未在年报中披露是否编制、披露内控评价报告）		未披露内控评价报告的公司小计		上市公司数量
	数量	占比	数量	占比	数量	占比	数量	占比	数量	占比	
沪市主板	0	0%	2	2.9%	0	0%	0	0%	2	2.9%	69
深市主板	0	0%	0	0%	0	0%	0	0%	0	0%	54
深市中小板	0	0%	0	0%	0	0%	0	0%	0	0%	9
深市创业板	0	0%	0	0%	0	0%	0	0%	0	0%	0
总计	0	0%	2	1.52%	0	0%	0	0%	2	1.52%	132

数据来源：DIB迪博内部控制与风险管理数据库 www.ic-erm.com

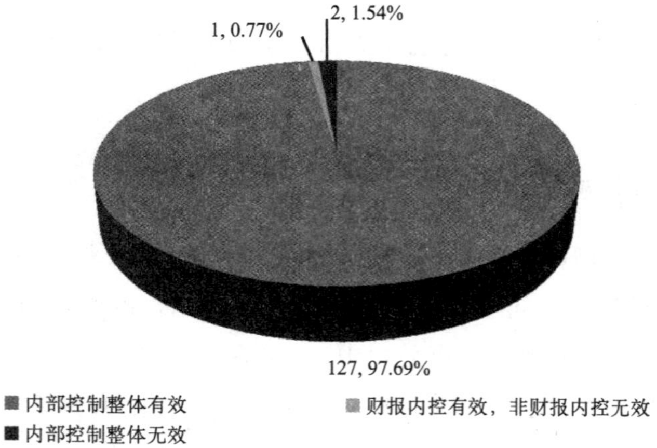

图4-1　房地产业上市公司内控评价结论情况

数据来源：DIB迪博内部控制与风险管理数据库 www.ic-erm.com

内部控制评价结论整体有效的房地产业上市公司共127家，占比为97.69%；非整体有效的上市公司3家，占比2.31%，如表4－7所示。

内部控制评价结论非整体有效的房地产业上市公司如下：财报内控有效、非财报内控无效的上市公司为荣丰控股（000668）；内部控制整体无效的上市公司为多伦股份（600696）和上海新梅（600732）。

表4－7　2014年度房地产业上市公司内部控制评价结论有效性情况

所属交易所	内控评价结论整体有效的公司		内控评价结论非整体有效的公司		披露内控评价报告的公司数量
	数量	占比	数量	占比	
沪市主板	65	97.01%	2	2.99%	67
深市主板	53	98.15%	1	1.85%	54
深市中小板	9	100.00%	0	0.00%	9
深市创业板	0	0.00%	0	0.00%	0
总计	127	97.69%	3	2.31%	130

数据来源：DIB迪博内部控制与风险管理数据库 www.ic－erm.com

5. 内部控制评价范围及评价方法

2014年度，房地产业披露了内部控制评价报告的上市公司中，127家上市公司披露了内部控制评价范围，披露比例为97.69%；17家上市公司披露了内部控制评价方法，披露比例为13.08%，如表4－8所示。

未披露内部控制评价范围的上市公司为天润控股（002113）、滨江集团（002244）和东华实业（600393）。

表 4－8　　2014 年度房地产业上市公司披露内控评价范围及内控评价方法的情况

所属交易所	披露内控评价范围的公司		未披露内控评价范围的公司		披露内控评价方法的公司		未披露内控评价方法的公司		披露内控评价报告的公司数量
	数量	占比	数量	占比	数量	占比	数量	占比	
沪市主板	66	98.51%	1	1.49%	9	13.43%	58	86.57%	67
深市主板	54	100.00%	0	0.00%	8	14.81%	46	85.19%	54
深市中小板	7	77.78%	2	22.22%	0	0.00%	9	100%	9
深市创业板	0	0.00%	0	0.00%	0	0.00%	0	0.00%	0
总计	127	97.69%	3	2.31%	17	13.08%	113	86.92%	130

数据来源：DIB 迪博内部控制与风险管理数据库 www.ic－erm.com

（三）内部控制评价缺陷

1. 内部控制缺陷认定标准披露情况

2014 年度，房地产业 122 家上市公司披露了内部控制缺陷认定标准，占比 93.85%；8 家上市公司未披露内部控制缺陷认定标准，占比 6.15%。披露了内部控制缺陷认定标准的上市公司中，111 家上市公司披露了完整的财报和非财报内控缺陷定性及定量认定标准，11 家上市公司未披露完整的内部控制缺陷认定标准，如表 4－9 所示。

未披露内部控制缺陷认定标准的上市公司为深振业 A（000006），新华联（000620），美好集团（000667），津滨发展（000897），天润控股（002113），滨江集团（002244），东华实业（600393）和华丽家族（600503）。

披露了内部控制缺陷认定标准的上市公司中，未披露完整的缺陷认定标准的上市公司为深深房A（000029），珠江控股（000505），银润投资（000526），粤宏远A（000573），绵世股份（000609），亚太实业（000691），泰禾集团（000732），中国武夷（000797），保利地产（600048），北京城建（600266）和多伦股份（600696）。

表4-9　2014年度房地产业上市公司披露了内部控制缺陷认定标准的情况

所属交易所	披露了内控缺陷认定标准的公司				披露内控缺陷认定标准的公司小计		未披露内控缺陷认定标准的公司		披露内控评价报告的公司数量
	完整披露财报和非财报缺陷定量、定性认定标准的公司		未完整披露财报和非财报缺陷定量、定性认定标准的公司						
	数量	占比	数量	占比	数量	占比	数量	占比	
沪市主板	62	92.54%	3	4.48%	65	97.01%	2	2.99%	67
深市主板	42	77.78%	8	14.81%	50	92.59%	4	7.41%	54
深市中小板	7	77.78%	0	0.00%	7	77.78%	2	22.22%	9
深市创业板	0	0.00%	0	0.00%	0	0.00%	0	0.00%	0
总计	111	85.38%	11	8.46%	122	93.85%	8	6.15%	130

数据来源：DIB迪博内部控制与风险管理数据库 www.ic-erm.com

2. 内部控制缺陷披露情况

2014年度，房地产业17家上市公司披露了其存在内部控制缺陷。其中，16家上市公司披露了2014年度内部控制缺陷，1家公司仅披露了上年度内部控制缺陷的整改情况。

本报告仅选取2014年度缺陷进行分析，房地产业披露了内部控制评价报告的A股上市公司中，12.31%的上市公司披露了内部控制缺陷。其中，披露了财报内部控制缺陷的公司占比6.15%，披露了非财报内部控制缺陷的公司占比9.23%；披露了内部控制重大缺陷的公司占比1.54%，无上市公司披露内部控制重要缺陷，披露了一般缺陷的公司占比10.00%，未区分缺陷等级的公司占比0.77%。如表4－10所示。

表4－10　2014年度房地产业披露内控评价缺陷的上市公司数量

分等级缺陷披露 \ 所属交易所		沪市主板	深市主板	深市中小板	深市创业板	总计
披露财报重大缺陷的公司	数量	1	0	0	0	1
	占比	1.49%	0.00%	0.00%	0.00%	0.77%
披露财报重要缺陷的公司	数量	0	0	0	0	0
	占比	0.00%	0.00%	0.00%	0.00%	0.00%
披露财报一般缺陷的公司	数量	3	3	0	0	6
	占比	4.48%	5.56%	0.00%	0.00%	4.62%
披露财报缺陷的公司小计	数量	5	3	0	0	8
	占比	7.46%	5.56%	0.00%	0.00%	6.15%
披露非财报重大缺陷的公司	数量	1	1	0	0	2
	占比	1.49%	1.85%	0.00%	0.00%	1.54%
披露非财报重要缺陷的公司	数量	0	0	0	0	0
	占比	0.00%	0.00%	0.00%	0.00%	0.00%
披露非财报一般缺陷的公司	数量	5	5	0	0	10
	占比	7.46%	9.26%	0.00%	0.00%	7.69%
披露非财报缺陷的公司小计	数量	6	6	0	0	12
	占比	8.96%	11.11%	0.00%	0.00%	9.23%
披露财报、非财报缺陷的公司总计	数量	7	6	0	0	13
	占比	10.45%	11.11%	0.00%	0.00%	10.00%
披露重大缺陷的公司小计	数量	1	1	0	0	2
	占比	1.49%	1.85%	0.00%	0.00%	1.54%

续表

分等级缺陷披露 \ 所属交易所		沪市主板	深市主板	深市中小板	深市创业板	总计
披露重要缺陷的公司小计	数量	0	0	0	0	0
	占比	0.00%	0.00%	0.00%	0.00%	0.00%
披露一般缺陷的公司小计	数量	7	6	0	0	13
	占比	10.45%	11.11%	0.00%	0.00%	10.00%
未区分缺陷等级的公司小计	数量	1	0	0	0	1
	占比	1.49%	0.00%	0.00%	0.00%	0.77%
披露内控缺陷的公司总计	数量	9	7	0	0	16
	占比	13.43%	12.96%	0.00%	0.00%	12.31%
披露内控评价报告公司数量		67	54	9	0	130

数据来源：DIB 迪博内部控制与风险管理数据库 www. ic – erm. com

2014 年度，16 家上市公司共披露 116 项内部控制缺陷。其中，重大缺陷 3 项，占比 2.59%；重要缺陷 0 项；一般缺陷 110 项，占比 94.83%；未区分缺陷等级的内部控制缺陷 3 项，占比 2.59%。如图 4 – 2 所示。

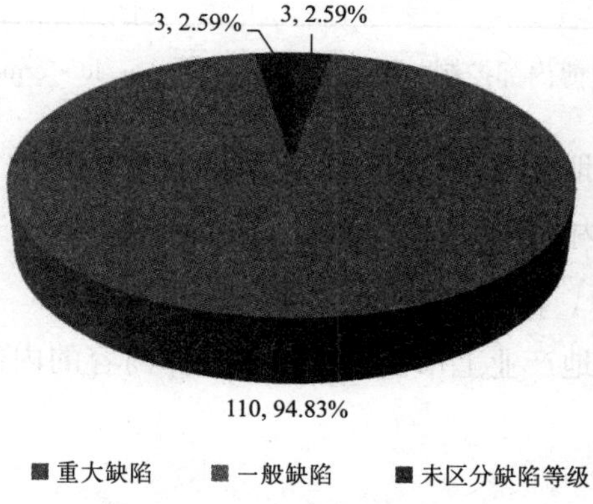

图 4 – 2　2014 年度房地产业内部控制评价缺陷数量披露情况

数据来源：DIB 迪博内部控制与风险管理数据库 www. ic – erm. com

3. 内部控制评价缺陷内容

2014 年度，房地产业 16 家披露其存在内部控制缺陷的上市公司中，12 家公司披露了内部控制缺陷的具体内容，占比 75.00%；4 家公司未披露缺陷内容，占比 25.00%，如表 4－11 所示。

未披露内部控制缺陷内容的上市公司为南通科技（600862）、宁波富达（600724）、宝安地产（000040）和深大通（000038）。

表 4－11　2014 年度房地产业披露了具体缺陷内容的上市公司情况

所属交易所	披露具体缺陷内容的公司		未披露具体缺陷内容的公司		披露内控评价缺陷的公司数量
	数量	占比	数量	占比	
沪市主板	7	77.78%	2	22.22%	9
深市主板	5	71.43%	2	28.57%	7
深市中小板	0	0.00%	0	0.00%	0
深市创业板	0	0.00%	0	0.00%	0
总计	12	75.00%	4	25.00%	16

数据来源：DIB 迪博内部控制与风险管理数据库 www.ic－erm.com

2014 年度，房地产业 16 家上市公司披露的 116 项内部控制缺陷中，披露了具体内容的内部控制缺陷 41 项，占比 35.34%；未披露具体内容的内部控制缺陷 75 项，占比 64.66%，如表 4－12 所示。

2014 年度，房地产业上市公司披露了具体内容的内部控制重大缺陷见表 4－13 所示。

表 4－12　　2014 年度房地产业披露了具体内容的内部控制缺陷数量

所属交易所	披露具体内容的内控缺陷		未披露具体内容的内控缺陷		内控评价缺陷数量
	数量	占比	数量	占比	
沪市主板	20	28.17%	51	71.83%	71
深市主板	21	46.67%	24	53.33%	45
深市中小板	0	0.00%	0	0.00%	0
深市创业板	0	0.00%	0	0.00%	0
总计	41	35.34%	75	64.66%	116

数据来源：DIB 迪博内部控制与风险管理数据库 www.ic－erm.com

表 4－13　　房地产业上市公司内部控制重大缺陷

序号	证券代码	证券简称	缺陷内容	缺陷等级	缺陷性质	整改情况
1	000668	荣丰控股	公司于往年存在资产认购协议、对外财务资助、重大合作协议未及时履行披露义务的违规行为，受到深交所通报批评处分，且在本年度报告期内未能完成整改。	重大缺陷	非财报缺陷	未完成整改
2	600732	上海新梅	公司内审部于2014 年8 月才重新设立，尚不能对公司的整体内部控制作出有效的评价和监督。	重大缺陷	财报缺陷	未完成整改
3	600732	上海新梅	报告期内公司因股权纠纷，公司股东大会和董事会的职能部分受到限制，股东大会不能正常召开和通过议程；公司虽然制定了战略发展目标和规划，但由于上述限制，战略发展规划无法即时在股东大会和董事会通过并实施，给企业未来的发展和收益带来重大影响。	重大缺陷	非财报缺陷	未完成整改

数据来源：DIB 迪博内部控制与风险管理数据库 www.ic－erm.com

2014 年度，房地产业上市公司未披露包含具体内容的内部控制重要缺陷。

2014 年度，房地产业上市公司披露了具体内容的内部控制一般缺陷见表 4－14 所示。

表 4－14　　房地产业上市公司内部控制一般缺陷

序号	证券代码	证券简称	缺陷内容	缺陷等级	缺陷性质	整改情况
1	000006	深振业 A	市场竞争力需进一步提高。 报告期公司土地投资取得了新的突破，成功竞得天津津滨地块、广州广钢新城地块和西安世博大道地块项目，但公司规模仍然偏小，优质土地资源储备仍然不足，土地获取方式和融资渠道不够丰富，成为制约公司发展的瓶颈，市场竞争力需进一步提高。	一般缺陷	财报缺陷	未开始整改
2	000006	深振业 A	优秀人才储备不够。 报告期，公司落实“精兵强将”计划，加强人才引进和管理干部选配，增设员工技术发展通道，丰富了员工职业生涯发展空间，但在优秀人才储备方面还稍显薄弱，尚不能满足公司经营发展的需求。	一般缺陷	非财报缺陷	未开始整改
3	000006	深振业 A	加大成本管理创新力度。 报告期，公司创新成本管理机制，在合约规划、签证变更和合作商管理等成本管控扎实有效，降低了开发成本，但在动态成本管理方面尚存在不足，个别签证变更录入动态成本数据不及时、金额不够准确。	一般缺陷	非财报缺陷	未开始整改

续表

序号	证券代码	证券简称	缺陷内容	缺陷等级	缺陷性质	整改情况
4	000526	银润投资	报告年度预算制订及执行。 公司编制2014年度时，下属子公司上海瑞聚实业有限公司设备租赁合同尚未签订，公司在编制年预算时无法合理预计该部分收入，使得2014年度预算编制难以完全涵盖公司全部业务。	一般缺陷	非财报缺陷	整改运行有效
5	000526	银润投资	公司的相关内部控制制度有待深入跟进与加强。2013年度公司陆续出台了一系列规章管理制度，对这些制度的消化、落实、推进、执行与考核等，同时，由于公司以设备租赁和投资性房地产租赁为主要业务，目前的内部控制制度仅仅针对于上市公司及其子公司的当前业务，在内控体系建设方面，需要前瞻性地制定一些内部控制制度，覆盖未来将要开展的业务。	一般缺陷	非财报缺陷	整改运行有效
6	000526	银润投资	2011年7月公司实际控制人变更，管理层更换，在管理层交接工作中，公司有原值42.93万元、净值11.15万元办公设备没有办理交接手续，目前实物资产仍由控股子公司—厦门旭飞房地产开发有限控制并使用，上述管理用资产核算仍由本公司完成。	一般缺陷	财报缺陷	整改运行有效

续表

序号	证券代码	证券简称	缺陷内容	缺陷等级	缺陷性质	整改情况
7	000526	银润投资	本公司在前任管理层将深圳交通银行所开设账户注销，没有进行相应的财务处理，目前公司账务系统中该账户仍有余额。	一般缺陷	财报缺陷	整改运行有效
8	000534	万泽股份	子公司深圳市万泽中南投资有限公司及深圳市万泽中南研究院有限公司未使用公司统一的财务软件。	一般缺陷	财报缺陷	未披露是否开始整改
9	000534	万泽股份	子公司常州万泽置地房产开发有限公司的分公司万泽玛丽蒂姆酒店企业文化缺失、品牌管理效应薄弱、员工专业能力较差。	一般缺陷	非财报缺陷	未完成整改
10	000534	万泽股份	公司于2015年1月28日收到广东证监局的警示函：公司的控股股东万泽集团有限公司（以下简称万泽集团）于2011年5月收购了广东省番禺广地房地产开发有限公司（以下简称广地公司）55%的股权，成为其控股股东，并派出林伟光、毕天晓分别担任广地公司的董事长和总经理；2014年9月，万泽集团将所持广地公司股权全部对外转让，林伟光、毕天晓不再兼任广地公司职务；公司未在2011年12月公告的重大资产重组报告书中披露万泽集团对广地公司的投资情况，也未在相关定期报告中披露任职情况，违反了信息披露的有关规定，分别对公司和个别高管予以警示。	一般缺陷	财报缺陷	未完成整改

续表

序号	证券代码	证券简称	缺陷内容	缺陷等级	缺陷性质	整改情况
11	000711	京蓝科技	年度培训计划未经审批，与内控制度不符。培训计划不够完善、培训费用预算等相关的流程欠缺必要的留档资料。	一般缺陷	非财报缺陷	未披露是否开始整改
12	000711	京蓝科技	招商管理中针对租户进行资质调查及评价：针对通过委托中介公司联系的租户，未有留下此部分租户的资质调查及评价记录。	一般缺陷	非财报缺陷	未披露是否开始整改
13	000711	京蓝科技	企业业务培训计划较完善。但在现场检查资料时，未发现针对培训效果及反馈相关的评估与考核存档资料。	一般缺陷	非财报缺陷	未披露是否开始整改
14	000711	京蓝科技	公司未制订经逐级审核的年度招聘计划。	一般缺陷	非财报缺陷	未披露是否开始整改
15	000711	京蓝科技	矿业相关内控手册中并未对危险源的管理（例：瓦斯、雷管等方面）进行具体说明。	一般缺陷	非财报缺陷	未披露是否开始整改
16	000711	京蓝科技	个别的物料采购审批单不齐全、采购是否需招标等采购项目未有清晰指引，相关采购的审批程序欠缺。	一般缺陷	非财报缺陷	未披露是否开始整改
17	000711	京蓝科技	未有定期完成供应商认证程序，或未留下对其进行年度考核的证据文件。	一般缺陷	非财报缺陷	未披露是否开始整改
18	000711	京蓝科技	在新旧控股股东工作交接过程中发现，档案管理不够细致，存在一些问题。	一般缺陷	非财报缺陷	未披露是否开始整改

续表

序号	证券代码	证券简称	缺陷内容	缺陷等级	缺陷性质	整改情况
19	000711	京蓝科技	个别子公司的内控体系有待完善，同时执行力不够，如采购验收、仓库管理、实物盘点等方面尚不到位。	一般缺陷	非财报缺陷	未开始整改
20	000711	京蓝科技	办公系统自动化水平较低。	一般缺陷	非财报缺陷	未开始整改
21	600238	海南椰岛	在企业文化方面存在一般缺陷。	一般缺陷	非财报缺陷	整改运行有效
22	600238	海南椰岛	在销售及付款方面存在一般缺陷。	一般缺陷	非财报缺陷	整改运行有效
23	600238	海南椰岛	在采购及收款方面存在一般缺陷。	一般缺陷	非财报缺陷	整改运行有效
24	600238	海南椰岛	在固定资产管理方面存在一般缺陷。	一般缺陷	财报缺陷	整改运行有效
25	600238	海南椰岛	在发展战略方面存在一般缺陷。	一般缺陷	非财报缺陷	整改运行有效
26	600322	天房发展	母公司在固定资产管理方面存在一般缺陷。	一般缺陷	非财报缺陷	整改运行有效
27	600322	天房发展	母公司在销售回款方面存在一般缺陷。	一般缺陷	非财报缺陷	整改运行有效
28	600322	天房发展	子公司在办公用品采购等方面存在一般缺陷。	一般缺陷	非财报缺陷	整改运行有效
29	600503	华丽家族	公司在人力资源开发总体规划方面尚存在一般缺陷。	一般缺陷	非财报缺陷	整改运行有效

续表

序号	证券代码	证券简称	缺陷内容	缺陷等级	缺陷性质	整改情况
30	600503	华丽家族	公司在固定资产管理方面尚存在一般缺陷。	一般缺陷	财报缺陷	整改运行有效
31	600641	万业企业	公司在交房过程方面存在个别一般缺陷。	一般缺陷	非财报缺陷	整改运行有效
32	600641	万业企业	公司在信息传递方面存在个别一般缺陷。	一般缺陷	非财报缺陷	整改运行有效
33	600641	万业企业	公司在供应商管理方面存在个别一般缺陷。	一般缺陷	非财报缺陷	整改运行有效
34	600747	大连控股	公司于2013年7月30日对控股股东大连大显集团有限公司提供1.5亿元人民币担保，对大连太平洋电子有限公司提供2亿元人民币担保，但公司未在2013年8月1日至2014年4月30日期间的临时报告、2013年三季度报告或年报中披露上述担保事项。	一般缺陷	财报缺陷	未披露整改运行结果
35	600747	大连控股	公司通过全资子公司于2014年8月28日将募集资金3.4亿元人民币从募集资金专用账户转入子公司其他定期存款账户。公司对此事项未履行相关董事会审批程序，也未予以及时披露。	一般缺陷	非财报缺陷	未披露整改运行结果

数据来源：DIB 迪博内部控制与风险管理数据库 www.ic－erm.com

2014 年度，房地产业上市公司披露了具体内容的内部控制缺陷中，未区分缺陷等级的内部控制缺陷见表 4－15 所示。

表 4－15　房地产业上市公司未区分缺陷等级的内部控制缺陷

序号	证券代码	证券简称	缺陷内容	缺陷等级	缺陷性质	整改情况
1	600696	多伦股份	对外担保未履行审议、披露等程序。 公司控股子公司荆门汉通置业有限公司（以下简称“荆门汉通”）分别为方红星向彭昌平的 3 500 万（2013 年 3 月）、方红星向彭贞甄的 2 000 万（2013 年 12 月）借款提供连带责任担保，未履行对外担保授权审批程序，签署《担保函》使用了荆门汉通公司公章，但无印鉴使用审批和登记记录。 2014 年 1 月 6 日荆门汉通与中国建设银行股份有限公司荆门广场支行签订《最高额抵押合同》为荆门市宇天建材销售有限公司向荆门广场支行的相关借款（2014 年 1 月 6 日至 2015 年 1 月 5 日期间）提供最高额抵押担保（最高担保限额为 3 216 万元，抵押物为荆门汉通荆掇国用［2010］第 01040900603 号土地），未履行对外担保授权审批程序，签署《最高额抵押合同》使用了荆门汉通公司公章，但无印鉴使用及实物资产权属证书使用手续审批和登记记录。	未区分	财报缺陷	整改运行有效

续表

序号	证券代码	证券简称	缺陷内容	缺陷等级	缺陷性质	整改情况
2	600696	多伦股份	印章保管。 荆掇国用［2010］第01040900602号土地为他人借款担保，但无印鉴使用及实物资产权属证书使用手续审批和登记记录。	未区分	财报缺陷	未披露整改运行结果
3	600696	多伦股份	对外投资超过董事会决议。 2014年2月18日，公司第七届董事会第二次会议通过《关于出资设立金融服务公司的议案》，拟出资1 000.00万元设立金融服务有限公司。截至2014年12月31日，公司设立深圳柯塞威基金管理有限公司实缴注册资本为11 500.00万元，该项投资增加部分未履行正常授权审批以及信息披露等程序。	未区分	财报缺陷	未披露整改运行结果

数据来源：DIB迪博内部控制与风险管理数据库 www. ic – erm. com

（四）2011—2014年度内部控制评价情况对比

表4－16　2011—2014年度房地产业上市公司内控评价情况对比

对比内容	年度	2011	2012	2013	2014
披露内控评价报告的公司比例	沪市主板	47.83%	78.26%	82.61%	97.10%
	深市主板	100.00%	100.00%	100.00%	100.00%
	深市中小板	100.00%	100.00%	100.00%	100.00%
	深市创业板	0.00%	0.00%	0.00%	0.00%
	总计	72.73%	88.64%	90.91%	98.48%

续表

对比内容 \ 年度		2011	2012	2013	2014
未披露内控评价报告的公司比例	沪市主板	52.17%	21.74%	17.39%	2.90%
	深市主板	0.00%	0.00%	0.00%	0.00%
	深市中小板	0.00%	0.00%	0.00%	0.00%
	深市创业板	0.00%	0.00%	0.00%	0.00%
	总计	27.27%	11.36%	9.09%	1.52%
内控评价结论整体有效比例	沪市主板	100.00%	98.15%	100.00%	97.01%
	深市主板	100.00%	100.00%	100.00%	98.15%
	深市中小板	100.00%	100.00%	100.00%	100.00%
	深市创业板	0.00%	0.00%	0.00%	0.00%
	总计	100.00%	99.15%	100.00%	97.69%
内控评价结论非整体有效比例	沪市主板	0.00%	1.85%	0.00%	2.99%
	深市主板	0.00%	0.00%	0.00%	1.85%
	深市中小板	0.00%	0.00%	0.00%	0.00%
	深市创业板	0.00%	0.00%	0.00%	0.00%
	总计	0.00%	0.85%	0.00%	2.31%
披露缺陷认定标准的公司比例	沪市主板	21.21%	53.70%	92.98%	97.01%
	深市主板	12.96%	35.19%	81.48%	92.59%
	深市中小板	0.00%	0.00%	55.56%	77.78%
	深市创业板	0.00%	0.00%	0.00%	0.00%
	总计	14.58%	41.03%	85.00%	93.85%
未披露缺陷认定标准的公司比例	沪市主板	78.79%	46.30%	7.02%	2.99%
	深市主板	87.04%	64.81%	18.52%	7.41%
	深市中小板	100.00%	100.00%	44.44%	22.22%
	深市创业板	0.00%	0.00%	0.00%	0.00%
	总计	85.42%	58.97%	15.00%	6.15%

续表

对比内容 \ 年度		2011	2012	2013	2014
披露内控缺陷的公司比例	沪市主板	9.09%	18.52%	10.53%	13.43%
	深市主板	12.96%	14.81%	12.96%	12.96%
	深市中小板	22.22%	11.11%	0.00%	0.00%
	深市创业板	0.00%	0.00%	0.00%	0.00%
	总计	12.50%	16.24%	10.83%	12.31%
未披露内控缺陷的公司比例	沪市主板	90.91%	81.48%	89.47%	86.57%
	深市主板	87.04%	85.19%	87.04%	87.04%
	深市中小板	77.78%	88.89%	100.00%	100.00%
	深市创业板	0.00%	0.00%	0.00%	0.00%
	总计	87.50%	83.76%	89.17%	87.69%
披露重大缺陷的公司比例	沪市主板	0.00%	1.85%	0.00%	1.49%
	深市主板	0.00%	0.00%	0.00%	1.85%
	深市中小板	0.00%	0.00%	0.00%	0.00%
	深市创业板	0.00%	0.00%	0.00%	0.00%
	总计	0.00%	0.85%	0.00%	1.54%
披露重要缺陷的公司比例	沪市主板	0.00%	0.00%	1.75%	0.00%
	深市主板	0.00%	0.00%	1.85%	0.00%
	深市中小板	0.00%	0.00%	0.00%	0.00%
	深市创业板	0.00%	0.00%	0.00%	0.00%
	总计	0.00%	0.00%	1.67%	0.00%
披露一般缺陷的公司比例	沪市主板	9.09%	16.67%	8.77%	10.45%
	深市主板	12.96%	14.81%	11.11%	11.11%
	深市中小板	22.22%	11.11%	0.00%	0.00%
	深市创业板	0.00%	0.00%	0.00%	0.00%
	总计	12.50%	15.38%	9.17%	10.00%

数据来源：DIB 迪博内部控制与风险管理数据库 www.ic-erm.com

（五）内部控制审计报告

1. 内部控制审计报告披露数量

2014 年度，房地产业 126 家上市公司披露了内部控制审计报告，总体的披露比例为 95.65%；未披露内部控制审计报告的上市公司 6 家，占比 4.55%，如表 4－17 所示。

表 4－17　2014 年度房地产业上市公司内部控制审计报告披露情况

所属交易所	披露内控审计报告的公司		未披露内控审计报告的公司		上市公司
	数量	占比	数量	占比	数量
沪市主板	66	95.65%	3	4.35%	69
深市主板	54	100.00%	0	0.00%	54
深市中小板	6	66.67%	3	33.33%	9
深市创业板	0	0.00%	0	0.00%	0
总计	126	95.45%	6	4.55%	132

数据来源：DIB 迪博内部控制与风险管理数据库 www.ic－erm.com

未披露内部控制审计报告的上市公司如表 4－18 所示。

表 4－18　2014 年度房地产业未披露内部控制审计报告的上市公司

序号	证券代码	证券简称
1	002016	世荣兆业
2	002208	合肥城建
3	002244	滨江集团
4	600275	武昌鱼
5	600393	东华实业
6	600733	S 前锋

数据来源：DIB 迪博内部控制与风险管理数据库 www.ic－erm.com

2. 内部控制审计报告格式的规范性

本报告根据审计依据和审计对象将内部控制审计报告分为规范的内部控制审计报告、内部控制鉴证报告、内部控制审核报告、中小板内部控制审计报告、内部控制专项报告、其他类型报告。

2014 年度，房地产业 121 家上市公司披露了规范的内部控制审计报告，占比为 96.03%；披露了内部控制鉴证报告的上市公司 5 家，占比 3.97%。如表 4－19 所示。

表 4－19　2014 年度房地产业上市公司披露内控审计报告格式的规范性情况

所属交易所		沪市主板	深市主板	深市中小板	深市创业板	总计
披露规范的内控审计报告的公司	数量	66	54	1	0	121
	占比	100.00%	100.00%	16.67%	0.00%	96.03%
披露内控鉴证报告的公司	数量	0	0	5	0	5
	占比	0.00%	0.00%	83.33%	0.00%	3.97%
披露内控审核报告的公司	数量	0	0	0	0	0
	占比	0.00%	0.00%	0.00%	0.00%	0.00%
披露中小板内控审计报告的公司	数量	0	0	0	0	0
	占比	0.00%	0.00%	0.00%	0.00%	0.00%
披露内控专项报告的公司	数量	0	0	0	0	0
	占比	0.00%	0.00%	0.00%	0.00%	0.00%
披露其他类型报告的公司	数量	0	0	0	0	0
	占比	0.00%	0.00%	0.00%	0.00%	0.00%
披露内控审计报告的公司数量		66	54	6	0	126

数据来源：DIB 迪博内部控制与风险管理数据库 www.ic－erm.com

内部控制审计报告格式非规范的上市公司情况见表 4－20 所示。

表 4－20　内部控制审计报告格式非规范的房地产业上市公司情况

序号	证券代码	证券简称	内部控制审计报告类型
1	002077	大港股份	内部控制鉴证报告
2	002113	天润控股	内部控制鉴证报告
3	002133	广宇集团	内部控制鉴证报告
4	002285	世联行	内部控制鉴证报告
5	002305	南国置业	内部控制鉴证报告

数据来源：DIB 迪博内部控制与风险管理数据库 www.ic－erm.com

3. 未披露内部控制审计报告的原因

2014 年度，房地产业未披露内部控制审计报告的 6 家上市公司中，3 家因为重大资产重组、破产重整，豁免披露内部控制审计报告，3 家上市公司未披露具体原因，如表 4－21 所示。

未披露内部控制审计报告的上市公司情况如表 4－22 所示。

4. 内部控制审计意见

2014 年度，房地产业内部控制审计意见为标准无保留意见的上市公司共 119 家，占比为 94.44%；内部控制审计意见为非标意见的上市公司共 7 家，占比为 5.56%。内部控制审计意见为非标意见的上市公司中，带强调事项段的无保留意见共 4 家，占比 3.17%，否定意见共 3 家，占比 2.38%。如图 4－3 所示。

表 4－21　　2014 年度房地产业上市公司未披露内控审计报告的原因说明

所属交易所	上市的下一年度年报披露的同时，披露内控审计报告的公司		豁免披露内控审计报告的公司		未披露具体原因的公司		年报显示已披露，但未找到报告的公司		其他原因未披露的公司（未在年报中披露是否编制、披露内控审计报告）		未披露内控审计报告的公司总计		上市公司数量
	数量	占比	数量	占比	数量	占比	数量	占比	数量	占比	数量	占比	
沪市主板	0	0.00%	3	4.35%	0	0.00%	0	0.00%	0	0.00%	3	4.35%	69
深市主板	0	0.00%	0	0.00%	0	0.00%	0	0.00%	0	0.00%	0	0.00%	54
深市中小板	0	0.00%	0	0.00%	3	33.33%	0	0.00%	0	0.00%	3	33.33%	9
深市创业板	0	0.00%	0	0.00%	0	0.00%	0	0.00%	0	0.00%	0	0.00%	0
总计	0	0.00%	3	2.27%	3	2.27%	0	0.00%	0	0.00%	6	4.55%	132

数据来源：DIB 迪博内部控制与风险管理数据库 www.ic－erm.com

表 4－22　　未披露内部控制审计报告的上市公司情况

序号	证券代码	证券简称	未披露内部控制审计报告原因说明
1	002016	世荣兆业	未披露具体原因
2	002208	合肥城建	未披露具体原因
3	002244	滨江集团	未披露具体原因
4	600275	武昌鱼	豁免披露内控审计报告
5	600393	东华实业	豁免披露内控审计报告
6	600733	S 前锋	豁免披露内控审计报告

数据来源：DIB 迪博内部控制与风险管理数据库 www.ic－erm.com

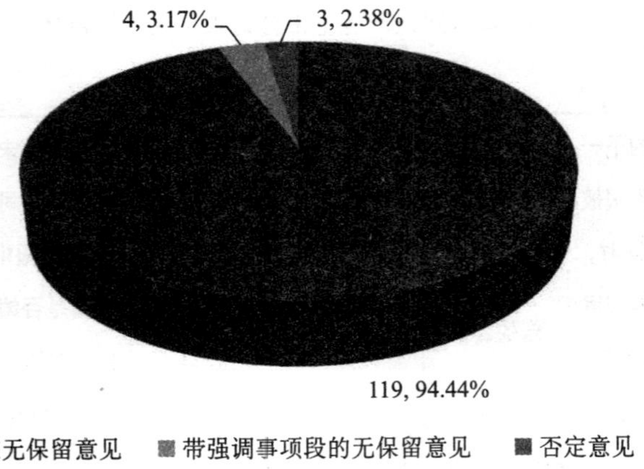

图 4－3　2014 年度上市公司内部控制审计意见情况

数据来源：DIB 迪博内部控制与风险管理数据库 www. ic－erm. com

内部控制审计意见为带强调事项段的无保留意见的上市公司分别是深大通（000038）、亚太实业（000691）、天津松江（600225）和大连控股（600747）；否定意见的上市公司分别是荣丰控股（000668）、多伦股份（600696）和上海新梅（600732）。内部控制审计意见非标准无保留意见的上市公司见表 4－23 所示。

表 4－23　房地产业内部控制审计意见非标准无保留意见的上市公司

证券代码	证券简称	内部控制审计意见	内部控制审计意见说明
000038	深大通	带强调事项段的无保留意见	我们认为，深圳大通实业股份有限公司于 2014 年 12 月 31 日按照《企业内部控制基本规范》和相关规定在所有重大方面保持了有效的财务报告内部控制。 我们提醒内部控制审计报告使用者关注： 由于康城 1 期项目工期延误，导致承担延期交房违约责任，出现支付违约金情况，给公司造成损失。

续表

证券代码	证券简称	内部控制审计意见	内部控制审计意见说明
000038	深大通	带强调事项段的无保留意见	需要指出的是，我们并不对深大通公司的非财务报告内部控制发表意见或提供保证。 本段内容不影响已对财务报告内部控制发表的审计意见。
000668	荣丰控股	否定意见	荣丰控股公司于 2014 年 9 月 1 日收到深圳证券交易所《关于对荣丰控股集团股份有限公司相关当事人的监管函》（编号：公司部监管函［2014］第71 号）。认定公司存在部分事项未履行董事会审议程序，也未及时履行披露义务。违反《股票上市规则（2012 年修订）》第 2.1 条、第 9.2 条、第 11.11.3 条第（九）项的规定。荣丰控股公司已识别出上述缺陷并开始整改，但截至 2014 年 12 月 31 日，整改尚未全部完成，部分整改措施尚未运行足够长时间。有效的内部控制能够为财务报告及相关信息的真实完整提供合理保证，而上述重大缺陷使荣丰控股公司内部控制失去这一功能。在荣丰控股公司 2014 年财务报表审计中，我们已经考虑上述重大缺陷对审计程序的性质、时间安排和范围的影响。本报告并未对我们在 2015 年 4 月 29 日对荣丰控股公司 2014 年度财务报表出具的审计报告产生影响。
000691	亚太实业	带强调事项段的无保留意见	四、财务报告内部控制审计意见 我们认为，海南亚太实业发展股份有限公司于 2014 年 12 月 31 日按照《企业内部控制基本规范》和相关规定在所有重大方面保持了有效的财务报告内部控制。 五、强调事项 我们提醒内部控制审计报告使用者关注： 1. 亚太实业公司的控股子公司兰州同创嘉业房地产开发

续表

证券代码	证券简称	内部控制审计意见	内部控制审计意见说明
000691	亚太实业	带强调事项段的无保留意见	有限公司（以下简称同创嘉业）所经营的房地产开发业务活动由亚太实业公司的同一控制人控制的关联方兰州亚太实业（集团）股份有限公司（以下简称兰州亚太）组织实施和管理；同时亚太实业公司与受同一控制人控制的关联方存在经营相同业务——房地产业务的情况，公司控制环境存在重大缺陷。 2. 亚太实业公司没有设置内部审计部门，没有执行内部控制监督制度。本段内容不影响已对财务报告内部控制发表的审计意见。
600225	天津松江	带强调事项段的无保留意见	我们认为，天津松江公司于2014年12月31日按照《企业内部控制基本规范》和相关规定在所有重大方面保持了有效的财务报告内部控制。 我们提醒内部控制审计报告使用者关注：天津松江公司三级子公司天津松江恒通建设开发有限公司（以下简称恒通建设公司）出纳，自2014年9月开始利用职权累计挪用恒通建设公司银行存款1 000万元，私自开设基金账户申购基金，并将基金转至个人名下。公司发现银行存款出现异常后已于2015年3月31日向公安机关报案，该出纳已被拘押，现案件已移送天津河西区人民检察院，尚处于刑事侦查阶段。基金赎回资金涉案账户已被冻结，冻结资金足以归还挪用的恒通建设公司银行存款，预计不会存在无法收回风险、不会对恒通建设公司造成损失。本段内容不影响已对财务报告内部控制发表的审计意见。

续表

证券代码	证券简称	内部控制审计意见	内部控制审计意见说明
600696	多伦股份	否定意见	四、导致否定意见的事项 重大缺陷，是指一个或多个控制缺陷的组合，可能导致企业严重偏离控制目标。在本次内部控制审计中，我们注意到多伦股份公司的财务报告内部控制存在以下重大缺陷： 1. 对外担保未履行审议、披露等程序，与之相关的财务报告内控失效多伦股份公司控股子公司荆门汉通置业有限公司（以下简称“荆门汉通”）分别为方红星向彭昌平3 500万（2013年3月）、方红星向彭贞甄的2 000万（2013年12月）借款提供连带责任担保，未履行对外担保授权审批程序，签署《担保函》使用了荆门汉通公司公章，但无印鉴使用审批和登记记录。 2014年1月6日荆门汉通与中国建设银行股份有限公司荆门广场支行签订《最高额抵押合同》为荆门市宇天建材销售有限公司向荆门广场支行的相关借款（2014年1月6日至2015年1月5日期间）提供最高额抵押担保（最高担保限额为3 216万元，抵押物为荆门汉通荆掇国用［2010］第01040900603号土地），未履行对外担保授权审批程序，签署《最高额抵押合同》使用了荆门汉通公司公章，但无印鉴使用及实物资产权属证书使用手续审批和登记记录。 发现荆掇国用［2010］第01040900602号土地为他人借款担保，荆门汉通已经向公安机关报案，公安机关以涉嫌伪造公司印章罪立案侦查。 多伦股份公司未及时确认子公司对外担保事项，未履行授

续表

证券代码	证券简称	内部控制审计意见	内部控制审计意见说明
600696	多伦股份	否定意见	权审批、信息披露等程序，对发生的重大诉讼事项未及时进行信息披露，与之相关的财务报告内部控制运行失效。 多伦股份公司对重要子公司疏于管理。对实物资产未定期检查所有权属证书，重要的实物资产权属证书使用、外借手续运行存在缺陷，亦存在未严格执行合同管理业务流程及印鉴管理规定。目前，该重大缺陷可能导致多伦股份公司因履行担保责任而承担损失的风险。 2. 重大资金支付未履行审议、披露等程序，与之相关的财务报告内控失效 多伦股份公司及其控股子公司荆门汉通、全资子公司深圳柯塞威基金管理有限公司（以下简称“柯塞威”）有部分资金支付未按照公司财务管理制度的规定履行审批程序及信息披露等程序，未签署相关与资金支付相对应的合同或协议，具体为：2014 年累计支付成都宏达康商贸有限公司 75 000 000. 00 元（已收回 75 000 000. 00 元）、四川蓉记鸿丰投资有限公司 115 000 000. 00 元（已收回 24 306 723. 27 元）。 3. 重大投资未履行审议、披露等程序 2014 年 2 月 18 日，公司第七届董事会第二次会议通过《关于出资设立金融服务公司的议案》，拟出资 1 000. 00 万元设立金融服务有限公司。截至 2014 年 12 月 31 日，公司设立深圳柯塞威基金管理有限公司实缴注册资本为 11 500. 00万元，该项投资增加部分未履行正常授权审批以及信息披露等程序。 有效的内部控制能够为财务报告及相关信息的真实完整提

续表

证券代码	证券简称	内部控制审计意见	内部控制审计意见说明
600696	多伦股份	否定意见	供合理保证，而上述重大缺陷使多伦股份公司内部控制失去这一功能。 多伦股份公司管理层已识别出上述重大缺陷，并将其包含在企业内部控制评价报告中，上述缺陷在所有重大方面已在《2014 年度内部控制评价报告》中得到公允反映。在多伦股份公司 2014 年财务报表审计中，我们已经考虑了上述重大缺陷对审计程序的性质、时间安排和范围的影响。 五、财务报告内部控制审计意见 我们认为，由于存在上述重大缺陷及其对实现控制目标的影响，多伦股份公司于 2014 年 12 月 31 日未能按照《企业内部控制基本规范》和相关规定在所有重大方面保持有效的财务报告内部控制。
600732	上海新梅	否定意见	四、导致否定意见的事项 重大缺陷是内部控制中存在的、可能导致不能及时防止或发现并纠正财务报表出现重大错报的一项控制缺陷或多项控制缺陷的组合。 通过检查新梅股份公司 2014 审计部的工作情况，审计部尚不能对新梅股份公司的整体内部控制做出有效的评价和监督。 内部审计在企业经营管理中处于极其重要的地位，上述缺陷会影响到企业预期目标的实现。 有效的内部控制能够为财务报告及相关信息的真实完整提供合理保证，而上述重大缺陷使新梅股份公司内部控制部分失去这功能。

续表

证券代码	证券简称	内部控制审计意见	内部控制审计意见说明
600732	上海新梅	否定意见	新梅股份公司管理层已识别出上述重大缺陷，并将其包含在企业内部控制评价报告中。上述缺陷在所有重大方面得到公允反映。在新梅股份公司 2014 年财务报表审计中，我们已经考虑了上述重大缺陷对审计程序的性质、时间安排和范围的影响。本报告并未对我们在 2015 年 4 月 24 日对新梅股份公司 2014 年财务报表出具的审计报告产生影响。
600747	大连控股	带强调事项段的无保留意见	四、财务报告内部控制审计意见 我们认为，贵公司于 2014 年 12 月 31 日按照《企业内部控制基本规范》和相关规定在所有重大方面保持了有效的财务报告内部控制。 五、强调事项 我们提醒内部控制审计报告使用者关注： 1. 贵公司 2013 年 7 月为控股股东大连大显集团有限公司提供 1.5 亿元担保、为大连太平洋电子有限公司提供 2 亿元担保，上述担保行为未履行相关审批程序，且公司未予以及时披露。 大连大显集团有限公司及代威先生于 2015 年 2 月 9 日向贵公司出具书面承诺，承诺与上述担保行为相关的经济责任将由大连大显集团有限公司及代威先生承担。 2. 贵公司通过全资子公司于 2014 年 8 月 28 日将募集资金 3.4 亿元从募集资金专用账户转入子公司其他定期存款账户，该行为发生时未履行相关审批程序，也未予以及时披露。

续表

证券代码	证券简称	内部控制审计意见	内部控制审计意见说明
600747	大连控股	带强调事项段的无保留意见	2015 年 2 月 6 日，贵公司第七届董事会第三十次会议、第七届监事会第十四次会议分别审议通过上述事宜闲置募集资金事项，该行为独立董事对上述使用闲置资金事项出具了明确同意的独立意见。 上述事项不表明贵公司于 2014 年 12 月 31 日的财务报告内部控制存在重大缺陷，不影响已对财务报告控制发表的审计意见。

数据来源：DIB 迪博内部控制与风险管理数据库 www. ic – erm. com

2014 年度，分上市板块的内部控制审计意见情况如表 4 – 24 所示。

表 4 – 24　2014 年度房地产业上市公司内部控制审计意见情况对比

所属交易所	内控审计意见为标准无保留意见的公司		内控审计意见为非标意见的公司		披露内控审计报告的公司数量
	数量	占比	数量	占比	
沪市主板	62	93. 94%	4	6. 06%	66
深市主板	51	94. 44%	3	5. 56%	54
深市中小板	6	100. 00%	0	0. 00%	6
深市创业板	0	0. 00%	0	0. 00%	0
总计	119	94. 44%	7	5. 56%	126

数据来源：DIB 迪博内部控制与风险管理数据库 www. ic – erm. com

5. 审计发现的内部控制重大缺陷

2014 年度，导致否定意见的内部控制重大缺陷共计 6 项。统计缺陷所涉及的业务活动/事项中，资金活动类缺陷2项，担保业务类缺陷1项，内部审计类缺陷1项，信息披露类缺陷1项，组织架构类缺陷1项。

2014年度，会计师事务所出具的内部控制审计报告中，认定房地产业上市公司存在非财报内部控制重大缺陷的共2家，缺陷共计2项，且均为组织架构类缺陷。

2014年度，房地产业上市公司在内部控制审计报告中披露的内部控制缺陷如表4－25所示。

表4－25　房地产业上市公司在内部控制审计报告中披露的内部控制缺陷

序号	证券代码	证券简称	缺陷内容	缺陷等级	缺陷性质
1	000038	深大通	由于康城1期项目工期延误，导致承担延期交房违约责任，出现支付违约金况，给公司造成损失。	未区分	非财报缺陷
2	000668	荣丰控股	荣丰控股公司于2014年9月1日收到深圳证券交易所《关于对荣丰控股集团股份有限公司相关当事人的监管函》（编号：公司部监管函2014第71号）。认定公司存在部分事项未履行董事会审议程序，也未及时履行披露义务。违反《股票上市规则（2012年修订）》第2.1条、第9.2条、第11.11.E条第（九）项的规定。 荣丰控股公司已识别出上述缺陷并开始整改，但截至2014年12月31日，整改尚未全部完成，部分整改措施尚未运行足够长时间。	重大缺陷	财报缺陷

续表

序号	证券代码	证券简称	缺陷内容	缺陷等级	缺陷性质
3	000691	亚太实业	亚太实业公司的控股子公司兰州同创嘉业房地产开发有限公司（以下简称“同创嘉业”）所经营的房地产开发业务活动由亚太实业公司的同一控制人控制的关联方兰州亚太实业（集团）股份有限公司（以下简称”兰州亚太“）组织实施和管理；同时亚太实业公司与受同一控制人控制的关联方存在经营相同业务——房地产业务的情况，公司控制环境存在重大缺陷。	重大缺陷	非财报缺陷
4	000691	亚太实业	亚太实业公司没有设置内部审计部门，没有执行内部控制监督制度。	未区分	非财报缺陷
5	600225	天津松江	天津松江公司三级子公司天津松江恒通建设开发有限公司（以下简称“恒通建设公司”）出纳，自2014年9月开始利用职权累计挪用恒通建设公司银行存款1 000万元，私自开设基金账户申购基金，并将基金转至个人名下。公司发现银行存款出现异常后已于2015年3月31日向公安机关报案，该出纳已被拘押，现案件已移送天津河西区人民检察院，尚处于刑事侦查阶段。基金赎回资金涉案账户已被冻结，冻结资金足以归还挪用的恒通建设公司银行存款，预计不会存在无法收回的风险、不会对恒通建设公司造成损失。	未区分	财报缺陷

续表

序号	证券代码	证券简称	缺陷内容	缺陷等级	缺陷性质
6	600696	多伦股份	对外担保未履行审议、披露等程序，与之相关的财务报告内控失效。 多伦股份公司控股子公司荆门汉通置业有限公司（以下简称“荆门汉通”）分别为方红星向彭昌平3 500万（2013年3月）、方红星向彭贞甄的2 000万（2013年12月）借款提供连带责任担保，未履行对外担保授权审批程序，签署《担保函》使用了荆门汉通公司公章，但无印鉴使用审批和登记记录。 2014年1月6日荆门汉通与中国建设银行股份有限公司荆门广场支行签订《最高额抵押合同》为荆门市宇天建材销售有限公司向荆门广场支行的相关借款（2014年1月6日至2015年1月5日期间）提供最高额抵押担保（最高担保限额为3 216万元，抵押物为荆门汉通荆掇国用［2010］第01040900603号土地），未履行对外担保授权审批程序，签署《最高额抵押合同》使用了荆门汉通公司公章，但无印鉴使用及实物资产权属证书使用手续审批和登记记录。 发现荆掇国用［2010］第01040900602号土地为他人借款担保。	重大缺陷	财报缺陷

续表

序号	证券代码	证券简称	缺陷内容	缺陷等级	缺陷性质
7	600696	多伦股份	重大资金支付未履行审议、披露等程序，与之相关的财务报告内控失效。 多伦股份公司及其控股子公司荆门汉通、全资子公司深圳柯塞威基金管理有限公司（以下简称“柯塞威”）有部分资金支付未按照公司财务管理制度的规定履行审批程序及信息披露等程序，未签署相关与资金支付相对应的合同或协议，具体为：2014 年累计支付成都宏达康商贸有限公司75 000 000.00元（已收回75 000 000.00 元）、四川蓉记鸿丰投资有限公司 115 000 000.00 元（已收回 24 306 723.27 元）。	重大缺陷	财报缺陷
8	600696	多伦股份	重大投资未履行审议、披露等程序。 2014 年 2 月 18 日，公司第七届董事会第二次会议通过《关于出资设立金融服务公司的议案》，拟出资 1 000.00 万元设立金融服务有限公司。截至 2014 年 12 月 31 日，公司设立深圳柯塞威基金管理有限公司实缴注册资本为11 500.00万元，该项投资增加部分未履行正常授权审批以及信息披露等程序。	重大缺陷	财报缺陷
9	600732	上海新梅	在内部控制审计过程中，我们注意到新梅股份公司的非财务报告内部控制存在重大缺陷，2014 年度，由于存在股权纠纷，股东大会和董事会的职能部分受到限制，股东大会不能正常召开和通过议程；新梅公司虽然制定了战略发	重大缺陷	非财报缺陷

续表

序号	证券代码	证券简称	缺陷内容	缺陷等级	缺陷性质
9	600732	上海新梅	展目标和规划，但由于上述限制，战略发展规划无法及时在股东大会和董事会通过并实施，给企业未来的发展和收益带来重大影响。	重大缺陷	非财报缺陷
10	600732	上海新梅	通过检查新梅股份公司2014审计部的工作情况，审计部尚不能对新梅股份公司的整体内部控制作出有效的评价和监督。 内部审计在企业经营管理中处于极其重要的地位，上述缺陷会影响到企业预期目标的实现。	重大缺陷	财报缺陷
11	600747	大连控股	公司2013年7月为控股股东大连大显集团有限公司提供1.5亿元人民币担保，对大连太平洋电子有限公司提供2亿元人民币担保，上述担保行为未履行相关审批程序，且公司未予以及时披露。	未区分	未区分
12	600747	大连控股	公司通过全资子公司于2014年8月28日将募集资金3.4亿元人民币从募集资金专用账户转入子公司其他定期存款账户。该行为发生时未履行相关审批程序，也未予以及时披露。	未区分	未区分

数据来源：DIB迪博内部控制与风险管理数据库 www. ic – erm. com

6. 内部控制审计意见与内部控制评价结论比较

本报告将内部控制审计意见与评价结论进行对比发现，2014年度，房地产业共有4家上市公司的内部控制评价结论与内部控制审计意见存在显著差异，这4家上市公司的内部控制评价结论均为内部控制整体有效，内部控制审计意见均为带强调事项段的无保留意见，分别是深大通（000038），亚太实业（000691），天津松江（600225）和大连控股（600747），见表4－26所示。

表4－26 房地产业上市公司内部控制审计意见与内部控制评价结论不一致情况

证券代码	证券简称	内部控制审计意见	评价结论
000038	深大通	带强调事项段的无保留意见	内部控制整体有效
000691	亚太实业	带强调事项段的无保留意见	内部控制整体有效
600225	天津松江	带强调事项段的无保留意见	内部控制整体有效
600747	大连控股	带强调事项段的无保留意见	内部控制整体有效

数据来源：DIB 迪博内部控制与风险管理数据库 www. ic－erm. com

7. 内部控制审计意见与财务报表审计意见比较

对比上市公司内部控制审计意见与财务报表审计意见发现，2014年度，房地产业共计3家上市公司两种审计意见存在不一致，占出具内部控制审计报告上市公司总量的2.38%。其中，世纪星源（000005），银润投资（000526）和中房股份（600890）的内部控制审计意见为标准无保留意见，财务报表审计意见为带强调事项段的无保留意见，见表4－27所示。

表4－27 房地产业上市公司内部控制审计意见与财务报表审计意见不一致情况

证券代码	证券简称	内部控制审计意见	财报审计意见
000005	世纪星源	标准无保留意见	带强调事项段的无保留意见
000526	银润投资	标准无保留意见	带强调事项段的无保留意见
600890	中房股份	标准无保留意见	带强调事项段的无保留意见

数据来源：DIB 迪博内部控制与风险管理数据库 www. ic－erm. com

8. 上市公司内部控制整合审计情况

2014 年度，房地产业采用内部控制整合审计的上市公司共计 123 家，占比 97.62%；采用单独审计的上市公司 3 家，占比 2.38%。如表 4－28 所示。

单独审计的上市公司为云南城投（600239），华丽家族（600503）和陆家嘴（600663）。

表 4－28　2014 年度房地产业上市公司内部控制整合审计情况

所属交易所	实施整合审计的公司		实施单独审计的公司		披露内控审计报告的公司数量
	数量	占比	数量	占比	
沪市主板	63	95.45%	3	4.55%	66
深市主板	54	100.00%	0	0.00%	54
深市中小板	6	100.00%	0	0.00%	6
深市创业板	0	0.00%	0	0.00%	0
总计	123	97.62%	3	2.38%	126

数据来源：DIB 迪博内部控制与风险管理数据库 www.ic－erm.com

9. 内部控制审计费用

2014 年度，房地产业 126 家披露了内部控制审计报告的上市公司中，102 家公司披露其支付了内部控制审计费用，占比 80.95%。其中，97 家公司单独披露了内部控制审计费用的数额，5 家公司未披露具体的内部控制审计费用数额，如表 4－29 所示。

表 4-29　2014 年度房地产业上市公司内控审计费用披露情况

所属交易所	披露支付了内控审计费用的公司				披露支付了内控审计费用的公司小计		未披露内控审计费用的公司		披露内控审计报告的公司数量
	单独披露内控审计费用的公司		未单独披露内控审计费用的公司						
	数量	占比	数量	占比	数量	占比	数量	占比	
沪市主板	65	98.48%	0	0.00%	65	98.48%	1	1.52%	66
深市主板	32	59.26%	4	7.41%	36	66.67%	18	33.33%	54
深市中小板	0	0.00%	1	16.67%	1	16.67%	5	83.33%	6
深市创业板	0	0.00%	0	0.00%	0	0.00%	0	0.00%	0
总计	97	76.98%	5	3.97%	102	80.95%	24	19.05%	126

数据来源：DIB 迪博内部控制与风险管理数据库 www.ic-erm.com

2014 年度，房地产业单独披露内部控制审计费用的 97 家上市公司，其披露的内部控制审计费用总额共计 3 257.97 万元，平均每家公司花费的内部控制审计费用为 33.59 万元。根据每家上市公司内部控制审计费用占审计费用总额（财务报告审计费用和内部控制审计费用之和）的比例分析显示，内部控制审计费用占审计费用总额的比例平均为 27.10%。如表 4-30 所示。

表 4-30　内部控制审计费用总额

所属交易所/内控审计报告类型		单独披露内控审计费用公司数量	内部控制审计费用总额（万元）	内部控制审计费用平均值（万元）	内部控制审计费用占审计费用总额比例的平均值
所属交易所	沪市主板	65	2 383.97	36.68	27.63%
	深市主板	32	874	27.31	26.03%
	深市中小板	0	0	0	0.00%
	深市创业板	0	0	0	0.00%

续表

所属交易所/内控审计报告类型		单独披露内控审计费用公司数量	内部控制审计费用总额（万元）	内部控制审计费用平均值（万元）	内部控制审计费用占审计费用总额比例的平均值
内控审计报告类型	规范的内部控制审计报告	97	3 257.974	33.587 361	27.10%
	内部控制鉴证报告	0	0	0	0.00%
	内部控制审核报告	0	0	0	0.00%
	中小板内部控制审计报告	0	0	0	0.00%
	内部控制专项报告	0	0	0	0.00%
	其他类型	0	0	0	0.00%
总计		97	3 257.97	33.59	27.10%

数据来源：DIB 迪博内部控制与风险管理数据库 www.ic－erm.com

（六）2011—2014 年度内部控制审计情况对比

表 4－31　　2011—2014 年度上市公司内部控制审计情况对比

对比内容 \ 年度		2011	2012	2013	2014
披露内控审计报告的公司比例	沪市主板	26.09%	71.01%	76.81%	95.65%
	深市主板	24.07%	53.70%	74.07%	100.00%
	深市中小板	66.67%	55.56%	66.67%	66.67%
	深市创业板	0.00%	0.00%	0.00%	0.00%
	总计	28.03%	62.88%	75.00%	95.45%

续表

对比内容 \ 年度		2011	2012	2013	2014
未披露内控审计报告的公司比例	沪市主板	73.91%	28.99%	23.19%	4.35%
	深市主板	75.93%	46.30%	25.93%	0.00%
	深市中小板	33.33%	44.44%	33.33%	33.33%
	深市创业板	0.00%	0.00%	0.00%	0.00%
	总计	71.97%	37.12%	25.00%	4.55%
内控审计意见为标准无保留意见的公司比例	沪市主板	94.44%	97.96%	100.00%	93.94%
	深市主板	92.31%	100.00%	97.50%	94.44%
	深市中小板	100.00%	100.00%	100.00%	100.00%
	深市创业板	0.00%	0.00%	0.00%	0.00%
	总计	94.59%	98.80%	98.99%	94.44%
内控审计意见为非标准无保留意见的公司比例	沪市主板	5.56%	2.04%	0.00%	6.06%
	深市主板	7.69%	0.00%	2.50%	5.56%
	深市中小板	0.00%	0.00%	0.00%	0.00%
	深市创业板	0.00%	0.00%	0.00%	0.00%
	总计	5.41%	1.20%	1.01%	5.56%
披露内部控制审计费用的公司比例	沪市主板	0.00%	71.43%	88.68%	98.48%
	深市主板	30.77%	62.07%	62.50%	66.67%
	深市中小板	0.00%	0.00%	16.67%	16.67%
	深市创业板	0.00%	0.00%	0.00%	0.00%
	总计	10.81%	63.86%	73.74%	80.95%

数据来源：DIB 迪博内部控制与风险管理数据库 www.ic-erm.com

第五章

内部控制指数

在全面描述了2014年上市公司内部控制信息披露情况的基础上，本书将采用“迪博·中国上市公司内部控制指数”衡量各上市公司的内部控制水平，以指数的方式反映上市公司的内部控制水平及风险管控能力。

一、样本选取与数据来源

截至2014年12月31日，沪深A股共2 591家上市公司，其中2014年1月1日前上市公司共2 466家。为保证内部控制指数指标选取的客观、公正和完整性，迪博·中国上市公司内部控制指数以2014年1月1日前上市公司为样本，2014年度纳入迪博·中国上市公司内部控制指数范围的样本数量为2 466家上市公司。

计算上市公司内部控制指数的数据来源于上市公司公开披露的年报、内部控制评价报告、内部控制审计报告、财务重述报告、诉讼报告以及各政府监管机构对上市公司违法违规行为的处理公告等，本书中所有上市公司内部控制指数及评级情况均已收录至DIB内部控制与风险管理数据库（www. ic－erm. com）。

二、上市公司内部控制评级总体情况

迪博·中国上市公司内部控制指数是综合反映我国上市公司内部控制水平与风险管理能力的量化指数体系，采用千分制，取值范围为［0，1 000］，并根据上市公司内部控制指数值，按照四级八档的分类标准，将上市公司的内部控制水平分为AAA、AA、A、BBB、BB、B、C和D八个等级。

2014年，2 466家A股上市公司内部控制整体水平如下：内部控制评级为AAA的上市公司共0家；内部控制评级为AA的上市公司共有6家，占比0. 24%；内部控制评级为A的公司共26家，占比1. 05%；内部控制评级为 BBB 的公司共 75 家，占比 3.04%；内部控制评级为 BB 的公司共 543 家，占比 22.02%；内部控制评级为 B 的公司共 1 253 家，占比 50.81%；内部控制评级为 C 的公司共 475 家，占比 19.26%；内部控制评级为 D 的公司共 88 家，占比 3.57%；如图 5－1 所示。

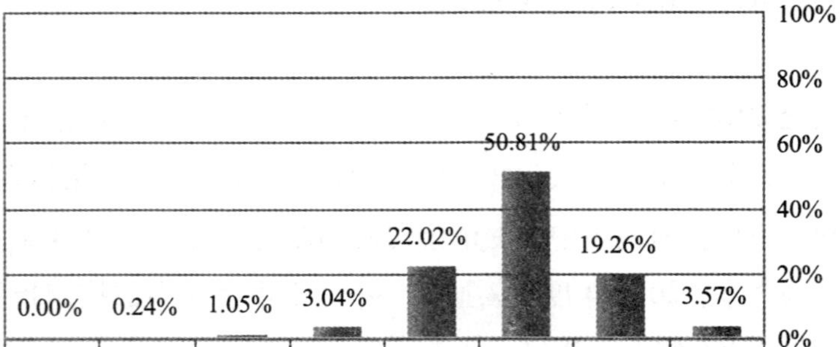

	AAA	AA	A	BBB	BB	B	C	D
数量	0	6	26	75	543	1253	475	88
■ 占比	0.00%	0.24%	1.05%	3.04%	22.02%	50.81%	19.26%	3.57%

图 5－1　2014 年度中国上市公司内部控制整体水平

数据来源：DIB 迪博内部控制与风险管理数据库 www.ic－erm.com

从 2014 年度中国上市公司内部控制评级来看，中国上市公司整体的内部控制水平普遍处于基本合格状态，上市公司中内部控制评级为 A 级及以上的公司数量偏少，整体的内部控制水平还有待进一步加强。

对比 2013 年度，2014 年度的上市公司内部控制评级为 B 级及以上的占比均在减少，AA、A、BBB、BB、B 级的减少量分别为 0.2%、0.41%、1.18%、0.23% 和 1.73%，与此同时，C 级增加 2.53%，D 级增加 1.21%。可见，2014 年上市公司内部控制水平整体减弱，如表 5－1 所示。

表 5－1　2014 年度内部控制评级整体情况与 2013 年度对比结果

	AAA	AA	A	BBB	BB	B	C	D
2013 年内控评级占比	0.00%	0.45%	1.46%	4.22%	22.25%	52.54%	16.73%	2.35%
2014 年内控评级占比	0.00%	0.24%	1.05%	3.04%	22.02%	50.81%	19.26%	3.57%
2014 年增减幅度	0.00%	－0.21%	－0.41%	－1.18%	－0.23%	－1.73%	2.53%	1.22%

数据来源：DIB 迪博内部控制与风险管理数据库 www.ic－erm.com

三、分辖区上市公司内部控制评级情况

根据证监会派出机构的划分方法，2014 年全国上市公司共划分到 36 个辖区，本节将分别描述各个辖区的内部控制评级情况。

1. 安徽辖区

2014 年度，安徽辖区纳入内部控制指数范围的上市公司样本总量为 77 家，其内部控制评级情况如下：AA 级上市公司 1 家，占比 1.30%；BBB 级上市公司 1 家，占比 1.30%；BB 级上市公司 18 家，占比 23.38%；B 级上市公司 41 家，占比 53.25%；C 级上市公司 14 家，占比 18.18%；D 级上市公司 2 家，占比 2.60%。安徽辖区上市公司 2014 年度内部控制评级整体分布情况如图 5－2 所示。

在 77 家安徽辖区上市公司中，内部控制水平排名前五的依次为：海螺水泥（600585）、铜陵有色（000630）、古井贡酒（000596）、美菱电器（000521）、丰原药业（000153），其内部控制评级情况如表 5－2 所示。

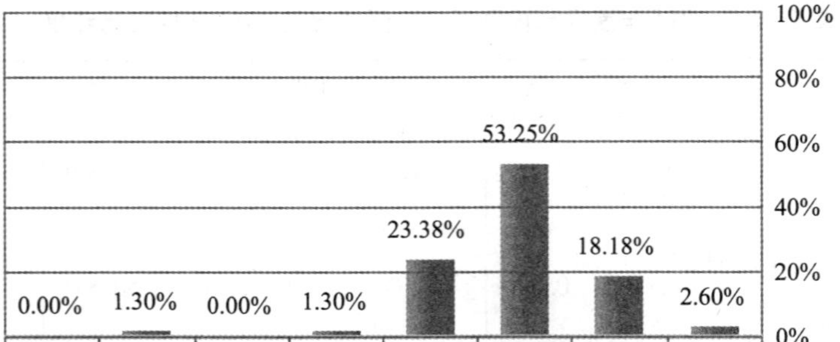

	AAA	AA	A	BBB	BB	B	C	D
数量	0	1	0	1	18	41	14	2
■ 占比	0.00%	1.30%	0.00%	1.30%	23.38%	53.25%	18.18%	2.60%

图 5－2　安徽辖区上市公司内部控制评级分布情况

数据来源：DIB 迪博内部控制与风险管理数据库 www. ic－erm. com

表 5－2　　　　安徽辖区内部控制前五强等级分布情况

辖区排名	证券代码	证券简称	内部控制等级	辖区
1	600585	海螺水泥	AA	安徽辖区
2	000630	铜陵有色	BBB	安徽辖区
3	000596	古井贡酒	BB	安徽辖区
4	000521	美菱电器	BB	安徽辖区
5	000153	丰原药业	BB	安徽辖区

数据来源：DIB 迪博内部控制与风险管理数据库 www. ic－erm. com

2. 北京辖区

2014 年度，北京辖区纳入内部控制指数范围的上市公司样本总量为 217 家，其内部控制评级情况如下：AA 级上市公司 3 家，占比 1. 38%；A 级上市公司 6 家，占比 2. 76%；BBB 级上市公司 11 家，占比 5. 07%；BB 级上市公司 51 家，占比 23. 50%；B 级上市公司 117 家，占比 53. 92%；C

级上市公司26家，占比11.98%；D级上市公司3家，占比1.38%。北京辖区上市公司2014年度内部控制评级整体分布情况如图5－3所示。

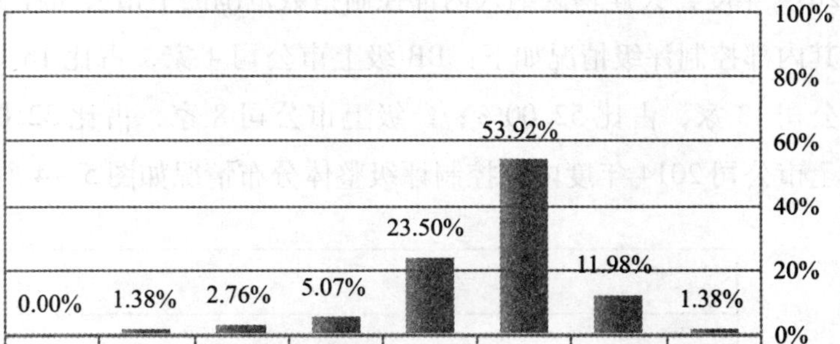

	AAA	AA	A	BBB	BB	B	C	D
数量	0	3	6	11	51	117	26	3
■ 占比	0.00%	1.38%	2.76%	5.07%	23.50%	53.92%	11.98%	1.38%

图5－3　北京辖区上市公司内部控制评级分布情况

数据来源：DIB迪博内部控制与风险管理数据库 www. ic－erm. com

在217家北京辖区上市公司中，内部控制水平排名前五的依次为：中国铁建（601186）、中国人寿（601628）、新华保险（601336）、中国中铁（601390）、中国交建（601800），其内部控制评级情况如表5－3所示。

表5－3　北京辖区内部控制前五强等级分布情况

辖区排名	证券代码	证券简称	内部控制等级	辖区
1	601186	中国铁建	AA	北京辖区
2	601628	中国人寿	AA	北京辖区
3	601336	新华保险	AA	北京辖区
4	601390	中国中铁	A	北京辖区
5	601800	中国交建	A	北京辖区

数据来源：DIB迪博内部控制与风险管理数据库 www. ic－erm. com

3. 大连辖区

2014 年度，大连辖区纳入内部控制指数范围的上市公司样本总量为 25 家，其内部控制评级情况如下：BB 级上市公司 4 家，占比 16.00%；B 级上市公司 13 家，占比 52.00%；C 级上市公司 8 家，占比 32.00%。大连辖区上市公司 2014 年度内部控制评级整体分布情况如图 5－4 所示。

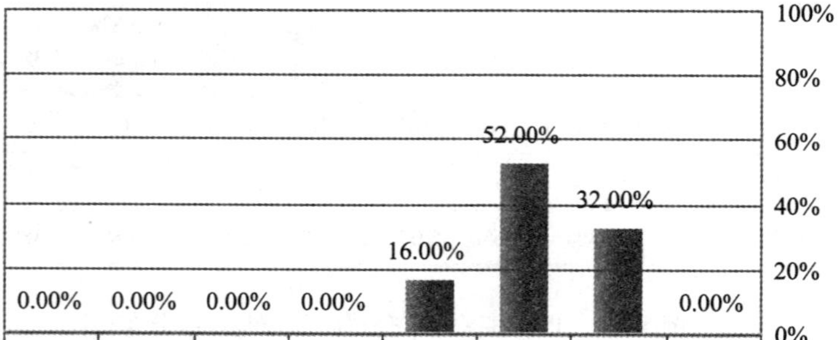

	AAA	AA	A	BBB	BB	B	C	D
数量	0	0	0	0	4	13	8	0
■ 占比	0.00%	0.00%	0.00%	0.00%	16.00%	52.00%	32.00%	0.00%

图 5－4　大连辖区上市公司内部控制评级分布情况

数据来源：DIB 迪博内部控制与风险管理数据库 www. ic－erm. com

在 25 家大连辖区上市公司中，内部控制水平排名前五的依次为：天神娱乐（002354）、大连三垒（002621）、国电电力（600795）、天宝股份（002220）、大商股份（600694），其内部控制评级情况如表 5－4 所示。

表 5－4　　大连辖区内部控制前五强等级分布情况

辖区排名	证券代码	证券简称	内部控制等级	辖区
1	002354	天神娱乐	BB	大连辖区
2	002621	大连三垒	BB	大连辖区

续表

辖区排名	证券代码	证券简称	内部控制等级	辖区
3	600795	国电电力	BB	大连辖区
4	002220	天宝股份	BB	大连辖区
5	600694	大商股份	B	大连辖区

数据来源：DIB 迪博内部控制与风险管理数据库 www. ic – erm. com

4. 福建辖区

2014 年度，福建辖区纳入内部控制指数范围的上市公司样本总量为 59 家，其内部控制评级情况如下：BBB 级上市公司 4 家，占比 6. 78%；BB 级上市公司 9 家，占比 15. 25%；B 级上市公司 31 家，占比 52. 54%；C 级上市公司 12 家，占比 20. 34%；D 级上市公司 3 家，占比 5. 08%。福建辖区上市公司 2014 年度内部控制评级整体分布情况如图 5 – 5 所示。

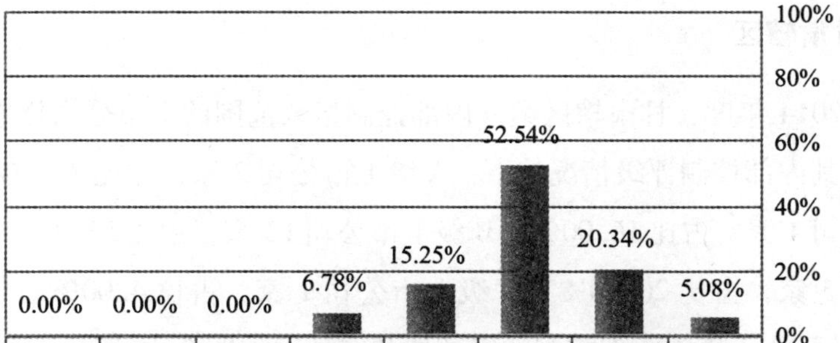

	AAA	AA	A	BBB	BB	B	C	D
数量	0	0	0	4	9	31	12	3
■ 占比	0.00%	0.00%	0.00%	6.78%	15.25%	52.54%	20.34%	5.08%

图 5 – 5　福建辖区上市公司内部控制评级分布情况

数据来源：DIB 迪博内部控制与风险管理数据库 www. ic – erm. com

在59家福建辖区上市公司中，内部控制水平排名前五的依次为：紫金矿业（601899）、游族网络（002174）、圣农发展（002299）、福耀玻璃（600660）、星网锐捷（002396），其内部控制评级情况如表5－5所示。

表5－5　福建辖区内部控制前五强等级分布情况

辖区排名	证券代码	证券简称	内部控制等级	辖区
1	601899	紫金矿业	BBB	福建辖区
2	002174	游族网络	BBB	福建辖区
3	002299	圣农发展	BBB	福建辖区
4	600660	福耀玻璃	BBB	福建辖区
5	002396	星网锐捷	BB	福建辖区

数据来源：DIB迪博内部控制与风险管理数据库 www.ic－erm.com

5. 甘肃辖区

2014年度，甘肃辖区纳入内部控制指数范围的上市公司样本总量为25家，其内部控制评级情况如下：A级上市公司2家，占比8.00%；BB级上市公司4家，占比16.00%；B级上市公司13家，占比52.00%；C级上市公司5家，占比20.00%；D级上市公司1家，占比4.00%。甘肃辖区上市公司2014年度内部控制评级整体分布情况如图5－6所示。

在25家甘肃辖区上市公司中，内部控制水平排名前五的依次为：酒钢宏兴（600307）、国投电力（600886）、大禹节水（300021）、银亿股份（000981）、华天科技（002185），其内部控制评级情况如表5－6所示。

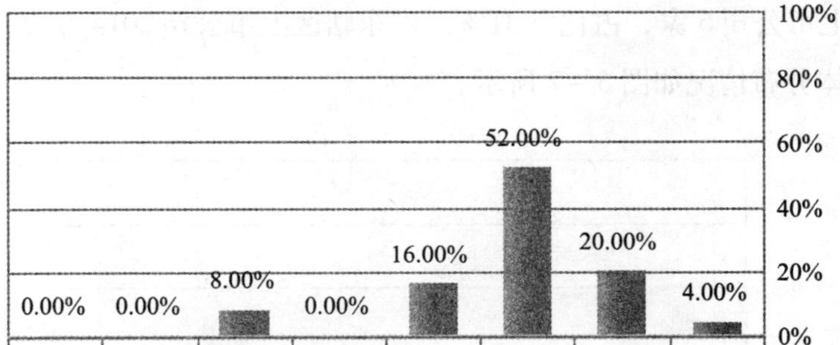

	AAA	AA	A	BBB	BB	B	C	D
数量	0	0	2	0	4	13	5	1
■ 占比	0.00%	0.00%	8.00%	0.00%	16.00%	52.00%	20.00%	4.00%

图 5－6　甘肃辖区上市公司内部控制评级分布情况

数据来源：DIB 迪博内部控制与风险管理数据库 www. ic－erm. com

表 5－6　　　　甘肃辖区内部控制前五强等级分布情况

辖区排名	证券代码	证券简称	内部控制等级	辖区
1	600307	酒钢宏兴	A	甘肃辖区
2	600886	国投电力	A	甘肃辖区
3	300021	大禹节水	BB	甘肃辖区
4	000981	银亿股份	BB	甘肃辖区
5	002185	华天科技	BB	甘肃辖区

数据来源：DIB 迪博内部控制与风险管理数据库 www. ic－erm. com

6. 广东辖区

2014 年度，广东辖区纳入内部控制指数范围的上市公司样本总量为 181 家，其内部控制评级情况如下：A 级上市公司 3 家，占比 1. 66%；BBB 级上市公司 7 家，占比 3. 87%；BB 级上市公司 47 家，占比 25. 97%；B 级上市公司 94 家，占比 51. 93%；C 级上市公司 24 家，占比 13. 26%；

D级上市公司6家，占比3.31%。广东辖区上市公司2014年度内部控制评级整体分布情况如图5－7所示。

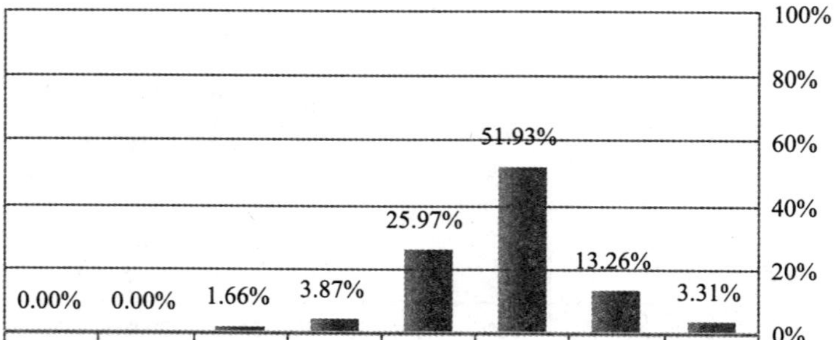

	AAA	AA	A	BBB	BB	B	C	D
数量	0	0	3	7	47	94	24	6
■ 占比	0.00%	0.00%	1.66%	3.87%	25.97%	51.93%	13.26%	3.31%

图5－7　广东辖区上市公司内部控制评级分布情况

数据来源：DIB迪博内部控制与风险管理数据库 www. ic－erm. com

在181家广东辖区上市公司中，内部控制水平排名前五的依次为：海信科龙（000921）、格力电器（000651）、美的集团（000333）、保利地产（600048）、TCL集团（000100），其内部控制评级情况如表5－7所示。

表5－7　　广东辖区内部控制前五强等级分布情况

辖区排名	证券代码	证券简称	内部控制等级	辖区
1	000921	海信科龙	A	广东辖区
2	000651	格力电器	A	广东辖区
3	000333	美的集团	A	广东辖区
4	600048	保利地产	BBB	广东辖区
5	000100	TCL集团	BBB	广东辖区

数据来源：DIB迪博内部控制与风险管理数据库 www. ic－erm. com

7. 广西辖区

2014 年度，广西辖区纳入内部控制指数范围的上市公司样本总量为 30 家，其内部控制评级情况如下：BB 级上市公司 7 家，占比 23.33%；B 级上市公司 12 家，占比 40.00%；C 级上市公司 7 家，占比 23.33%；D 级上市公司 4 家，占比 13.33%。广西辖区上市公司 2014 年度内部控制评级整体分布情况如图 5－8 所示。

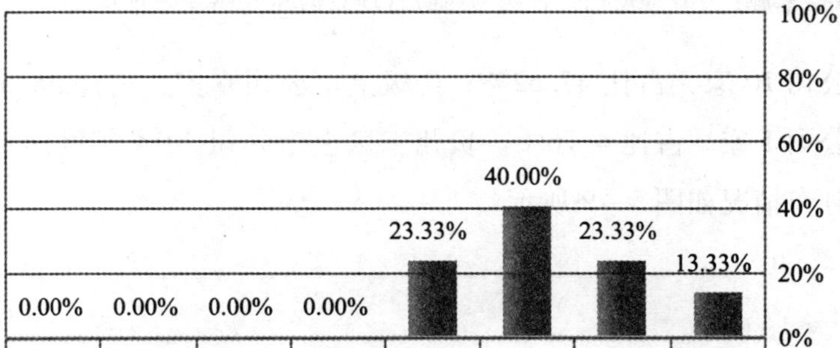

	AAA	AA	A	BBB	BB	B	C	D
数量	0	0	0	0	7	12	7	4
■ 占比	0.00%	0.00%	0.00%	0.00%	23.33%	40.00%	23.33%	13.33%

图 5－8 广西辖区上市公司内部控制评级分布情况

数据来源：DIB 迪博内部控制与风险管理数据库 www.ic－erm.com

在 30 家广西辖区上市公司中，内部控制水平排名前五的依次为：广陆数测（002175）、桂冠电力（600236）、八菱科技（002592）、皇氏集团（002329）、桂林旅游（000978），其内部控制评级情况如表 5－8 所示。

8. 贵州辖区

2014 年度，贵州辖区纳入内部控制指数范围的上市公司样本总量为 21 家，其内部控制评级情况如下：BB 级上市公司 4 家，占比 19.05%；B 级

表 5 -8　　广西辖区内部控制前五强等级分布情况

辖区排名	证券代码	证券简称	内部控制等级	辖区
1	002175	广陆数测	BB	广西辖区
2	600236	桂冠电力	BB	广西辖区
3	002592	八菱科技	BB	广西辖区
4	002329	皇氏集团	BB	广西辖区
5	000978	桂林旅游	BB	广西辖区

数据来源：DIB 迪博内部控制与风险管理数据库 www. ic - erm. com

上市公司 10 家，占比 47. 62%；C 级上市公司 6 家，占比 28. 57%；D 级上市公司 1 家，占比 4. 76%。贵州辖区上市公司 2014 年度内部控制评级整体分布情况如图 5 -9 所示。

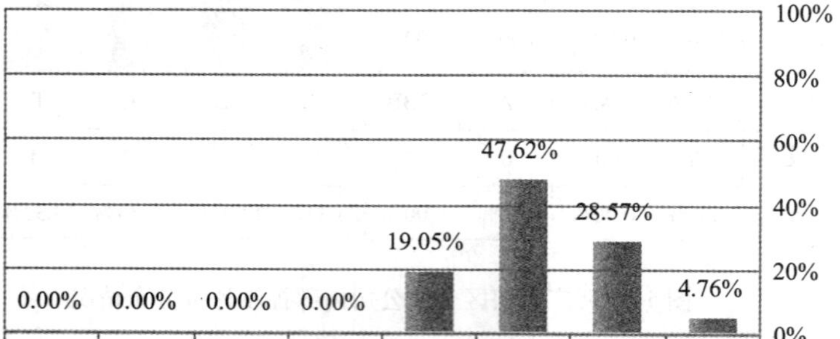

	AAA	AA	A	BBB	BB	B	C	D
数量	0	0	0	0	4	10	6	1
■ 占比	0.00%	0.00%	0.00%	0.00%	19.05%	47.62%	28.57%	4.76%

图 5 -9　贵州辖区上市公司内部控制评级分布情况

数据来源：DIB 迪博内部控制与风险管理数据库 www. ic - erm. com

在 21 家贵州辖区上市公司中，内部控制水平排名前五的依次为：贵州百灵（002424）、贵州茅台（600519）、振华科技（000733）、航天电器（002025）、黔源电力（002039），其内部控制评级情况如表 5 -9 所示。

表5-9　　贵州辖区内部控制前五强等级分布情况

辖区排名	证券代码	证券简称	内部控制等级	辖区
1	002424	贵州百灵	BB	贵州辖区
2	600519	贵州茅台	BB	贵州辖区
3	000733	振华科技	BB	贵州辖区
4	002025	航天电器	BB	贵州辖区
5	002039	黔源电力	B	贵州辖区

数据来源：DIB迪博内部控制与风险管理数据库 www. ic - erm. com

9. 海南辖区

2014年度，海南辖区纳入内部控制指数范围的上市公司样本总量为26家，其内部控制评级情况如下：BBB级上市公司2家，占比7.69%；BB级上市公司4家，占比15.38%；B级上市公司10家，占比38.46%；C级上市公司8家，占比30.77%；D级上市公司2家，占比7.69%。海南辖区上市公司2014年度内部控制评级整体分布情况如图5-10所示。

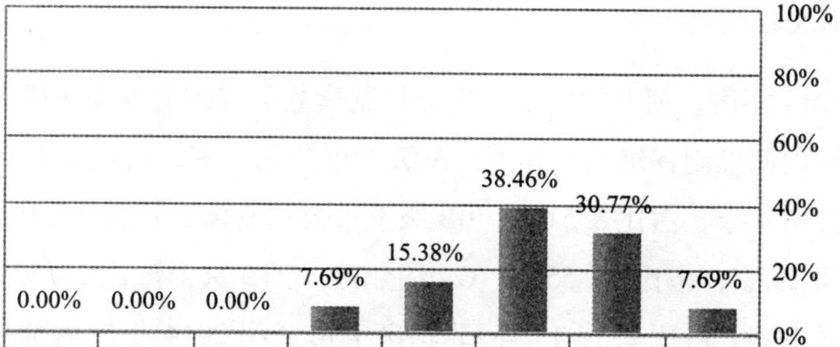

	AAA	AA	A	BBB	BB	B	C	D
数量	0	0	0	2	4	10	8	2
占比	0.00%	0.00%	0.00%	7.69%	15.38%	38.46%	30.77%	7.69%

图5-10　海南辖区上市公司内部控制评级分布情况

数据来源：DIB迪博内部控制与风险管理数据库 www. ic - erm. com

在26家海南辖区上市公司中，内部控制水平排名前五的依次为：海南航空（600221）、华闻传媒（000793）、双成药业（002693）、大东海A（000613）、海南瑞泽（002596），其内部控制评级情况如表5－10所示。

表5－10　　海南辖区内部控制前五强等级分布情况

辖区排名	证券代码	证券简称	内部控制等级	辖区
1	600221	海南航空	BBB	海南辖区
2	000793	华闻传媒	BBB	海南辖区
3	002693	双成药业	BB	海南辖区
4	000613	大东海A	BB	海南辖区
5	002596	海南瑞泽	BB	海南辖区

数据来源：DIB迪博内部控制与风险管理数据库 www. ic－erm. com

10. 河北辖区

2014年度，河北辖区纳入内部控制指数范围的上市公司样本总量为47家，其内部控制评级情况如下：A级上市公司1家，占比2. 13%；BBB级上市公司4家，占比8. 51%；BB级上市公司9家，占比19. 15%；B级上市公司20家，占比42. 55%；C级上市公司12家，占比25. 53%；D级上市公司1家，占比2. 13%。河北辖区上市公司2014年度内部控制评级整体分布情况如图5－11所示。

在47家河北辖区上市公司中，内部控制水平排名前五的依次为：长城汽车（601633）、开滦股份（600997）、华夏幸福（600340）、新兴铸管（000778）、河北钢铁（000709），其内部控制评级情况如表5－11所示。

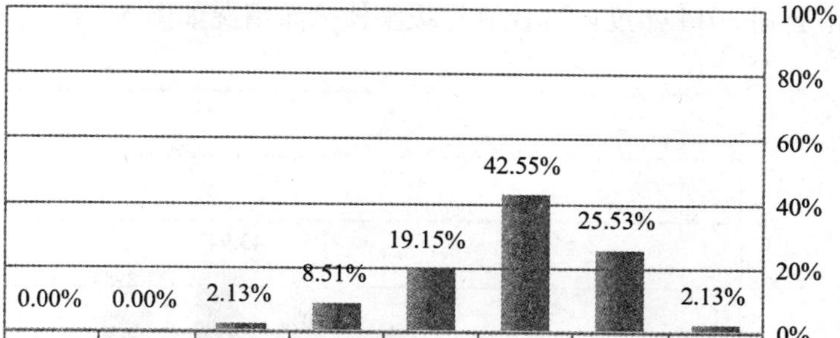

	AAA	AA	A	BBB	BB	B	C	D
数量	0	0	1	4	9	20	12	1
占比	0.00%	0.00%	2.13%	8.51%	19.15%	42.55%	25.53%	2.13%

图 5－11　河北辖区上市公司内部控制评级分布情况

数据来源：DIB 迪博内部控制与风险管理数据库 www. ic－erm. com

表 5－11　　　　河北辖区内部控制前五强等级分布情况

辖区排名	证券代码	证券简称	内部控制等级	辖区
1	601633	长城汽车	A	河北辖区
2	600997	开滦股份	BBB	河北辖区
3	600340	华夏幸福	BBB	河北辖区
4	000778	新兴铸管	BBB	河北辖区
5	000709	河北钢铁	BBB	河北辖区

数据来源：DIB 迪博内部控制与风险管理数据库 www. ic－erm. com

11. 河南辖区

2014 年度，河南辖区纳入内部控制指数范围的上市公司样本总量为 66 家，其内部控制评级情况如下：AA 级上市公司 1 家，占比 1.52%；BB 级上市公司 13 家，占比 19.70%；B 级上市公司 29 家，占比 43.94%；C 级上市公司 21 家，占比 31.82%；D 级上市公司 2 家，占比 3.03%。河南辖区上市公司 2014 年度内部控制评级整体分布情况如图 5－12 所示。

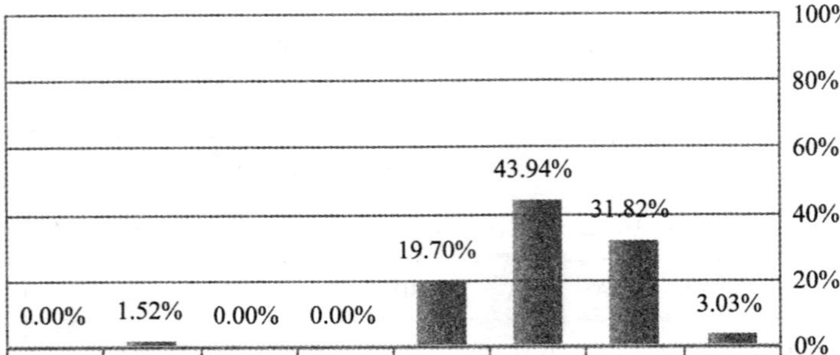

	AAA	AA	A	BBB	BB	B	C	D
数量	0	1	0	0	13	29	21	2
占比	0.00%	1.52%	0.00%	0.00%	19.70%	43.94%	31.82%	3.03%

图 5－12　河南辖区上市公司内部控制评级分布情况

数据来源：DIB 迪博内部控制与风险管理数据库 www. ic－erm. com

在 66 家河南辖区上市公司中，内部控制水平排名前五的依次为：双汇发展（000895）、利达光电（002189）、安阳钢铁（600569）、濮耐股份（002225）、新开源（300109），其内部控制评级情况如表 5－12 所示。

表 5－12　　河南辖区内部控制前五强等级分布情况

辖区排名	证券代码	证券简称	内部控制等级	辖区
1	000895	双汇发展	AA	河南辖区
2	002189	利达光电	BB	河南辖区
3	600569	安阳钢铁	BB	河南辖区
4	002225	濮耐股份	BB	河南辖区
5	300109	新开源	BB	河南辖区

数据来源：DIB 迪博内部控制与风险管理数据库 www. ic－erm. com

12. 黑龙江辖区

2014 年度，黑龙江辖区纳入内部控制指数范围的上市公司样本总量为 31 家，其内部控制评级情况如下：BB 级上市公司 5 家，占比 16.13%；B 级上市公司 14 家，占比 45.16%；C 级上市公司 11 家，占比 35.48%；D 级上市公司 1 家，占比 3.23%。黑龙江辖区上市公司 2014 年度内部控制评级整体分布情况如图 5-13 所示。

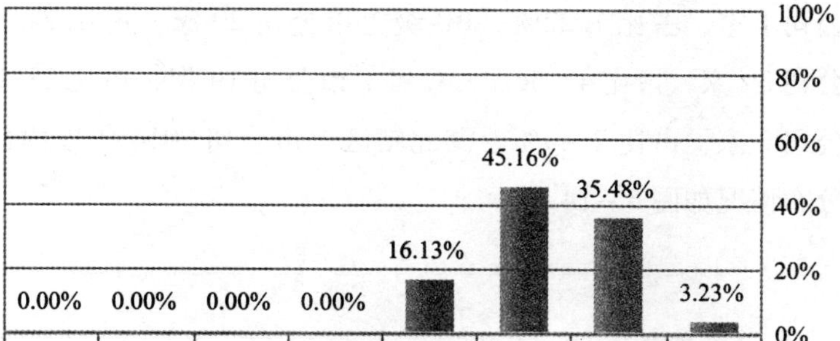

	AAA	AA	A	BBB	BB	B	C	D
数量	0	0	0	0	5	14	11	1
■ 占比	0.00%	0.00%	0.00%	0.00%	16.13%	45.16%	35.48%	3.23%

图 5-13　黑龙江辖区上市公司内部控制评级分布情况

数据来源：DIB 迪博内部控制与风险管理数据库 www.ic-erm.com

在 31 家黑龙江辖区上市公司中，内部控制水平排名前五的依次为：中直股份（600038）、金叶珠宝（000587）、恒丰纸业（600356）、国中水务（600187）、大庆华科（000985），其内部控制评级情况如表 5-13 所示。

13. 湖北辖区

2014 年度，湖北辖区纳入内部控制指数范围的上市公司样本总量为 82 家，其内部控制评级情况如下：A 级上市公司 1 家，占比 1.22%；BBB 级

表 5－13　　黑龙江辖区内部控制前五强等级分布情况

辖区排名	证券代码	证券简称	内部控制等级	辖区
1	600038	中直股份	BB	黑龙江辖区
2	000587	金叶珠宝	BB	黑龙江辖区
3	600356	恒丰纸业	BB	黑龙江辖区
4	600187	国中水务	BB	黑龙江辖区
5	000985	大庆华科	BB	黑龙江辖区

数据来源：DIB 迪博内部控制与风险管理数据库 www. ic－erm. com

上市公司 1 家，占比 1. 22%；BB 级上市公司 20 家，占比 24. 39%；B 级上市公司 39 家，占比 47. 56%；C 级上市公司 19 家，占比 23. 17%；D 级上市公司 2 家，占比 2. 44%。湖北辖区上市公司 2014 年度内部控制评级整体分布情况如图 5－14 所示。

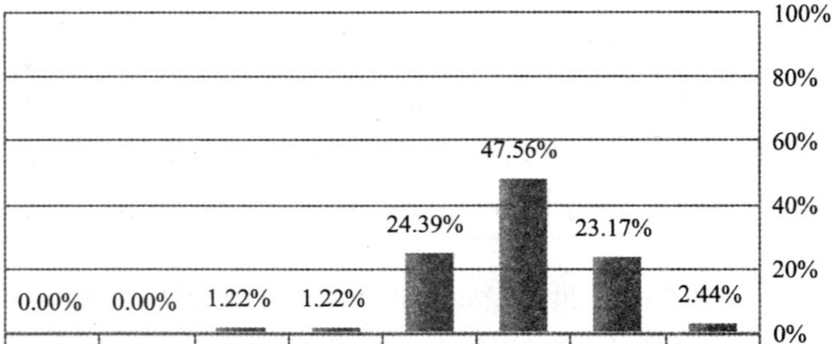

	AAA	AA	A	BBB	BB	B	C	D
数量	0	0	1	1	20	39	19	2
占比	0.00%	0.00%	1.22%	1.22%	24.39%	47.56%	23.17%	2.44%

图 5－14　湖北辖区上市公司内部控制评级分布情况

数据来源：DIB 迪博内部控制与风险管理数据库 www. ic－erm. com

在 82 家湖北辖区上市公司中，内部控制水平排名前五的依次为：武钢股份（600005）、葛洲坝（600068）、华昌达（300278）、九州通（600998）、台基股份（300046），其内部控制评级情况如表 5－14 所示。

表 5－14　　湖北辖区内部控制前五强等级分布情况

辖区排名	证券代码	证券简称	内部控制等级	辖区
1	600005	武钢股份	A	湖北辖区
2	600068	葛洲坝	BBB	湖北辖区
3	300278	华昌达	BB	湖北辖区
4	600998	九州通	BB	湖北辖区
5	300046	台基股份	BB	湖北辖区

数据来源：DIB 迪博内部控制与风险管理数据库 www. ic－erm. com

14. 湖南辖区

2014 年度，湖南辖区纳入内部控制指数范围的上市公司样本总量为 71 家，其内部控制评级情况如下：BBB 级上市公司 3 家，占比 4. 23%；BB 级上市公司 11 家，占比 15. 49%；B 级上市公司 39 家，占比 54. 93%；C 级上市公司 15 家，占比 21. 13%；D 级上市公司 3 家，占比 4. 23%。辖区上市公司 2014 年度内部控制评级整体分布情况如图 5－15 所示。

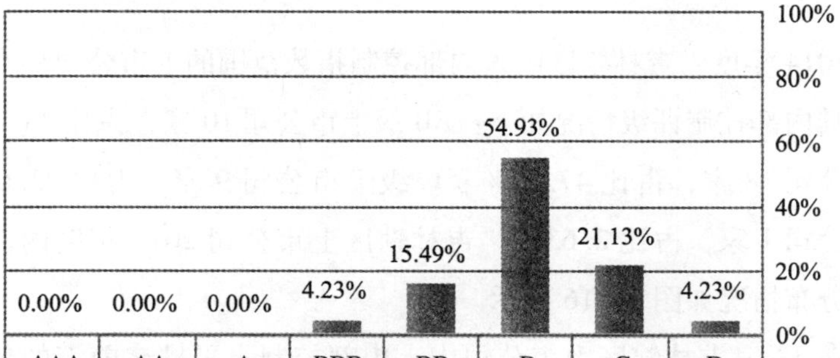

	AAA	AA	A	BBB	BB	B	C	D
数量	0	0	0	3	11	39	15	3
■ 占比	0.00%	0.00%	0.00%	4.23%	15.49%	54.93%	21.13%	4.23%

图 5－15　湖南辖区上市公司内部控制评级分布情况

数据来源：DIB 迪博内部控制与风险管理数据库 www. ic－erm. com

在71家湖南辖区上市公司中，内部控制水平排名前五的依次为：华菱钢铁（000932）、湘电股份（600416）、爱尔眼科（300015）、金杯电工（002533）、克明面业（002661），其内部控制评级情况如表5－15所示。

表5－15　　湖南辖区内部控制前五强等级分布情况

辖区排名	证券代码	证券简称	内部控制等级	辖区
1	000932	华菱钢铁	BBB	湖南辖区
2	600416	湘电股份	BBB	湖南辖区
3	300015	爱尔眼科	BBB	湖南辖区
4	002533	金杯电工	BB	湖南辖区
5	002661	克明面业	BB	湖南辖区

数据来源：DIB迪博内部控制与风险管理数据库 www.ic－erm.com

15. 吉林辖区

2014年度，吉林辖区纳入内部控制指数范围的上市公司样本总量为38家，其内部控制评级情况如下：BB级上市公司10家，占比26.32%；B级上市公司18家，占比47.37%；C级上市公司9家，占比23.68%；D级上市公司1家，占比2.63%。吉林辖区上市公司2014年度内部控制评级整体分布情况如图5－16所示。

在38家吉林辖区上市公司中，内部控制水平排名前五的依次为：中钢国际（000928）、苏宁环球（000718）、欧亚集团（600697）、双龙股份（300108）、启明信息（002232），其内部控制评级情况如表5－16所示。

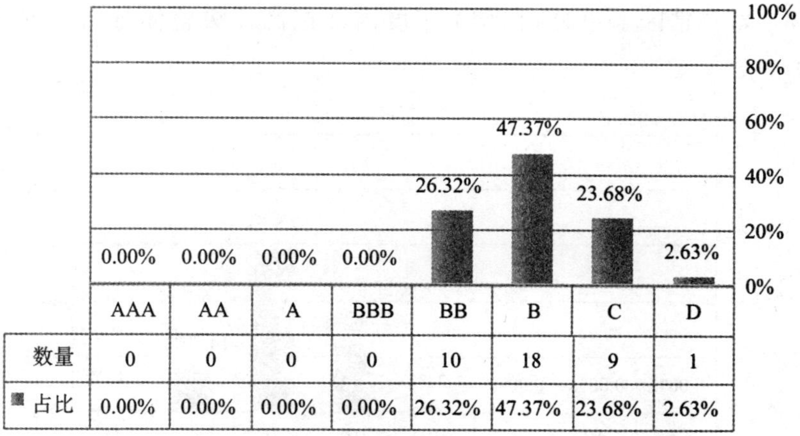

图 5－16　吉林辖区上市公司内部控制评级分布情况

数据来源：DIB 迪博内部控制与风险管理数据库 www. ic－erm. com

表 5－16　　　　吉林辖区内部控制前五强等级分布情况

辖区排名	证券代码	证券简称	内部控制等级	辖区
1	000928	中钢国际	BB	吉林辖区
2	000718	苏宁环球	BB	吉林辖区
3	600697	欧亚集团	BB	吉林辖区
4	300108	双龙股份	BB	吉林辖区
5	002232	启明信息	BB	吉林辖区

数据来源：DIB 迪博内部控制与风险管理数据库 www. ic－erm. com

16. 江苏辖区

2014 年度，江苏辖区纳入内部控制指数范围的上市公司样本总量为 235 家，其内部控制评级情况如下：BBB 级上市公司 3 家，占比 1. 28%；BB 级上市公司 56 家，占比 23. 83%；B 级上市公司 136 家，占比 57. 87%；C 级上市公司 35 家，占比 14. 89%；D 级上市公司 5 家，占比

2.13%。江苏辖区上市公司 2014 年度内部控制评级整体分布情况如图 5－17所示。

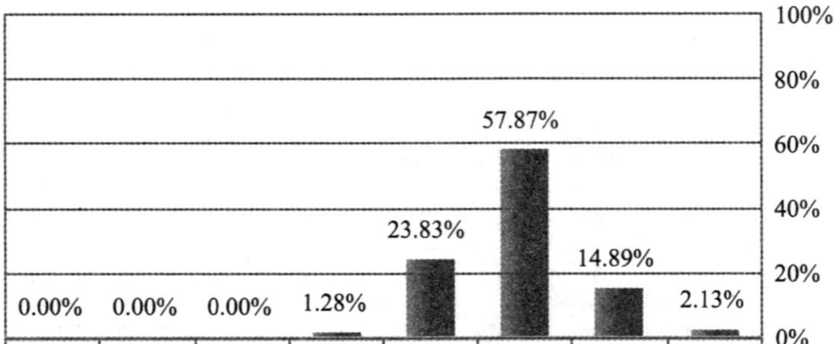

	AAA	AA	A	BBB	BB	B	C	D
数量	0	0	0	3	56	136	35	5
■ 占比	0.00%	0.00%	0.00%	1.28%	23.83%	57.87%	14.89%	2.13%

图 5－17　江苏辖区上市公司内部控制评级分布情况

数据来源：DIB 迪博内部控制与风险管理数据库 www.ic－erm.com

在 235 家江苏辖区上市公司中，内部控制水平排名前五的依次为：如意集团（000626）、通润装备（002150）、宁沪高速（600377）、江苏旷达（002516）、创元科技（000551），其内部控制评级情况如表 5－17 所示。

表 5－17　　江苏辖区内部控制前五强等级分布情况

辖区排名	证券代码	证券简称	内部控制等级	辖区
1	000626	如意集团	BBB	江苏辖区
2	002150	通润装备	BBB	江苏辖区
3	600377	宁沪高速	BBB	江苏辖区
4	002516	江苏旷达	BB	江苏辖区
5	000551	创元科技	BB	江苏辖区

数据来源：DIB 迪博内部控制与风险管理数据库 www.ic－erm.com

17. 江西辖区

2014 年度，江西辖区纳入内部控制指数范围的上市公司样本总量为 32 家，其内部控制评级情况如下：BBB 级上市公司 1 家，占比 3.13%；BB 级上市公司 5 家，占比 15.63%；B 级上市公司 17 家，占比 53.13%；C 级上市公司 8 家，占比 25.00%；D 级上市公司 1 家，占比 3.13%。江西辖区上市公司 2014 年度内部控制评级整体分布情况如图 5－18 所示。

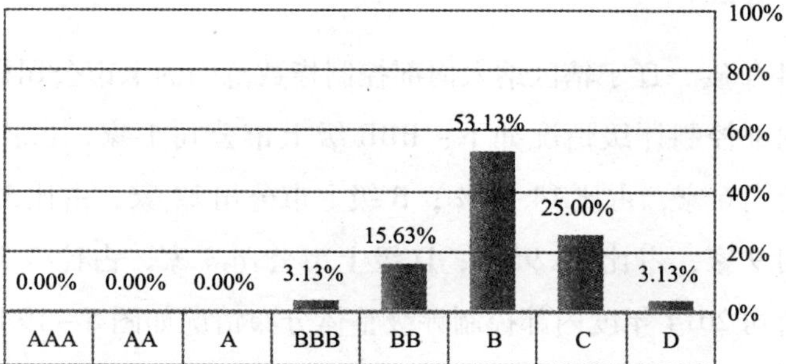

	AAA	AA	A	BBB	BB	B	C	D
数量	0	0	0	1	5	17	8	1
占比	0.00%	0.00%	0.00%	3.13%	15.63%	53.13%	25.00%	3.13%

图 5－18　江西辖区上市公司内部控制评级分布情况

数据来源：DIB 迪博内部控制与风险管理数据库 www.ic－erm.com

在 32 家江西辖区上市公司中，内部控制水平排名前五的依次为：江西铜业（600362）、博雅生物（300294）、新钢股份（600782）、江铃汽车（000550）、华伍股份（300095），其内部控制评级情况如表 5－18 所示。

表 5－18　　　　江西辖区内部控制前五强等级分布情况

辖区排名	证券代码	证券简称	内部控制等级	辖区
1	600362	江西铜业	BBB	江西辖区
2	300294	博雅生物	BB	江西辖区

续表

辖区排名	证券代码	证券简称	内部控制等级	辖区
3	600782	新钢股份	BB	江西辖区
4	000550	江铃汽车	BB	江西辖区
5	300095	华伍股份	BB	江西辖区

数据来源：DIB 迪博内部控制与风险管理数据库 www. ic - erm. com

18. 辽宁辖区

2014 年度，辽宁辖区纳入内部控制指数范围的上市公司样本总量为 41 家，其内部控制评级情况如下：BBB 级上市公司 1 家，占比 2. 44%；BB 级上市公司 6 家，占比 14. 63%；B 级上市公司 22 家，占比 53. 66%；C 级上市公司 9 家，占比 21. 95%；D 级上市公司 3 家，占比 7. 32%。辽宁辖区上市公司 2014 年度内部控制评级整体分布情况如图 5 - 19 所示。

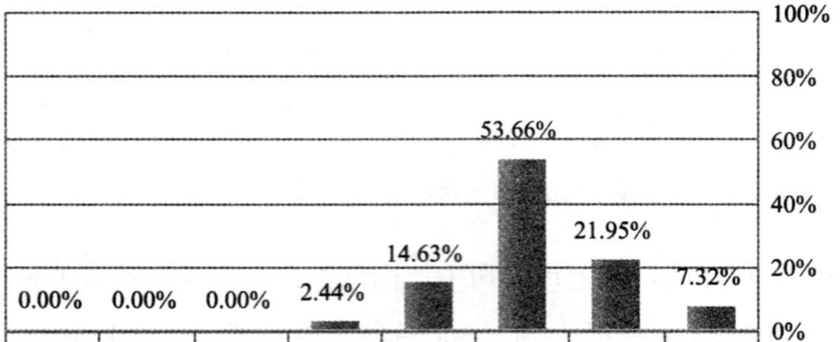

	AAA	AA	A	BBB	BB	B	C	D
数量	0	0	0	1	6	22	9	3
■ 占比	0.00%	0.00%	0.00%	2.44%	14.63%	53.66%	21.95%	7.32%

图 5 - 19　辽宁辖区上市公司内部控制评级分布情况

数据来源：DIB 迪博内部控制与风险管理数据库 www. ic - erm. com

在41家辽宁辖区上市公司中，内部控制水平排名前五的依次为：沈阳化工（000698）、本钢板材（000761）、博林特（002689）、锌业股份（000751）、大金重工（002487），其内部控制评级情况如表5－19所示。

表5－19　　辽宁辖区内部控制前五强等级分布情况

辖区排名	证券代码	证券简称	内部控制等级	辖区
1	000698	沈阳化工	BBB	辽宁辖区
2	000761	本钢板材	BB	辽宁辖区
3	002689	博林特	BB	辽宁辖区
4	000751	锌业股份	BB	辽宁辖区
5	002487	大金重工	BB	辽宁辖区

数据来源：DIB迪博内部控制与风险管理数据库 www. ic－erm. com

19. 内蒙古辖区

2014年度，内蒙古辖区纳入内部控制指数范围的上市公司样本总量为24家，其内部控制评级情况如下：A级上市公司1家，占比4. 17%；BBB级上市公司1家，占比4. 17%；BB级上市公司3家，占比12. 50%；B级上市公司9家，占比37. 50%；C级上市公司8家，占比33. 33%；D级上市公司2家，占比8. 33%。内蒙古辖区上市公司2014年度内部控制评级整体分布情况如图5－20所示。

在24家内蒙古辖区上市公司中，内部控制水平排名前五的依次为：伊利股份（600887）、内蒙君正（601216）、内蒙华电（600863）、福瑞股份（300049）、露天煤业（002128），其内部控制评级情况如表5－20所示。

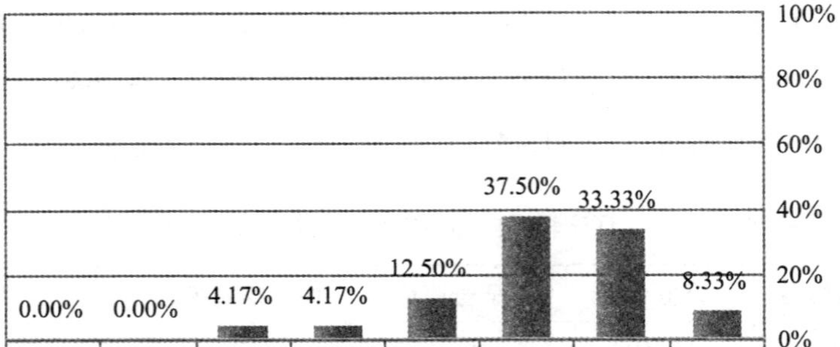

	AAA	AA	A	BBB	BB	B	C	D
数量	0	0	1	1	3	9	8	2
■ 占比	0.00%	0.00%	4.17%	4.17%	12.50%	37.50%	33.33%	8.33%

图 5－20　内蒙古辖区上市公司内部控制评级分布情况

数据来源：DIB 迪博内部控制与风险管理数据库 www. ic－erm. com

表 5－20　　　　内蒙古辖区内部控制前五强等级分布情况

辖区排名	证券代码	证券简称	内部控制等级	辖区
1	600887	伊利股份	A	内蒙古辖区
2	601216	内蒙君正	BBB	内蒙古辖区
3	600863	内蒙华电	BB	内蒙古辖区
4	300049	福瑞股份	BB	内蒙古辖区
5	002128	露天煤业	BB	内蒙古辖区

数据来源：DIB 迪博内部控制与风险管理数据库 www. ic－erm. com

20. 宁波辖区

2014 年度，宁波辖区纳入内部控制指数范围的上市公司样本总量为 43 家，其内部控制评级情况如下：BB 级上市公司 5 家，占比 11. 63%；B 级上市公司 27 家，占比 62. 79%；C 级上市公司 10 家，占比 23. 26%；D 级上市公司 1 家，占比 2. 33%。宁波辖区上市公司 2014 年度内部控制评级整体分布情况如图 5 - 21 所示。

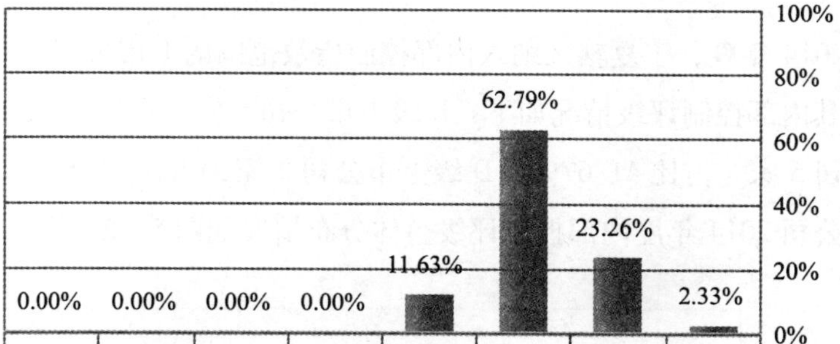

	AAA	AA	A	BBB	BB	B	C	D
数量	0	0	0	0	5	27	10	1
占比	0.00%	0.00%	0.00%	0.00%	11.63%	62.79%	23.26%	2.33%

图 5 - 21　宁波辖区上市公司内部控制评级分布情况

数据来源：DIB 迪博内部控制与风险管理数据库 www. ic - erm. com

在 43 家宁波辖区上市公司中，内部控制水平排名前五的依次为：三星电气（601567）、宁波华翔（002048）、宁波港（601018）、先锋新材（300163）、双林股份（300100），其内部控制评级情况如表 5 - 21 所示。

表 5 - 21　　宁波辖区内部控制前五强等级分布情况

辖区排名	证券代码	证券简称	内部控制等级	辖区
1	601567	三星电气	BB	宁波辖区
2	002048	宁波华翔	BB	宁波辖区
3	601018	宁波港	BB	宁波辖区
4	300163	先锋新材	BB	宁波辖区
5	300100	双林股份	BB	宁波辖区

数据来源：DIB 迪博内部控制与风险管理数据库 www. ic - erm. com

21. 宁夏辖区

2014 年度，宁夏辖区纳入内部控制指数范围的上市公司样本总量为 12 家，其内部控制评级情况如下：B 级上市公司 5 家，占比 41.67%；C 级上市公司 5 家，占比 41.67%；D 级上市公司 2 家，占比 16.67%。宁夏辖区上市公司 2014 年度内部控制评级整体分布情况如图 5－22 所示。

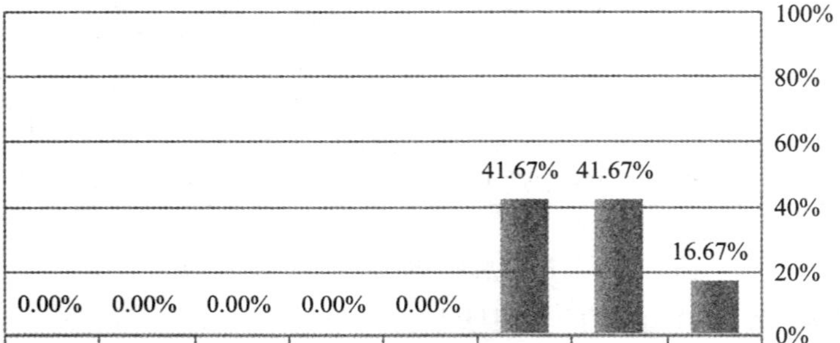

	AAA	AA	A	BBB	BB	B	C	D
数量	0	0	0	0	0	5	5	2
占比	0.00%	0.00%	0.00%	0.00%	0.00%	41.67%	41.67%	16.67%

图 5－22　宁夏辖区上市公司内部控制评级分布情况

数据来源：DIB 迪博内部控制与风险管理数据库 www. ic－erm. com

在 12 家宁夏辖区上市公司中，内部控制水平排名前五的依次为：英力特（000635）、宁夏建材（600449）、银星能源（000862）、宝塔实业（000595）、青龙管业（002457），其内部控制评级情况如表 5－22 所示。

表 5－22　　宁夏辖区内部控制前五强等级分布情况

辖区排名	证券代码	证券简称	内部控制等级	辖区
1	000635	英力特	B	宁夏辖区
2	600449	宁夏建材	B	宁夏辖区

续表

辖区排名	证券代码	证券简称	内部控制等级	辖区
3	000862	银星能源	B	宁夏辖区
4	000595	宝塔实业	B	宁夏辖区
5	002457	青龙管业	B	宁夏辖区

数据来源：DIB 迪博内部控制与风险管理数据库 www. ic - erm. com

22. 青岛辖区

2014 年度，青岛辖区纳入内部控制指数范围的上市公司样本总量为 19 家，其内部控制评级情况如下：A 级上市公司 1 家，占比 5. 26%；BB 级上市公司3 家，占比 15. 79%；B 级上市公司 13 家，占比68. 42%；C 级上市公司 2 家，占比 10. 53%。青岛辖区上市公司 2014 年度内部控制评级整体分布情况如图 5 – 23 所示。

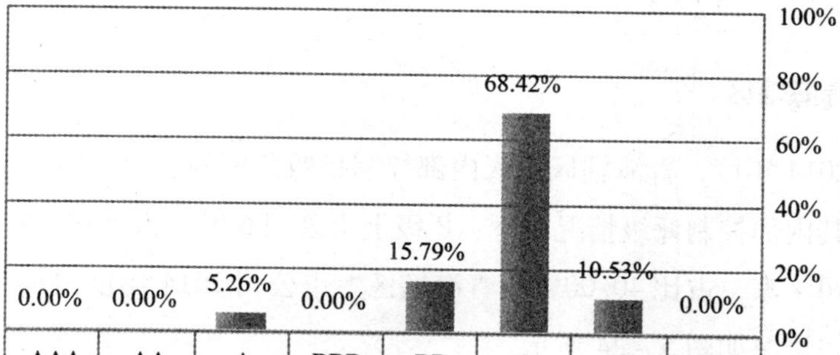

	AAA	AA	A	BBB	BB	B	C	D
数量	0	0	1	0	3	13	2	0
■ 占比	0.00%	0.00%	5.26%	0.00%	15.79%	68.42%	10.53%	0.00%

图 5 – 23　青岛辖区上市公司内部控制评级分布情况

数据来源：DIB 迪博内部控制与风险管理数据库 www. ic – erm. com

在19家青岛辖区上市公司中，内部控制水平排名前五的依次为：青岛海尔（600690）、东软载波（300183）、青岛啤酒（600600）、新华锦（600735）、软控股份（002073），其内部控制评级情况如表5－23所示。

表5－23　辖区内部控制前五强等级分布情况

辖区排名	证券代码	证券简称	内部控制等级	辖区
1	600690	青岛海尔	A	青岛辖区
2	300183	东软载波	BB	青岛辖区
3	600600	青岛啤酒	BB	青岛辖区
4	600735	新华锦	BB	青岛辖区
5	002073	软控股份	B	青岛辖区

数据来源：DIB迪博内部控制与风险管理数据库 www.ic－erm.com

23. 青海辖区

2014年度，青海辖区纳入内部控制指数范围的上市公司样本总量为10家，其内部控制评级情况如下：B级上市公司6家，占比60.00%；C级上市公司4家，占比40.00%。青海辖区上市公司2014年度内部控制评级整体分布情况如图5－24所示。

在10家青海辖区上市公司中，内部控制水平排名前五的依次为：西部矿业（601168）、青青稞酒（002646）、盐湖股份（000792）、青海明胶（000606）、广誉远（600771），其内部控制评级情况如表5－24所示。

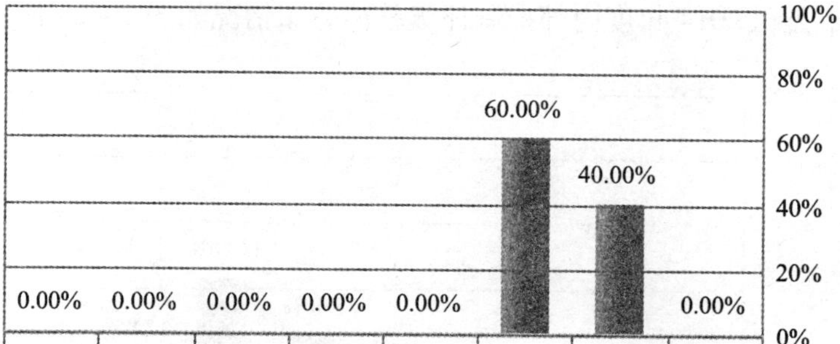

	AAA	AA	A	BBB	BB	B	C	D
数量	0	0	0	0	0	6	4	0
占比	0.00%	0.00%	0.00%	0.00%	0.00%	60.00%	40.00%	0.00%

图 5－24　青海辖区上市公司内部控制评级分布情况

数据来源：DIB 迪博内部控制与风险管理数据库 www. ic－erm. com

表 5－24　辖区内部控制前五强等级分布情况

辖区排名	证券代码	证券简称	内部控制等级	辖区
1	601168	西部矿业	B	青海辖区
2	002646	青青稞酒	B	青海辖区
3	000792	盐湖股份	B	青海辖区
4	000606	青海明胶	B	青海辖区
5	600771	广誉远	B	青海辖区

数据来源：DIB 迪博内部控制与风险管理数据库 www. ic－erm. com

24. 厦门辖区

2014 年度，厦门辖区纳入内部控制指数范围的上市公司样本总量为 28 家，其内部控制评级情况如下：BBB 级上市公司 3 家，占比 10. 71%；BB 级上市公司 7 家，占比 25. 00%；B 级上市公司 12 家，占比 42. 86%；C 级上市公司 5 家，占比 17. 86%；D 级上市公司 1 家，占比 3. 57%。厦门辖区上市公司 2014 年度内部控制评级整体分布情况如图 5－25 所示。

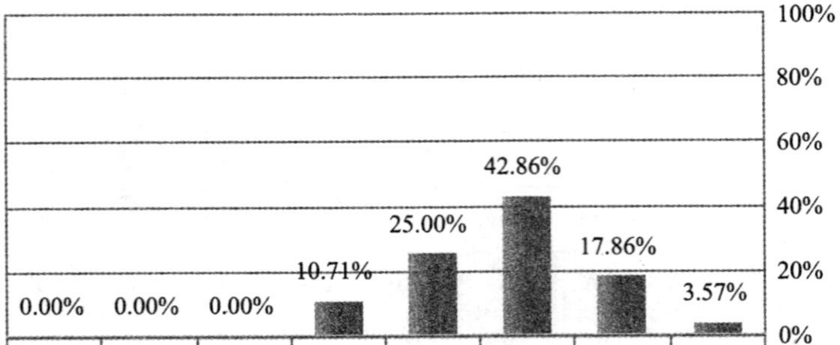

	AAA	AA	A	BBB	BB	B	C	D
数量	0	0	0	3	7	12	5	1
占比	0.00%	0.00%	0.00%	10.71%	25.00%	42.86%	17.86%	3.57%

图 5－25　厦门辖区上市公司内部控制评级分布情况

数据来源：DIB 迪博内部控制与风险管理数据库 www. ic－erm. com

在 28 家厦门辖区上市公司中，内部控制水平排名前五的依次为：建发股份（600153）、厦门国贸（600755）、象屿股份（600057）、三维丝（300056）、美亚柏科（300188），其内部控制评级情况如表 5－25 所示。

表 5－25　　厦门辖区内部控制前五强等级分布情况

辖区排名	证券代码	证券简称	内部控制等级	辖区
1	600153	建发股份	BBB	厦门辖区
2	600755	厦门国贸	BBB	厦门辖区
3	600057	象屿股份	BBB	厦门辖区
4	300056	三维丝	BB	厦门辖区
5	300188	美亚柏科	BB	厦门辖区

数据来源：DIB 迪博内部控制与风险管理数据库 www. ic－erm. com

25. 山东辖区

2014 年度，山东辖区纳入内部控制指数范围的上市公司样本总量为 131 家，其内部控制评级情况如下：A 级上市公司 1 家，占比 0.76%；BBB 级上市公司 4 家，占比 3.05%；BB 级上市公司 39 家，占比 29.77%；B 级上市公司 61 家，占比 46.56%；C 级上市公司 24 家，占比 18.32%；D 级上市公司 2 家，占比 1.53%。山东辖区上市公司 2014 年度内部控制评级整体分布情况如图 5－26 所示。

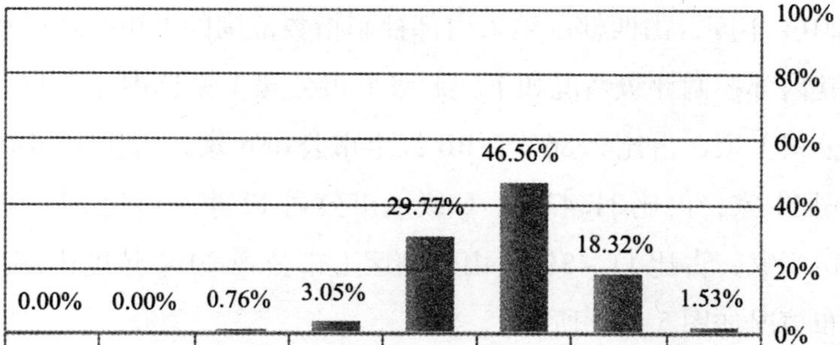

	AAA	AA	A	BBB	BB	B	C	D
数量	0	0	1	4	39	61	24	2
■ 占比	0.00%	0.00%	0.76%	3.05%	29.77%	46.56%	18.32%	1.53%

图 5－26　山东辖区上市公司内部控制评级分布情况

数据来源：DIB 迪博内部控制与风险管理数据库 www.ic－erm.com

在 131 家山东辖区上市公司中，内部控制水平排名前五的依次为：山东黄金（600547）、鲁银投资（600784）、太阳纸业（002078）、华电国际（600027）、瑞茂通（600180），其内部控制评级情况如表 5－26所示。

表 5－26　　山东辖区内部控制前五强等级分布情况

辖区排名	证券代码	证券简称	内部控制等级	辖区
1	600547	山东黄金	A	山东辖区
2	600784	鲁银投资	BBB	山东辖区
3	002078	太阳纸业	BBB	山东辖区
4	600027	华电国际	BBB	山东辖区
5	600180	瑞茂通	BBB	山东辖区

数据来源：DIB 迪博内部控制与风险管理数据库 www. ic－erm. com

26. 山西辖区

2014 年度，山西辖区纳入内部控制指数范围的上市公司样本总量为 35 家，其内部控制评级情况如下：A 级上市公司 1 家，占比 2. 86%；BBB 级上市公司 1 家，占比 2. 86%；BB 级上市公司 6 家，占比 17. 14%；B 级上市公司 11 家，占比 31. 43%；C 级上市公司 12 家，占比 34. 29%；D 级上市公司 4 家，占比 11. 43%。山西辖区上市公司 2014 年度内部控制评级整体分布情况如图 5－27 所示。

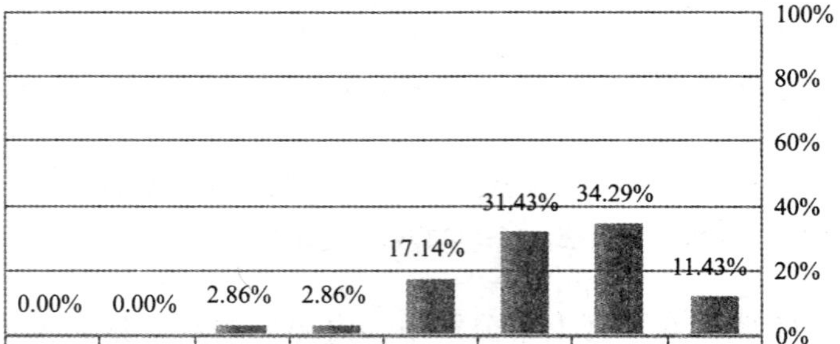

	AAA	AA	A	BBB	BB	B	C	D
数量	0	0	1	1	6	11	12	4
占比	0.00%	0.00%	2.86%	2.86%	17.14%	31.43%	34.29%	11.43%

图 5－27　山西辖区上市公司内部控制评级分布情况

数据来源：DIB 迪博内部控制与风险管理数据库 www. ic－erm. com

在35家山西辖区上市公司中，内部控制水平排名前五的依次为：大秦铁路（601006）、太钢不锈（000825）、仟源医药（300254）、同德化工（002360）、山西证券（002500），其内部控制评级情况如表5－27所示。

表5－27 山西辖区内部控制前五强等级分布情况

辖区排名	证券代码	证券简称	内部控制等级	辖区
1	601006	大秦铁路	A	山西辖区
2	000825	太钢不锈	BBB	山西辖区
3	300254	仟源医药	BB	山西辖区
4	002360	同德化工	BB	山西辖区
5	002500	山西证券	BB	山西辖区

数据来源：DIB迪博内部控制与风险管理数据库 www. ic－erm. com

27. 陕西辖区

2014年度，陕西辖区纳入内部控制指数范围的上市公司样本总量为39家，其内部控制评级情况如下：BB级上市公司7家，占比17.95%；B级上市公司23家，占比58.97%；C级上市公司6家，占比15.38%；D级上市公司3家，占比7.69%。陕西辖区上市公司2014年度内部控制评级整体分布情况如图5－28所示。

在39家陕西辖区上市公司中，内部控制水平排名前五的依次为：国际医学（000516）、易食股份（000796）、宝光股份（600379）、启源装备（300140）、中航动力（600893），其内部控制评级情况如表5－28所示。

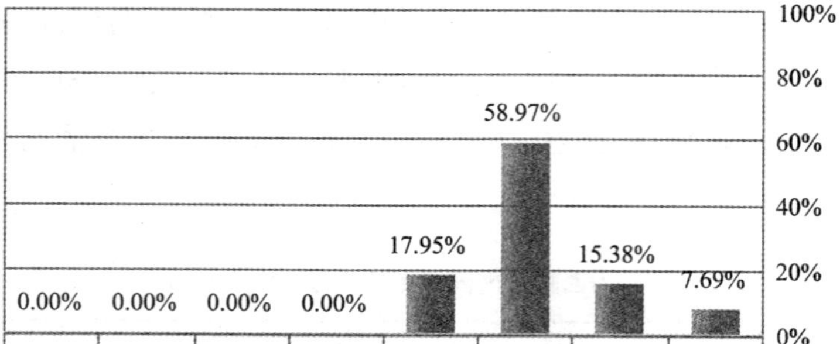

	AAA	AA	A	BBB	BB	B	C	D
数量	0	0	0	0	7	23	6	3
■ 占比	0.00%	0.00%	0.00%	0.00%	17.95%	58.97%	15.38%	7.69%

图 5－28　陕西辖区上市公司内部控制评级分布情况

数据来源：DIB 迪博内部控制与风险管理数据库 www. ic－erm. com

表 5－28　　陕西辖区内部控制前五强等级分布情况

辖区排名	证券代码	证券简称	内部控制等级	辖区
1	000516	国际医学	BB	陕西辖区
2	000796	易食股份	BB	陕西辖区
3	600379	宝光股份	BB	陕西辖区
4	300140	启源装备	BB	陕西辖区
5	600893	中航动力	BB	陕西辖区

数据来源：DIB 迪博内部控制与风险管理数据库 www. ic－erm. com

28. 上海辖区

2014 年度，上海辖区纳入内部控制指数范围的上市公司样本总量为 195 家，其内部控制评级情况如下：AA 级上市公司 1 家，占比 0. 51%；A 级上市公司 5 家，占比 2. 56%；BBB 级上市公司 10 家，占比 5. 13%；BB 级上市公司 42 家，占比 21. 54%；B 级上市公司 94 家，占比 48. 21%；C

级上市公司36家，占比18.46%；D级上市公司7家，占比3.59%。上海辖区上市公司2014年度内部控制评级整体分布情况如图5-29所示。

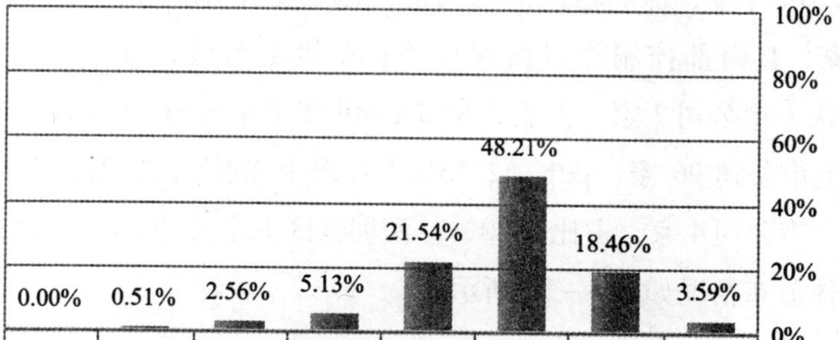

	AAA	AA	A	BBB	BB	B	C	D
数量	0	1	5	10	42	94	36	7
■ 占比	0.00%	0.51%	2.56%	5.13%	21.54%	48.21%	18.46%	3.59%

图5-29 上海辖区上市公司内部控制评级分布情况

数据来源：DIB迪博内部控制与风险管理数据库 www.ic-erm.com

在195家上海辖区上市公司中，内部控制水平排名前五的依次为：华域汽车（600741）、东方航空（600115）、上海机电（600835）、上海建工（600170）、上港集团（600018），其内部控制评级情况如表5-29所示。

表5-29　　上海辖区内部控制前五强等级分布情况

辖区排名	证券代码	证券简称	内部控制等级	辖区
1	600741	华域汽车	AA	上海辖区
2	600115	东方航空	A	上海辖区
3	600835	上海机电	A	上海辖区
4	600170	上海建工	A	上海辖区
5	600018	上港集团	A	上海辖区

数据来源：DIB迪博内部控制与风险管理数据库 www.ic-erm.com

29. 深圳辖区

2014 年度，深圳辖区纳入内部控制指数范围的上市公司样本总量为 182 家，其内部控制评级情况如下：A 级上市公司 3 家，占比 1.65%；BBB 级上市公司 7 家，占比 3.85%；BB 级上市公司 43 家，占比 23.63%；B 级上市公司 96 家，占比 52.75%；C 级上市公司 29 家，占比 15.93%；D 级上市公司 4 家，占比 2.20%。深圳辖区上市公司 2014 年度内部控制评级整体分布情况如图 5－30 所示。

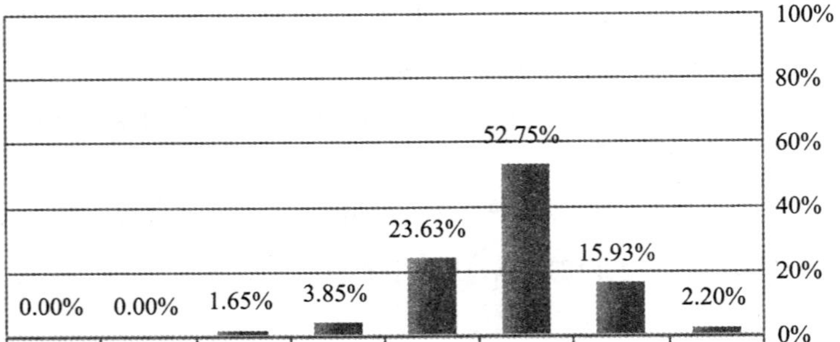

	AAA	AA	A	BBB	BB	B	C	D
数量	0	0	3	7	43	96	29	4
■ 占比	0.00%	0.00%	1.65%	3.85%	23.63%	52.75%	15.93%	2.20%

图 5－30　深圳辖区上市公司内部控制评级分布情况

数据来源：DIB 迪博内部控制与风险管理数据库 www.ic－erm.com

在 182 家深圳辖区上市公司中，内部控制水平排名前五的依次为：飞马国际（002210）、中集集团（000039）、中国平安（601318）、中金岭南（000060）、万科 A（000002），其内部控制评级情况如表 5－30 所示。

表 5-30　　深圳辖区内部控制前五强等级分布情况

辖区排名	证券代码	证券简称	内部控制等级	辖区
1	002210	飞马国际	A	深圳辖区
2	000039	中集集团	A	深圳辖区
3	601318	中国平安	A	深圳辖区
4	000060	中金岭南	BBB	深圳辖区
5	000002	万科 A	BBB	深圳辖区

数据来源：DIB 迪博内部控制与风险管理数据库 www. ic - erm. com

30. 四川辖区

2014 年度，四川辖区纳入内部控制指数范围的上市公司样本总量为 89 家，其内部控制评级情况如下：BB 级上市公司 18 家，占比 20. 22%；B 级上市公司 43 家，占比 48. 31%；C 级上市公司 20 家，占比 22. 47%；D 级上市公司 8 家，占比 8. 99%。四川辖区上市公司 2014 年度内部控制评级整体分布情况如图 5-31 所示。

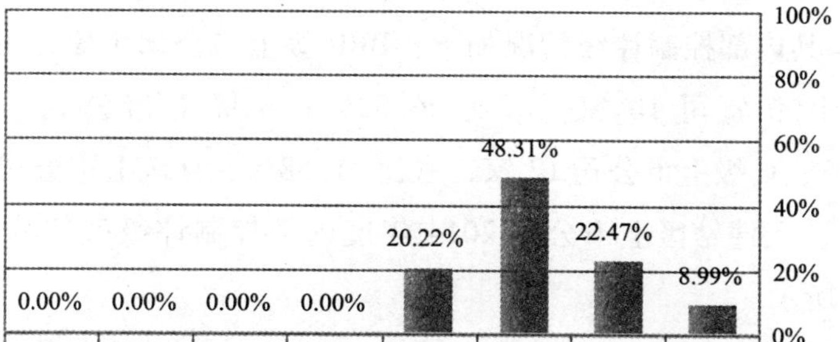

	AAA	AA	A	BBB	BB	B	C	D
数量	0	0	0	0	18	43	20	8
■ 占比	0.00%	0.00%	0.00%	0.00%	20.22%	48.31%	22.47%	8.99%

图 5-31　四川辖区上市公司内部控制评级分布情况

数据来源：DIB 迪博内部控制与风险管理数据库 www. ic - erm. com

在89家四川辖区上市公司中，内部控制水平排名前五的依次为：成飞集成（002190）、天兴仪表（000710）、升达林业（002259）、新希望（000876）、依米康（300249），其内部控制评级情况如表5－31所示。

表5－31　　四川辖区内部控制前五强等级分布情况

辖区排名	证券代码	证券简称	内部控制等级	辖区
1	002190	成飞集成	BB	四川辖区
2	000710	天兴仪表	BB	四川辖区
3	002259	升达林业	BB	四川辖区
4	000876	新希望	BB	四川辖区
5	300249	依米康	BB	四川辖区

数据来源：DIB迪博内部控制与风险管理数据库 www.ic－erm.com

31. 天津辖区

2014年度，天津辖区纳入内部控制指数范围的上市公司样本总量为38家，其内部控制评级情况如下：BBB级上市公司1家，占比2.63%；BB级上市公司10家，占比26.32%；B级上市公司12家，占比31.58%；C级上市公司12家，占比31.58%；D级上市公司3家，占比7.89%。天津辖区上市公司2014年度内部控制评级整体分布情况如图5－32所示。

在38家天津辖区上市公司中，内部控制水平排名前五的依次为：天士力（600535）、中海油服（601808）、海油工程（600583）、国机汽车（600335）、天保基建（000965），其内部控制评级情况如表5－32所示。

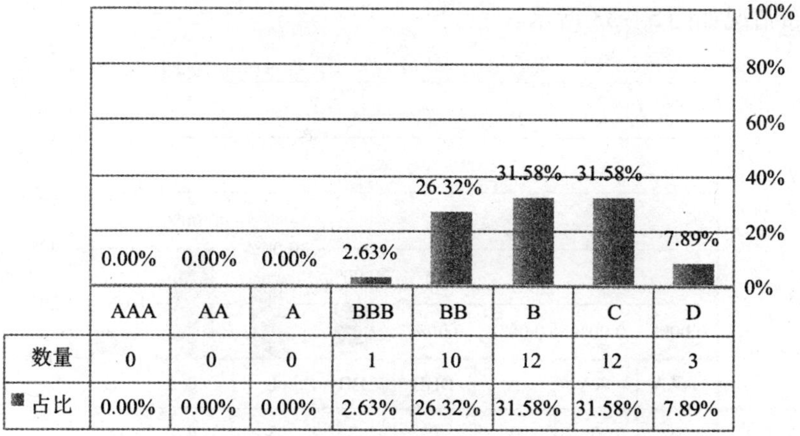

图 5－32 天津辖区上市公司内部控制评级分布情况

数据来源：DIB 迪博内部控制与风险管理数据库 www. ic－erm. com

表 5－32 辖区内部控制前五强等级分布情况

辖区排名	证券代码	证券简称	内部控制等级	辖区
1	600535	天士力	BBB	天津辖区
2	601808	中海油服	BB	天津辖区
3	600583	海油工程	BB	天津辖区
4	600335	国机汽车	BB	天津辖区
5	000965	天保基建	BB	天津辖区

数据来源：DIB 迪博内部控制与风险管理数据库 www. ic－erm. com

32. 西藏辖区

2014 年度，西藏辖区纳入内部控制指数范围的上市公司样本总量为 10 家，其内部控制评级情况如下：BB 级上市公司 2 家，占比 20. 00%；B 级上市公司 3 家，占比 30. 00%；C 级上市公司 4 家，占比 40. 00%；D 级上市公司 1 家，占比 10. 00%。西藏辖区上市公司 2014 年度内部控制评级整体分布情况如图 5－33 所示。

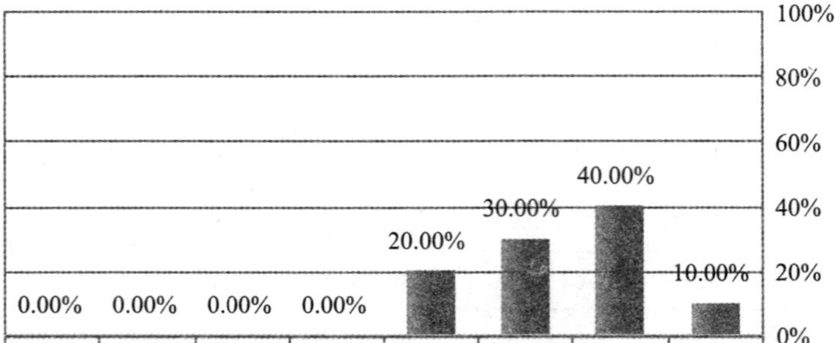

	AAA	AA	A	BBB	BB	B	C	D
数量	0	0	0	0	2	3	4	1
占比	0.00%	0.00%	0.00%	0.00%	20.00%	30.00%	40.00%	10.00%

图 5－33　西藏辖区上市公司内部控制评级分布情况

数据来源：DIB 迪博内部控制与风险管理数据库 www. ic－erm. com

在 10 家西藏辖区上市公司中，内部控制水平排名前五的依次为：海思科（002653）、奇正藏药（002287）、西藏城投（600773）、西藏矿业（000762）、西藏发展（000752），其内部控制评级情况如表 5－33 所示。

表 5－33　　　　西藏辖区内部控制前五强等级分布情况

辖区排名	证券代码	证券简称	内部控制等级	辖区
1	002653	海思科	BB	西藏辖区
2	002287	奇正藏药	BB	西藏辖区
3	600773	西藏城投	B	西藏辖区
4	000762	西藏矿业	B	西藏辖区
5	000752	西藏发展	B	西藏辖区

数据来源：DIB 迪博内部控制与风险管理数据库 www. ic－erm. com

33. 新疆辖区

2014 年度，新疆辖区纳入内部控制指数范围的上市公司样本总量为38 家，其内部控制评级情况如下：BBB 级上市公司 1 家，占比2.63%；BB 级上市公司4 家，占比10.53%；B 级上市公司23 家，占比60.53%；C 级上市公司 9 家，占比23.68%；D 级上市公司 1 家，占比2.63%。新疆辖区上市公司2014 年度内部控制评级整体分布情况如图5－34 所示。

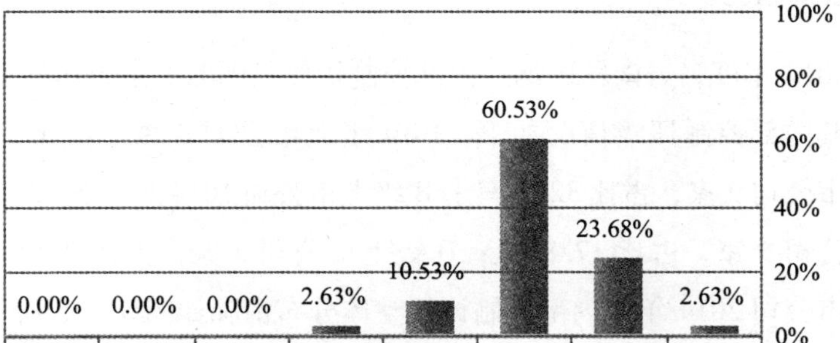

	AAA	AA	A	BBB	BB	B	C	D
数量	0	0	0	1	4	23	9	1
■ 占比	0.00%	0.00%	0.00%	2.63%	10.53%	60.53%	23.68%	2.63%

图5－34　新疆辖区上市公司内部控制评级分布情况

数据来源：DIB 迪博内部控制与风险管理数据库 www. ic－erm. com

在38 家新疆辖区上市公司中，内部控制水平排名前五的依次为：金风科技（002202）、西部建设（002302）、美克家居（600337）、国际实业（000159）、天康生物（002100），其内部控制评级情况如表5－34 所示。

表 5－34　　　　新疆辖区内部控制前五强等级分布情况

辖区排名	证券代码	证券简称	内部控制等级	辖区
1	002202	金风科技	BBB	新疆辖区
2	002302	西部建设	BB	新疆辖区
3	600337	美克家居	BB	新疆辖区
4	000159	国际实业	BB	新疆辖区
5	002100	天康生物	BB	新疆辖区

数据来源：DIB 迪博内部控制与风险管理数据库 www. ic－erm. com

34. 云南辖区

2014 年度，云南辖区纳入内部控制指数范围的上市公司样本总量为 28 家，其内部控制评级情况如下：BBB 级上市公司 2 家，占比 7. 14%；BB 级上市公司 9 家，占比 32. 14%；B 级上市公司 10 家，占比 35. 71%；C 级上市公司 5 家，占比 17. 86%；D 级上市公司 2 家，占比 7. 14%。云南辖区上市公司 2014 年度内部控制评级整体分布情况如图 5－35 所示。

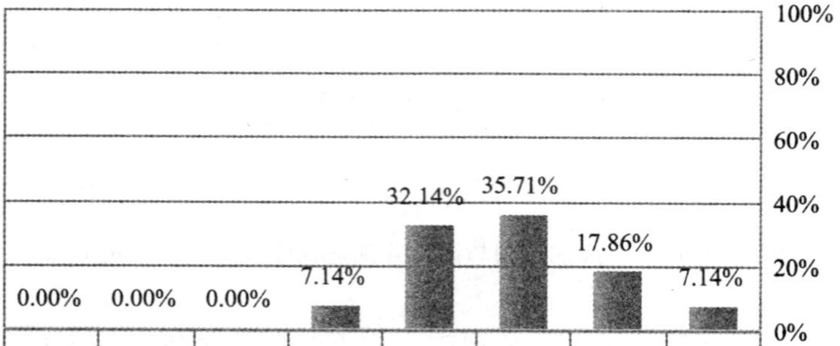

	AAA	AA	A	BBB	BB	B	C	D
数量	0	0	0	2	9	10	5	2
■ 占比	0.00%	0.00%	0.00%	7.14%	32.14%	35.71%	17.86%	7.14%

图 5－35　云南辖区上市公司内部控制评级分布情况

数据来源：DIB 迪博内部控制与风险管理数据库 www. ic－erm. com

在28家云南辖区上市公司中，内部控制水平排名前五的依次为：云南白药（000538）、云南铜业（000878）、云天化（600096）、锡业股份（000960）、西仪股份（002265），其内部控制评级情况如表5－35所示。

表5－35　云南辖区内部控制前五强等级分布情况

辖区排名	证券代码	证券简称	内部控制等级	辖区
1	000538	云南白药	BBB	云南辖区
2	000878	云南铜业	BBB	云南辖区
3	600096	云天化	BB	云南辖区
4	000960	锡业股份	BB	云南辖区
5	002265	西仪股份	BB	云南辖区

数据来源：DIB 迪博内部控制与风险管理数据库 www. ic－erm. com

35. 浙江辖区

2014年度，浙江辖区纳入内部控制指数范围的上市公司样本总量为205家，其内部控制评级情况如下：A级上市公司1家，占比0.49%；BBB级上市公司7家，占比3.41%；BB级上市公司59家，占比28.78%；B级上市公司108家，占比52.68%；C级上市公司26家，占比12.68%；D级上市公司4家，占比1.95%。浙江辖区上市公司2014年度内部控制评级整体分布情况如图5－36所示。

在205家浙江辖区上市公司中，内部控制水平排名前五的依次为：浙能电力（600023）、华东医药（000963）、栋梁新材（002082）、正泰电器（601877）、英特集团（000411），其内部控制评级情况如表5－36所示。

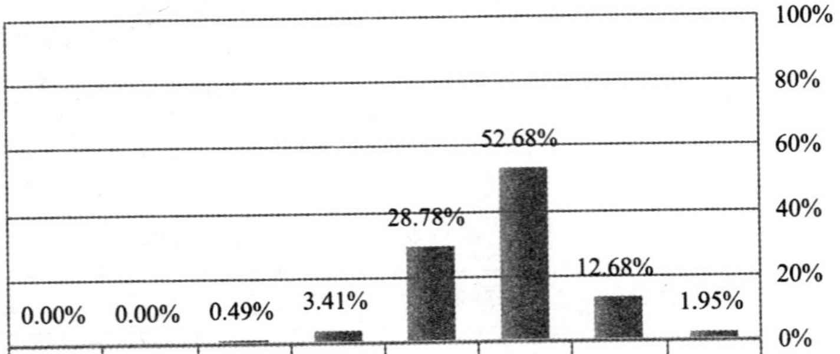

	AAA	AA	A	BBB	BB	B	C	D
数量	0	0	1	7	59	108	26	4
■ 占比	0.00%	0.00%	0.49%	3.41%	28.78%	52.68%	12.68%	1.95%

图 5－36　浙江辖区上市公司内部控制评级分布情况

数据来源：DIB 迪博内部控制与风险管理数据库 www. ic－erm. com

表 5－36　　浙江辖区内部控制前五强等级分布情况

辖区排名	证券代码	证券简称	内部控制等级	辖区
1	600023	浙能电力	A	浙江辖区
2	000963	华东医药	BBB	浙江辖区
3	002082	栋梁新材	BBB	浙江辖区
4	601877	正泰电器	BBB	浙江辖区
5	000411	英特集团	BBB	浙江辖区

数据来源：DIB 迪博内部控制与风险管理数据库 www. ic－erm. com

36. 重庆辖区

2014 年度，重庆辖区纳入内部控制指数范围的上市公司样本总量为 36 家，其内部控制评级情况如下：BB 级上市公司 3 家，占比 8. 33%；B 级上市公司 22 家，占比 61. 11%；C 级上市公司 9 家，占比 25. 00%；D 级上市公司 2 家，占比 5. 56%。重庆辖区上市公司 2014 年度内部控制评级整体分布情况如图 5－37 所示。

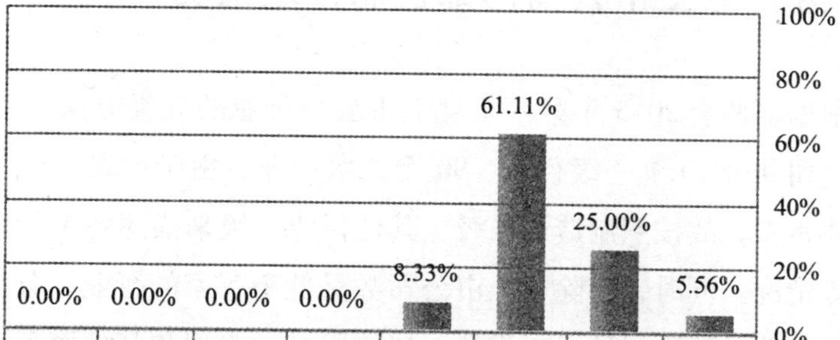

	AAA	AA	A	BBB	BB	B	C	D
数量	0	0	0	0	3	22	9	2
占比	0.00%	0.00%	0.00%	0.00%	8.33%	61.11%	25.00%	5.56%

图 5－37 重庆辖区上市公司内部控制评级分布情况

数据来源：DIB 迪博内部控制与风险管理数据库 www. ic－erm. com

在 36 家重庆辖区上市公司中，内部控制水平排名前五的依次为：长安汽车（000625）、宗申动力（001696）、莱美药业（300006）、华邦颖泰（002004）、渝开发（000514），其内部控制评级情况如表 5－37 所示。

表 5－37 重庆辖区内部控制前五强等级分布情况

辖区排名	证券代码	证券简称	内部控制等级	辖区
1	000625	长安汽车	BB	重庆辖区
2	001696	宗申动力	BB	重庆辖区
3	300006	莱美药业	BB	重庆辖区
4	002004	华邦颖泰	B	重庆辖区
5	000514	渝开发	B	重庆辖区

数据来源：DIB 迪博内部控制与风险管理数据库 www. ic－erm. com

四、分行业上市公司内部控制评级情况

根据证监会2015年第一季度上市公司行业的分类方法，2014年全国上市公司共分19个一级行业、90个二级行业，由于一级行业制造业公司数量非常多，故按照制造业二级、其他行业一级来描述各个行业的内部控制评级情况。同时，排除了上市公司数量低于5家的行业，分别是：一级行业教育业，卫生与社会工作业，居民服务、修理和其他服务业；二级行业废弃资源综合利用业，烟草制品业，金属制品、机械和设备修理业。研究的对象是15个一级行业（不含制造业）和28个制造业的二级行业，共43个行业。

1. 农、林、牧、渔业

2014年度，农、林、牧、渔业纳入内部控制指数范围的上市公司样本总量为39家，其内部控制评级情况如下：BBB级上市公司1家，占比2.56%；BB级上市公司6家，占比15.38%；B级上市公司18家，占比46.15%；C级上市公司12家，占比30.77%；D级上市公司2家，占比5.13%。农、林、牧、渔业上市公司2014年度内部控制评级整体分布情况如图5-38所示。

在39家农、林、牧、渔业上市公司中，内部控制水平排名前五的依次为：圣农发展（002299）、国联水产（300094）、登海种业（002041）、益生股份（002458）、东方海洋（002086），其内部控制评级情况如表5-38所示。

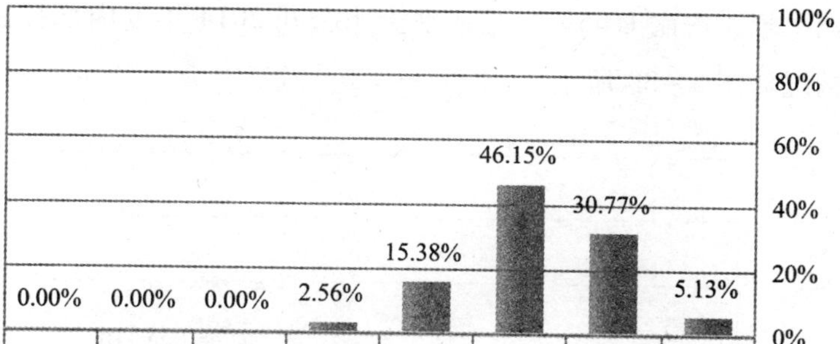

	AAA	AA	A	BBB	BB	B	C	D
数量	0	0	0	1	6	18	12	2
■ 占比	0.00%	0.00%	0.00%	2.56%	15.38%	46.15%	30.77%	5.13%

图 5－38　农、林、牧、渔业上市公司内部控制评级分布情况

数据来源：DIB 迪博内部控制与风险管理数据库 www. ic－erm. com

表 5－38　　农、林、牧、渔业内部控制前五强等级分布情况

行业排名	证券代码	证券简称	内部控制等级	行业
1	002299	圣农发展	BBB	农、林、牧、渔业
2	300094	国联水产	BB	农、林、牧、渔业
3	002041	登海种业	BB	农、林、牧、渔业
4	002458	益生股份	BB	农、林、牧、渔业
5	002086	东方海洋	BB	农、林、牧、渔业

数据来源：DIB 迪博内部控制与风险管理数据库 www. ic－erm. com

2. 采矿业

2014 年度，采矿业纳入内部控制指数范围的上市公司样本总量为 69 家，其内部控制评级情况如下：A 级上市公司 1 家，占比 1. 45%；BBB 级上市公司 3 家，占比 4. 35%；BB 级上市公司 7 家，占比 10. 14%；B 级上市公司 34 家，占比 49. 28%；C 级上市公司 23 家，占比 33. 33%；D 级上

市公司 1 家，占比 1.45%。采矿业上市公司 2014 年度内部控制评级整体分布情况如图 5－39 所示。

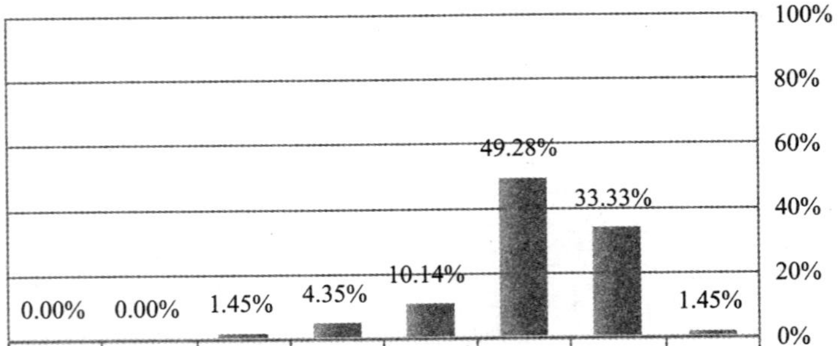

	AAA	AA	A	BBB	BB	B	C	D
数量	0	0	1	3	7	34	23	1
占比	0.00%	0.00%	1.45%	4.35%	10.14%	49.28%	33.33%	1.45%

图 5－39　采矿业上市公司内部控制评级分布情况

数据来源：DIB 迪博内部控制与风险管理数据库 www. ic－erm. com

在 69 家采矿业上市公司中，内部控制水平排名前五的依次为：山东黄金（600547）、中国神华（601088）、紫金矿业（601899）、中国石油（601857）、中海油服（601808），其内部控制评级情况如表 5－39 所示。

表 5－39　　采矿业内部控制前五强等级分布情况

行业排名	证券代码	证券简称	内部控制等级	行业
1	600547	山东黄金	A	采矿业
2	601088	中国神华	BBB	采矿业
3	601899	紫金矿业	BBB	采矿业
4	601857	中国石油	BBB	采矿业
5	601808	中海油服	BB	采矿业

数据来源：DIB 迪博内部控制与风险管理数据库 www. ic－erm. com

3. 电力、热力、燃气及水生产和供应业

2014年度，电力、热力、燃气及水生产和供应业纳入内部控制指数范围的上市公司样本总量为83家，其内部控制评级情况如下：A级上市公司4家，占比4.82%；BBB级上市公司6家，占比7.23%；BB级上市公司17家，占比20.48%；B级上市公司40家，占比48.19%；C级上市公司14家，占比16.87%；D级上市公司2家，占比2.41%。电力、热力、燃气及水生产和供应业上市公司2014年度内部控制评级整体分布情况如图5－40所示。

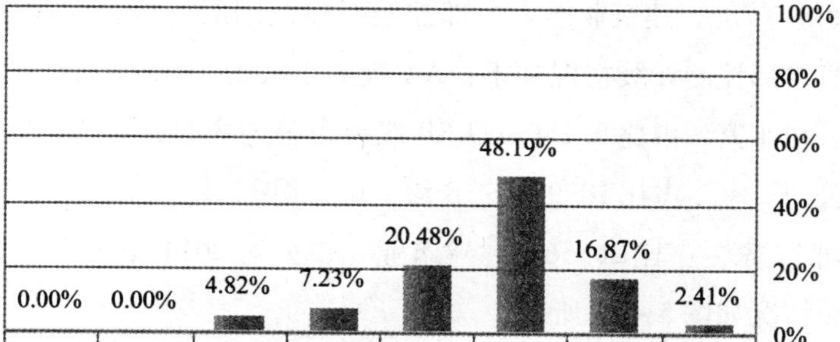

	AAA	AA	A	BBB	BB	B	C	D
数量	0	0	4	6	17	40	14	2
■ 占比	0.00%	0.00%	4.82%	7.23%	20.48%	48.19%	16.87%	2.41%

图5－40　电力、热力、燃气及水生产和供应业上市公司内部控制评级分布情况

数据来源：DIB迪博内部控制与风险管理数据库 www. ic－erm. com

在83家电力、热力、燃气及水生产和供应业上市公司中，内部控制水平排名前五的依次为：浙能电力（600023）、国投电力（600886）、华能国际（600011）、京能电力（600578）、长江电力（600900），其内部控制评级情况如表5－40所示。

表 5－40　　电力、热力、燃气及水生产和供应业内部控制前五强等级分布情况

行业排名	证券代码	证券简称	内部控制等级	行业
1	600023	浙能电力	A	电力、热力、燃气及水生产和供应业
2	600886	国投电力	A	电力、热力、燃气及水生产和供应业
3	600011	华能国际	A	电力、热力、燃气及水生产和供应业
4	600578	京能电力	A	电力、热力、燃气及水生产和供应业
5	600900	长江电力	BBB	电力、热力、燃气及水生产和供应业

数据来源：DIB 迪博内部控制与风险管理数据库 www.ic－erm.com

4. 建筑业

2014 年度，建筑业纳入内部控制指数范围的上市公司样本总量为 64 家，其内部控制评级情况如下：AA 级上市公司 1 家，占比 1.56%；A 级上市公司 4 家，占比 6.25%；BBB 级上市公司 3 家，占比 4.69%；BB 级上市公司 7 家，占比 10.94%；B 级上市公司 32 家，占比 50.00%；C 级上市公司 17 家，占比 26.56%。建筑业上市公司 2014 年度内部控制评级整体分布情况如图 5－41 所示。

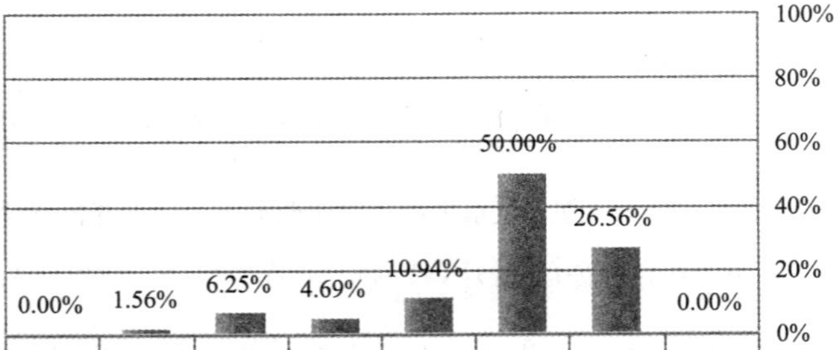

	AAA	AA	A	BBB	BB	B	C	D
数量	0	1	4	3	7	32	17	0
■ 占比	0.00%	1.56%	6.25%	4.69%	10.94%	50.00%	26.56%	0.00%

图 5－41　建筑业上市公司内部控制评级分布情况

数据来源：DIB 迪博内部控制与风险管理数据库 www.ic－erm.com

在64家建筑业上市公司中，内部控制水平排名前五的依次为：中国铁建（601186）、上海建工（600170）、中国中铁（601390）、中国交建（601800）、中国建筑（601668），其内部控制评级情况如表5－41所示。

表5－41 建筑业内部控制前五强等级分布情况

行业排名	证券代码	证券简称	内部控制等级	行业
1	601186	中国铁建	AA	建筑业
2	600170	上海建工	A	建筑业
3	601390	中国中铁	A	建筑业
4	601800	中国交建	A	建筑业
5	601668	中国建筑	A	建筑业

数据来源：DIB 迪博内部控制与风险管理数据库 www. ic－erm. com

5. 批发和零售业

2014年度，批发和零售业纳入内部控制指数范围的上市公司样本总量为146家，其内部控制评级情况如下：BBB级上市公司7家，占比4.79%；BB级上市公司23家，占比15.75%；B级上市公司69家，占比47.26%；C级上市公司39家，占比26.71%；D级上市公司8家，占比5.48%。批发和零售业上市公司2014年度内部控制评级整体分布情况如图5－42所示。

在146家批发和零售业上市公司中，内部控制水平排名前五的依次为：建发股份（600153）、华东医药（000963）、如意集团（000626）、上海医药（601607）、英特集团（000411），其内部控制评级情况如表5－42所示。

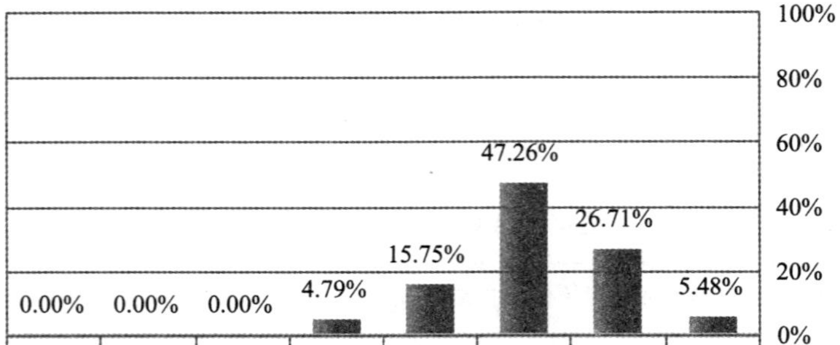

	AAA	AA	A	BBB	BB	B	C	D
数量	0	0	0	7	23	69	39	8
■ 占比	0.00%	0.00%	0.00%	4.79%	15.75%	47.26%	26.71%	5.48%

图 5－42　批发和零售业上市公司内部控制评级分布情况

数据来源：DIB 迪博内部控制与风险管理数据库 www. ic－erm. com

表 5－42　　批发和零售业内部控制前五强等级分布情况

行业排名	证券代码	证券简称	内部控制等级	行业
1	600153	建发股份	BBB	批发和零售业
2	000963	华东医药	BBB	批发和零售业
3	000626	如意集团	BBB	批发和零售业
4	601607	上海医药	BBB	批发和零售业
5	000411	英特集团	BBB	批发和零售业

数据来源：DIB 迪博内部控制与风险管理数据库 www. ic－erm. com

6. 交通运输、仓储和邮政业

2014 年度，交通运输、仓储和邮政业纳入内部控制指数范围的上市公司样本总量为 80 家，其内部控制评级情况如下：A 级上市公司 4 家，占比 5. 00%；BBB 级上市公司 2 家，占比 2. 50%；BB 级上市公司 21 家，占比 26. 25%；B 级上市公司 41 家，占比 51. 25%；C 级上市公司 9 家，占比

11.25%；D 级上市公司 3 家，占比 3.75%。交通运输、仓储和邮政业上市公司 2014 年度内部控制评级整体分布情况如图 5-43 所示。

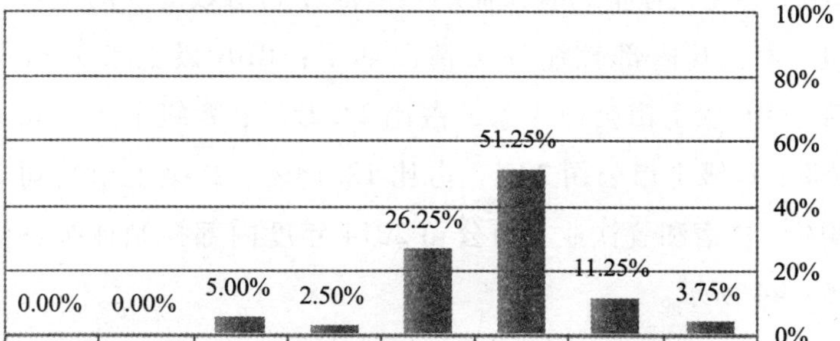

	AAA	AA	A	BBB	BB	B	C	D
数量	0	0	4	2	21	41	9	3
占比	0.00%	0.00%	5.00%	2.50%	26.25%	51.25%	11.25%	3.75%

图 5-43 交通运输、仓储和邮政业上市公司内部控制评级分布情况

数据来源：DIB 迪博内部控制与风险管理数据库 www.ic-erm.com

在 80 家交通运输、仓储和邮政业上市公司中，内部控制水平排名前五的依次为：大秦铁路（601006）、东方航空（600115）、上港集团（600018）、中国国航（601111）、海南航空（600221），其内部控制评级情况如表 5-43 所示。

表 5-43 交通运输、仓储和邮政业内部控制前五强等级分布情况

行业排名	证券代码	证券简称	内部控制等级	行业
1	601006	大秦铁路	A	交通运输、仓储和邮政业
2	600115	东方航空	A	交通运输、仓储和邮政业
3	600018	上港集团	A	交通运输、仓储和邮政业
4	601111	中国国航	A	交通运输、仓储和邮政业
5	600221	海南航空	BBB	交通运输、仓储和邮政业

数据来源：DIB 迪博内部控制与风险管理数据库 www.ic-erm.com

7. 住宿和餐饮业

2014 年度，住宿和餐饮业纳入内部控制指数范围的上市公司样本总量为 11 家，其内部控制评级情况如下：BBB 级上市公司 1 家，占比 9.09%；BB 级上市公司 3 家，占比 27.27%；B 级上市公司 3 家，占比 27.27%；C 级上市公司 2 家，占比 18.18%；D 级上市公司 2 家，占比 18.18%。住宿和餐饮业上市公司 2014 年度内部控制评级整体分布情况如图 5－44 所示。

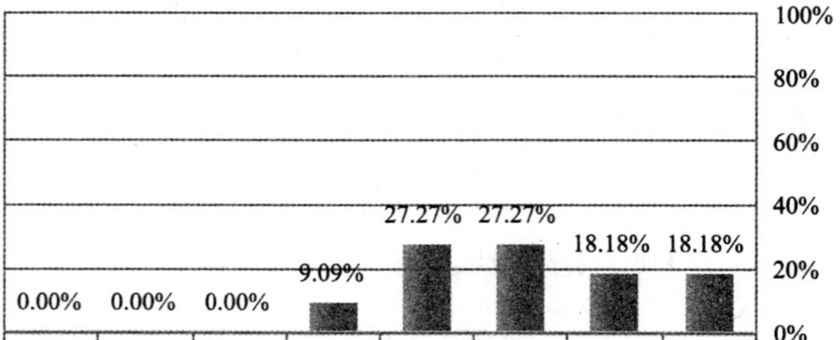

	AAA	AA	A	BBB	BB	B	C	D
数量	0	0	0	1	3	3	2	2
占比	0.00%	0.00%	0.00%	9.09%	27.27%	27.27%	18.18%	18.18%

图 5－44　住宿和餐饮业上市公司内部控制评级分布情况

数据来源：DIB 迪博内部控制与风险管理数据库 www. ic－erm. com

在 11 家住宿和餐饮业上市公司中，内部控制水平排名前五的依次为：锦江股份（600754）、易食股份（000796）、金陵饭店（601007）、大东海 A（000613）、全聚德（002186），其内部控制评级情况如表 5－44 所示。

表 5－44　　住宿和餐饮业内部控制前五强等级分布情况

行业排名	证券代码	证券简称	内部控制等级	行业
1	600754	锦江股份	BBB	住宿和餐饮业
2	000796	易食股份	BB	住宿和餐饮业
3	601007	金陵饭店	BB	住宿和餐饮业
4	000613	大东海 A	BB	住宿和餐饮业
5	002186	全聚德	B	住宿和餐饮业

数据来源：DIB 迪博内部控制与风险管理数据库 www. ic－erm. com

8. 信息传输、软件和信息技术服务业

2014 年度，信息传输、软件和信息技术服务业纳入内部控制指数范围的上市公司样本总量为 124 家，其内部控制评级情况如下：BB 级上市公司 33 家，占比 26.61%；B 级上市公司 73 家，占比 58.87%；C 级上市公司 16 家，占比 12.90%；D 级上市公司 2 家，占比 1.61%。信息传输、软件和信息技术服务业上市公司 2014 年度内部控制评级整体分布情况如图 5－45 所示。

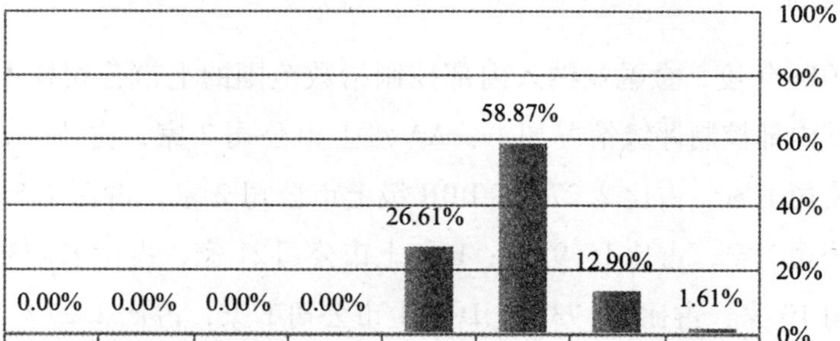

	AAA	AA	A	BBB	BB	B	C	D
数量	0	0	0	0	33	73	16	2
占比	0.00%	0.00%	0.00%	0.00%	26.61%	58.87%	12.90%	1.61%

图 5－45　信息传输、软件和信息技术服务业上市公司内部控制评级分布情况

数据来源：DIB 迪博内部控制与风险管理数据库 www. ic－erm. com

在 124 家信息传输、软件和信息技术服务业上市公司中，内部控制水平排名前五的依次为：天神娱乐（002354）、银之杰（300085）、久其软件（002279）、新大陆（000997）、美亚柏科（300188），其内部控制评级情况如表 5－45 所示。

表 5－45　信息传输、软件和信息技术服务业内部控制前五强等级分布情况

行业排名	证券代码	证券简称	内部控制等级	行业
1	002354	天神娱乐	BB	信息传输、软件和信息技术服务业
2	300085	银之杰	BB	信息传输、软件和信息技术服务业
3	002279	久其软件	BB	信息传输、软件和信息技术服务业
4	000997	新大陆	BB	信息传输、软件和信息技术服务业
5	300188	美亚柏科	BB	信息传输、软件和信息技术服务业

数据来源：DIB 迪博内部控制与风险管理数据库 www. ic－erm. com

9. 金融业

2014 年度，金融业纳入内部控制指数范围的上市公司样本总量为 44 家，其内部控制评级情况如下：AA 级上市公司 2 家，占比 4. 55%；A 级上市公司 1 家，占比 2. 27%；BBB 级上市公司 2 家，占比 4. 55%；BB 级上市公司 7 家，占比 15. 91%；B 级上市公司 21 家，占比 47. 73%；C 级上市公司 10 家，占比 22. 73%；D 级上市公司 1 家，占比 2. 27%。金融业上市公司 2014 年度内部控制评级整体分布情况如图 5－46 所示。

在 44 家金融业上市公司中，内部控制水平排名前五的依次为：中国人寿（601628）、新华保险（601336）、中国平安（601318）、工商银行（601398）、中国太保（601601），其内部控制评级情况如表 5－46 所示。

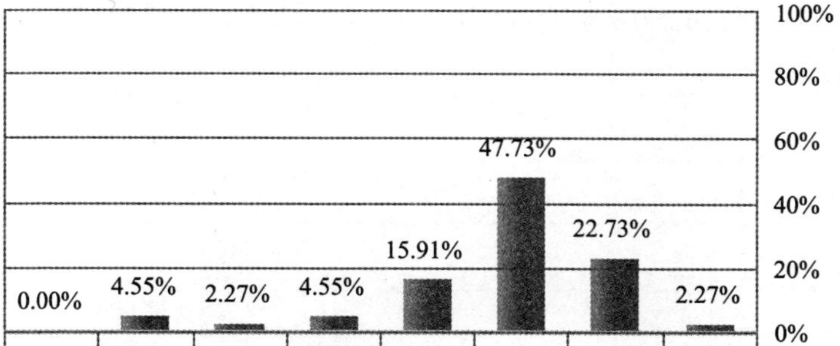

	AAA	AA	A	BBB	BB	B	C	D
数量	0	2	1	2	7	21	10	1
■ 占比	0.00%	4.55%	2.27%	4.55%	15.91%	47.73%	22.73%	2.27%

图 5－46　金融业上市公司内部控制评级分布情况

数据来源：DIB 迪博内部控制与风险管理数据库 www. ic－erm. com

表 5－46　　　　金融业内部控制前五强等级分布情况

行业排名	证券代码	证券简称	内部控制等级	行业
1	601628	中国人寿	AA	金融业
2	601336	新华保险	AA	金融业
3	601318	中国平安	A	金融业
4	601398	工商银行	BBB	金融业
5	601601	中国太保	BBB	金融业

数据来源：DIB 迪博内部控制与风险管理数据库 www. ic－erm. com

10. 房地产业

2014 年度，房地产业纳入内部控制指数范围的上市公司样本总量为 132 家，其内部控制评级情况如下：BBB 级上市公司 3 家，占比 2. 27%；BB 级上市公司 18 家，占比 13. 64%；B 级上市公司 74 家，占比 56. 06%；C 级上市公司 32 家，占比 24. 24%；D 级上市公司 5 家，占比 3. 79%。房地产业上市公司2014年度内部控制评级整体分布情况如图5－47所示。

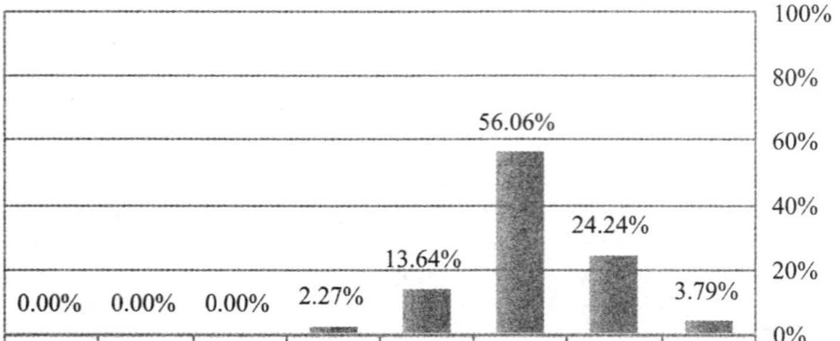

	AAA	AA	A	BBB	BB	B	C	D
数量	0	0	0	3	18	74	32	5
占比	0.00%	0.00%	0.00%	2.27%	13.64%	56.06%	24.24%	3.79%

图5－47　房地产业上市公司内部控制评级分布情况

数据来源：DIB迪博内部控制与风险管理数据库 www.ic－erm.com

在132家房地产业上市公司中，内部控制水平排名前五的依次为：保利地产（600048）、万科A（000002）、华夏幸福（600340）、天保基建（000965）、金融街（000402），其内部控制评级情况如表5－47所示。

表5－47　房地产业内部控制前五强等级分布情况

行业排名	证券代码	证券简称	内部控制等级	行业
1	600048	保利地产	BBB	房地产业
2	000002	万科A	BBB	房地产业
3	600340	华夏幸福	BBB	房地产业
4	000965	天保基建	BB	房地产业
5	000402	金融街	BB	房地产业

数据来源：DIB迪博内部控制与风险管理数据库 www.ic－erm.com

11. 租赁和商务服务业

2014 年度，租赁和商务服务业纳入内部控制指数范围的上市公司样本总量为 22 家，其内部控制评级情况如下：A 级上市公司 1 家，占比 4.55%；BBB 级上市公司 3 家，占比 13.64%；BB 级上市公司 5 家，占比 22.73%；B 级上市公司 12 家，占比 54.55%；C 级上市公司 1 家，占比 4.55%。租赁和商务服务业上市公司 2014 年度内部控制评级整体分布情况如图 5－48 所示。

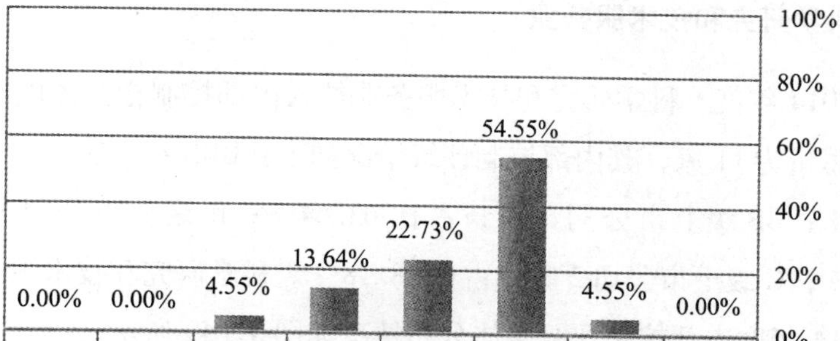

	AAA	AA	A	BBB	BB	B	C	D
数量	0	0	1	3	5	12	1	0
■ 占比	0.00%	0.00%	4.55%	13.64%	22.73%	54.55%	4.55%	0.00%

图 5－48 租赁和商务服务业上市公司内部控制评级分布情况

数据来源：DIB 迪博内部控制与风险管理数据库 www.ic－erm.com

在 22 家租赁和商务服务业上市公司中，内部控制水平排名前五的依次为：飞马国际（002210）、怡亚通（002183）、中国国旅（601888）、象屿股份（600057）、深圳华强（000062），其内部控制评级情况如表 5－48 所示。

表 5－48　　租赁和商务服务业内部控制前五强等级分布情况

行业排名	证券代码	证券简称	内部控制等级	辖区
1	002210	飞马国际	A	租赁和商务服务业
2	002183	怡亚通	BBB	租赁和商务服务业
3	601888	中国国旅	BBB	租赁和商务服务业
4	600057	象屿股份	BBB	租赁和商务服务业
5	000062	深圳华强	BB	租赁和商务服务业

数据来源：DIB 迪博内部控制与风险管理数据库 www. ic－erm. com

12. 科学研究和技术服务业

2014 年度，科学研究和技术服务业纳入内部控制指数范围的上市公司样本总量为 11 家，其内部控制评级情况如下：BBB 级上市公司 1 家，占比 9.09%；BB 级上市公司 7 家，占比 63.64%；B 级上市公司 1 家，占比 9.09%；C 级上市公司 2 家，占比 18.18%。科学研究和技术服务业上市公司 2014 年度内部控制评级整体分布情况如图 5－49 所示。

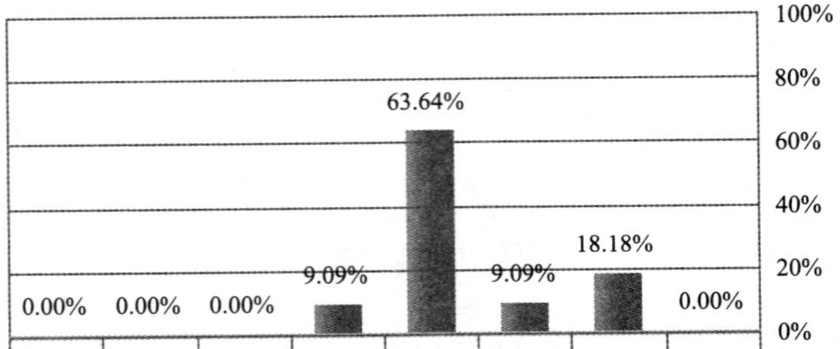

	AAA	AA	A	BBB	BB	B	C	D
数量	0	0	0	1	7	1	2	0
■ 占比	0.00%	0.00%	0.00%	9.09%	63.64%	9.09%	18.18%	0.00%

图 5－49　科学研究和技术服务业上市公司内部控制评级分布情况

数据来源：DIB 迪博内部控制与风险管理数据库 www. ic－erm. com

在11家科学研究和技术服务业上市公司中，内部控制水平排名前五的依次为：上海佳豪（300008）、苏交科（300284）、延华智能（002178）、华测检测（300012）、三维工程（002469），其内部控制评级情况如表5-49所示。

表5-49 科学研究和技术服务业内部控制前五强等级分布情况

行业排名	证券代码	证券简称	内部控制等级	辖区
1	300008	上海佳豪	BBB	科学研究和技术服务业
2	300284	苏交科	BB	科学研究和技术服务业
3	002178	延华智能	BB	科学研究和技术服务业
4	300012	华测检测	BB	科学研究和技术服务业
5	002469	三维工程	BB	科学研究和技术服务业

数据来源：DIB迪博内部控制与风险管理数据库 www.ic-erm.com

13. 水利、环境和公共设施管理业

2014年度，水利、环境和公共设施管理业纳入内部控制指数范围的上市公司样本总量为26家，其内部控制评级情况如下：BBB级上市公司2家，占比7.69%；BB级上市公司7家，占比26.92%；B级上市公司12家，占比46.15%；C级上市公司4家，占比15.38%；D级上市公司1家，占比3.85%。水利、环境和公共设施管理业上市公司2014年度内部控制评级整体分布情况如图5-50所示。

在26家水利、环境和公共设施管理业上市公司中，内部控制水平排名前五的依次为：华侨城A（000069）、碧水源（300070）、清新环境（002573）、桑德环境（000826）、中电环保（300172），其内部控制评级情况如表5-50所示。

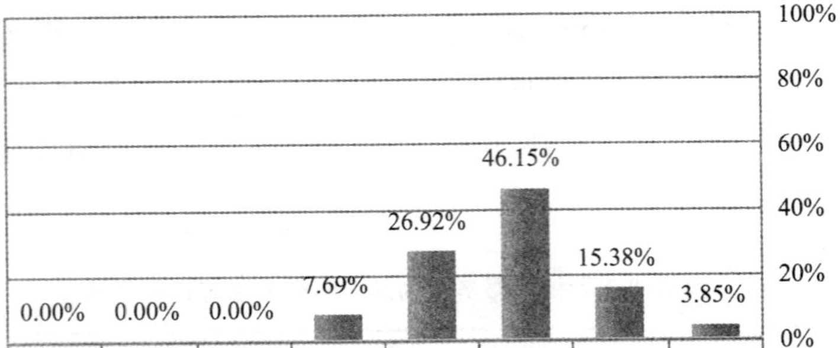

	AAA	AA	A	BBB	BB	B	C	D
数量	0	0	0	2	7	12	4	1
占比	0.00%	0.00%	0.00%	7.69%	26.92%	46.15%	15.38%	3.85%

图 5－50　水利、环境和公共设施管理业上市公司内部控制评级分布情况

数据来源：DIB 迪博内部控制与风险管理数据库 www. ic－erm. com

表 5－50 水利、环境和公共设施管理业内部控制前五强等级分布情况

行业排名	证券代码	证券简称	内部控制等级	辖区
1	000069	华侨城 A	BBB	水利、环境和公共设施管理业
2	300070	碧水源	BBB	水利、环境和公共设施管理业
3	002573	清新环境	BB	水利、环境和公共设施管理业
4	000826	桑德环境	BB	水利、环境和公共设施管理业
5	300172	中电环保	BB	水利、环境和公共设施管理业

数据来源：DIB 迪博内部控制与风险管理数据库 www. ic－erm. com

14. 文化、体育和娱乐业

2014 年度，文化、体育和娱乐业纳入内部控制指数范围的上市公司样本总量为 30 家，其内部控制评级情况如下：BBB 级上市公司 2 家，占比 6. 67%；BB 级上市公司 9 家，占比 30. 00%；B 级上市公司 16 家，占比 53. 33%；C 级上市公司 3 家，占比 10. 00%。文化、体育和娱乐业上市公

司2014年度内部控制评级整体分布情况如图5－51所示。

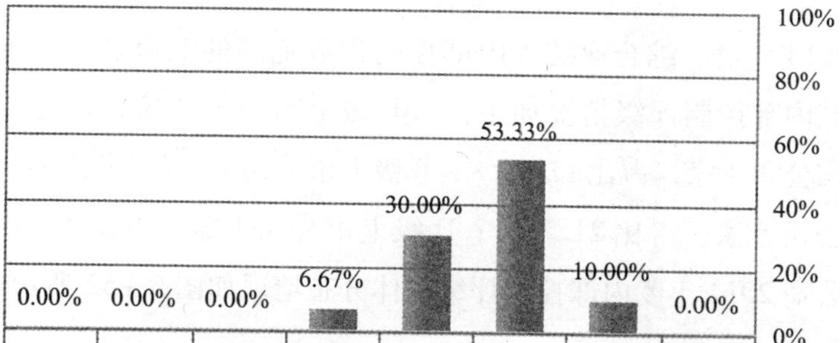

	AAA	AA	A	BBB	BB	B	C	D
数量	0	0	0	2	9	16	3	0
■ 占比	0.00%	0.00%	0.00%	6.67%	30.00%	53.33%	10.00%	0.00%

图5－51　文化、体育和娱乐业上市公司内部控制评级分布情况

数据来源：DIB 迪博内部控制与风险管理数据库 www. ic－erm. com

在30家文化、体育和娱乐业上市公司中，内部控制水平排名前五的依次为：华闻传媒（000793）、华媒控股（000607）、中南传媒（601098）、皖新传媒（601801）、湖北广电（000665），其内部控制评级情况如表5－51所示。

表5－51　　文化、体育和娱乐业内部控制前五强等级分布情况

行业排名	证券代码	证券简称	内部控制等级	辖区
1	000793	华闻传媒	BBB	文化、体育和娱乐业
2	000607	华媒控股	BBB	文化、体育和娱乐业
3	601098	中南传媒	BB	文化、体育和娱乐业
4	601801	皖新传媒	BB	文化、体育和娱乐业
5	000665	湖北广电	BB	文化、体育和娱乐业

数据来源：DIB 迪博内部控制与风险管理数据库 www. ic－erm. com

15. 综合业

2014 年度，综合业纳入内部控制指数范围的上市公司样本总量为 23 家，其内部控制评级情况如下：BBB 级上市公司 2 家，占比 8.70%；BB 级上市公司 4 家，占比 17.39%；B 级上市公司 11 家，占比 47.83%；C 级上市公司 5 家，占比 21.74%；D 级上市公司 1 家，占比 4.35%。综合业上市公司 2014 年度内部控制评级整体分布情况如图 5－52 所示。

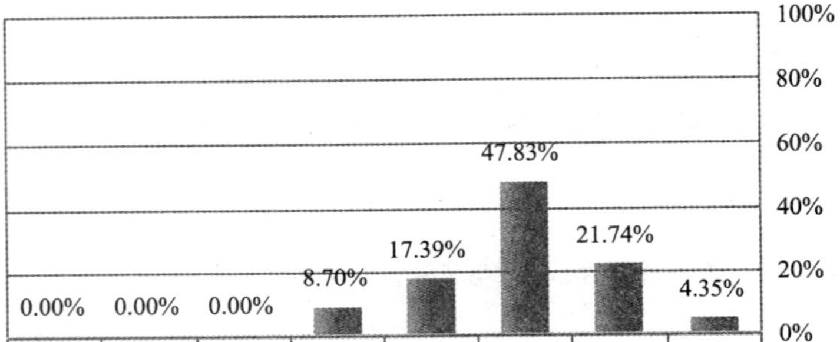

	AAA	AA	A	BBB	BB	B	C	D
数量	0	0	0	2	4	11	5	1
■ 占比	0.00%	0.00%	0.00%	8.70%	17.39%	47.83%	21.74%	4.35%

图 5－52　综合业上市公司内部控制评级分布情况

数据来源：DIB 迪博内部控制与风险管理数据库 www. ic－erm. com

在 23 家综合业上市公司中，内部控制水平排名前五的依次为：鲁银投资（600784）、中国宝安（000009）、创元科技（000551）、数源科技（000909）、海泰发展（600082），其内部控制评级情况如表 5－52 所示。

16. 农副食品加工业

2014 年度，农副食品加工业纳入内部控制指数范围的上市公司样本总量为 36 家，其内部控制评级情况如下：AA 级上市公司 1 家，占比

表 5－52　　综合业内部控制前五强等级分布情况

行业排名	证券代码	证券简称	内部控制等级	辖区
1	600784	鲁银投资	BBB	综合业
2	000009	中国宝安	BBB	综合业
3	000551	创元科技	BB	综合业
4	000909	数源科技	BB	综合业
5	600082	海泰发展	BB	综合业

数据来源：DIB 迪博内部控制与风险管理数据库 www. ic－erm. com

2.78%；BBB 级上市公司 1 家，占比 2.78%；BB 级上市公司 9 家，占比 25.00%；B 级上市公司 17 家，占比 47.22%；C 级上市公司 7 家，占比 19.44%；D 级上市公司 1 家，占比 2.78%。农副食品加工业上市公司 2014 年度内部控制评级整体分布情况如图 5－53 所示。

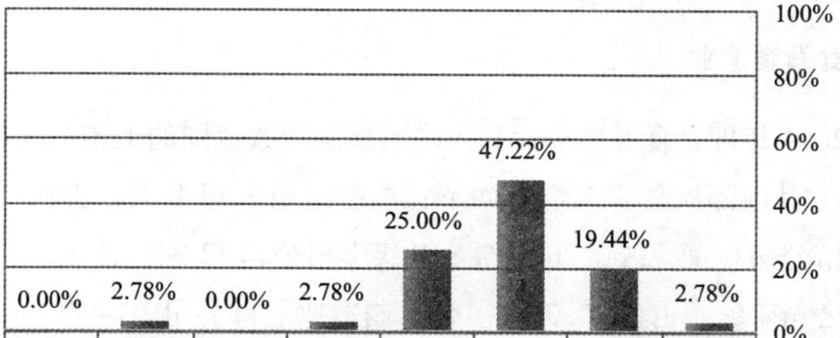

	AAA	AA	A	BBB	BB	B	C	D
数量	0	1	0	1	9	17	7	1
■ 占比	0.00%	2.78%	0.00%	2.78%	25.00%	47.22%	19.44%	2.78%

图 5－53　农副食品加工业上市公司内部控制评级分布情况

数据来源：DIB 迪博内部控制与风险管理数据库 www. ic－erm. com

在36家农副食品加工业上市公司中，内部控制水平排名前五的依次为：双汇发展（000895）、海大集团（002311）、新希望（000876）、广弘控股（000529）、大北农（002385），其内部控制评级情况如表5－53所示。

表5－53　　农副食品加工业内部控制前五强等级分布情况

行业排名	证券代码	证券简称	内部控制等级	辖区
1	000895	双汇发展	AA	农副食品加工业
2	002311	海大集团	BBB	农副食品加工业
3	000876	新希望	BB	农副食品加工业
4	000529	广弘控股	BB	农副食品加工业
5	002385	大北农	BB	农副食品加工业

数据来源：DIB迪博内部控制与风险管理数据库 www.ic－erm.com

17. 食品制造业

2014年度，食品制造业纳入内部控制指数范围的上市公司样本总量为23家，其内部控制评级情况如下：A级上市公司1家，占比4.35%；BB级上市公司6家，占比26.09%；B级上市公司12家，占比52.17%；C级上市公司4家，占比17.39%。食品制造业上市公司2014年度内部控制评级整体分布情况如图5－54所示。

在23家食品制造业上市公司中，内部控制水平排名前五的依次为：伊利股份（600887）、克明面业（002661）、光明乳业（600597）、佳隆股份（002495）、量子高科（300149），其内部控制评级情况如表5－54所示。

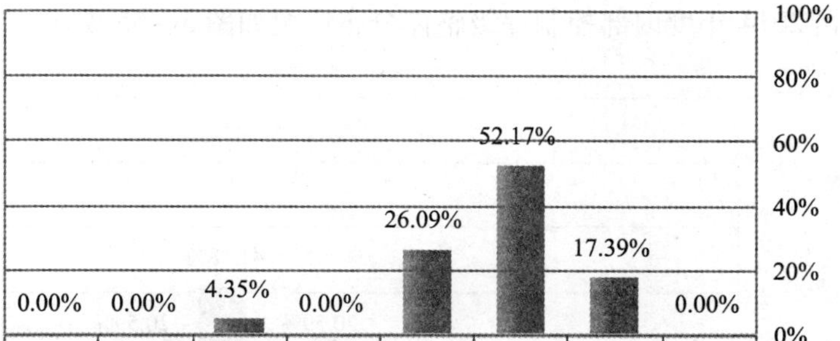

	AAA	AA	A	BBB	BB	B	C	D
数量	0	0	1	0	6	12	4	0
■ 占比	0.00%	0.00%	4.35%	0.00%	26.09%	52.17%	17.39%	0.00%

图 5－54　食品制造业上市公司内部控制评级分布情况

数据来源：DIB 迪博内部控制与风险管理数据库 www. ic－erm. com

表 5－54　　　　食品制造业内部控制前五强等级分布情况

行业排名	证券代码	证券简称	内部控制等级	辖区
1	600887	伊利股份	A	食品制造业
2	002661	克明面业	BB	食品制造业
3	600597	光明乳业	BB	食品制造业
4	002495	佳隆股份	BB	食品制造业
5	300149	量子高科	BB	食品制造业

数据来源：DIB 迪博内部控制与风险管理数据库 www. ic－erm. com

18. 酒、饮料和精制茶制造业

2014 年度，酒、饮料和精制茶制造业纳入内部控制指数范围的上市公司样本总量为 34 家，其内部控制评级情况如下：BB 级上市公司 7 家，占比 20. 59%；B 级上市公司 14 家，占比 41. 18%；C 级上市公司 7 家，占比 20. 59%；D 级上市公司 6 家，占比 17. 65%。酒、饮料和精制茶制造业上市公司2014年度内部控制评级整体分布情况如图5－55所示。

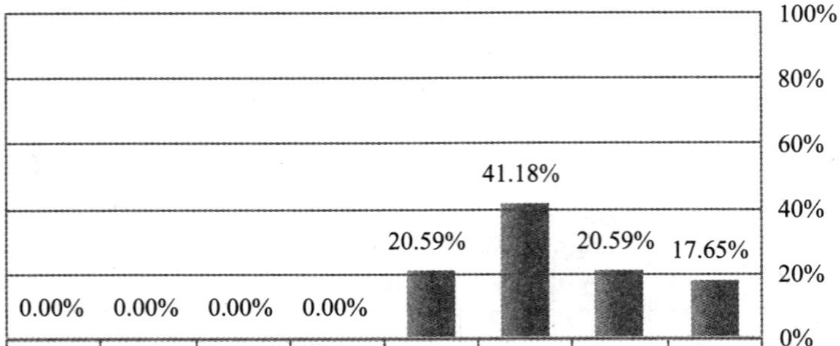

	AAA	AA	A	BBB	BB	B	C	D
数量	0	0	0	0	7	14	7	6
■ 占比	0.00%	0.00%	0.00%	0.00%	20.59%	41.18%	20.59%	17.65%

图5－55　酒、饮料和精制茶制造业上市公司内部控制评级分布情况

数据来源：DIB迪博内部控制与风险管理数据库 www. ic－erm. com

在34家酒、饮料和精制茶制造业上市公司中，内部控制水平排名前五的依次为：古井贡酒（000596）、老白干酒（600559）、贵州茅台（600519）、张裕A（000869）、青岛啤酒（600600），其内部控制评级情况如表5－55所示。

表5－55　酒、饮料和精制茶制造业内部控制前五强等级分布情况

行业排名	证券代码	证券简称	内部控制等级	辖区
1	000596	古井贡酒	BB	酒、饮料和精制茶制造业
2	600559	老白干酒	BB	酒、饮料和精制茶制造业
3	600519	贵州茅台	BB	酒、饮料和精制茶制造业
4	000869	张裕A	BB	酒、饮料和精制茶制造业
5	600600	青岛啤酒	BB	酒、饮料和精制茶制造业

数据来源：DIB迪博内部控制与风险管理数据库 www. ic－erm. com

19. 纺织业

2014 年度，纺织业纳入内部控制指数范围的上市公司样本总量为 39 家，其内部控制评级情况如下：BB 级上市公司 7 家，占比 17.95%；B 级上市公司 16 家，占比 41.03%；C 级上市公司 14 家，占比 35.90%；D 级上市公司 2 家，占比 5.13%。纺织业上市公司 2014 年度内部控制评级整体分布情况如图 5－56 所示。

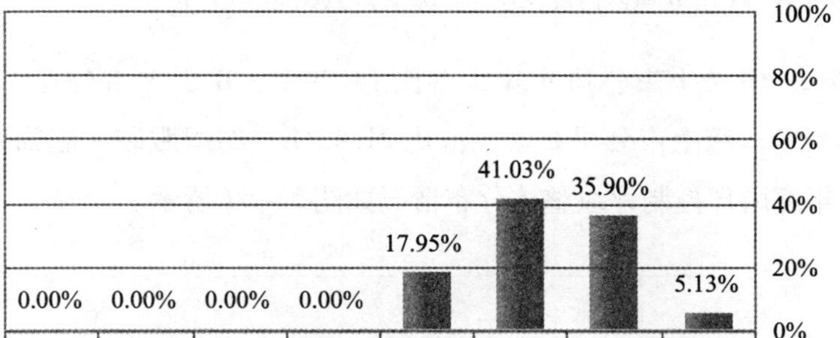

	AAA	AA	A	BBB	BB	B	C	D
数量	0	0	0	0	7	16	14	2
占比	0.00%	0.00%	0.00%	0.00%	17.95%	41.03%	35.90%	5.13%

图 5－56　纺织业上市公司内部控制评级分布情况

数据来源：DIB 迪博内部控制与风险管理数据库 www.ic－erm.com

在 39 家纺织业上市公司中，内部控制水平排名前五的依次为：江苏旷达（002516）、联发股份（002394）、常山股份（000158）、梦洁家纺（002397）、华茂股份（000850），其内部控制评级情况如表 5－56 所示。

20. 纺织服装、服饰业

2014 年度，纺织服装、服饰业纳入内部控制指数范围的上市公司样本总量为 28 家，其内部控制评级情况如下：BBB 级上市公司 1 家，占比

表 5－56　　纺织业内部控制前五强等级分布情况

行业排名	证券代码	证券简称	内部控制等级	辖区
1	002516	江苏旷达	BB	纺织业
2	002394	联发股份	BB	纺织业
3	000158	常山股份	BB	纺织业
4	002397	梦洁家纺	BB	纺织业
5	000850	华茂股份	BB	纺织业

数据来源：DIB 迪博内部控制与风险管理数据库 www. ic－erm. com

3. 57%；BB 级上市公司 4 家，占比 14. 29%；B 级上市公司 17 家，占比 60. 71%；C 级上市公司 6 家，占比 21. 43%。纺织服装、服饰业上市公司 2014 年度内部控制评级整体分布情况如图 5－57 所示。

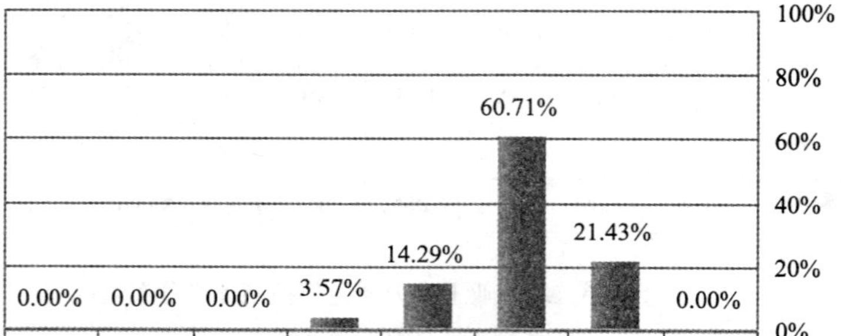

	AAA	AA	A	BBB	BB	B	C	D
数量	0	0	0	1	4	17	6	0
■ 占比	0.00%	0.00%	0.00%	3.57%	14.29%	60.71%	21.43%	0.00%

图 5－57　纺织服装、服饰业上市公司内部控制评级分布情况

数据来源：DIB 迪博内部控制与风险管理数据库 www. ic－erm. com

在 28 家纺织服装、服饰业上市公司中，内部控制水平排名前五的依次为：探路者（300005）、海澜之家（600398）、嘉欣丝绸（002404）、伟星

股份（002003）、棒杰股份（002634），其内部控制评级情况如表 5－57 所示。

表 5－57　　纺织服装、服饰业内部控制前五强等级分布情况

行业排名	证券代码	证券简称	内部控制等级	辖区
1	300005	探路者	BBB	纺织服装、服饰业
2	600398	海澜之家	BB	纺织服装、服饰业
3	002404	嘉欣丝绸	BB	纺织服装、服饰业
4	002003	伟星股份	BB	纺织服装、服饰业
5	002634	棒杰股份	BB	纺织服装、服饰业

数据来源：DIB 迪博内部控制与风险管理数据库 www. ic－erm. com

21. 皮革、毛皮、羽毛及其制品和制鞋业

2014 年度，皮革、毛皮、羽毛及其制品和制鞋业纳入内部控制指数范围的上市公司样本总量为 6 家，其内部控制评级情况如下：BB 级上市公司 1 家，占比 16. 67%；B 级上市公司 5 家，占比 83. 33%。皮革、毛皮、羽毛及其制品和制鞋业上市公司 2014 年度内部控制评级整体分布情况如图 5－58 所示。

在 6 家皮革、毛皮、羽毛及其制品和制鞋业上市公司中，内部控制水平排名前五的依次为：新华锦（600735）、华斯股份（002494）、兴业科技（002674）、泰亚股份（002517）、奥康国际（603001），其内部控制评级情况如表 5－58 所示。

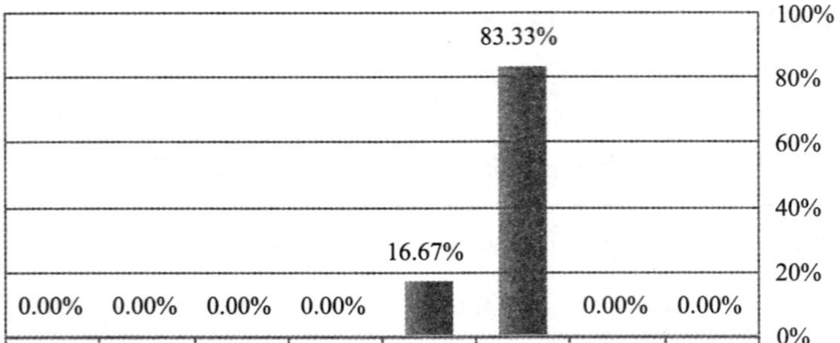

	AAA	AA	A	BBB	BB	B	C	D
数量	0	0	0	0	1	5	0	0
■ 占比	0.00%	0.00%	0.00%	0.00%	16.67%	83.33%	0.00%	0.00%

图 5－58　皮革、毛皮、羽毛及其制品和制鞋业上市公司内部控制评级分布情况

数据来源：DIB 迪博内部控制与风险管理数据库 www. ic－erm. com

表 5－58　皮革、毛皮、羽毛及其制品和制鞋业内部控制前五强等级分布情况

行业排名	证券代码	证券简称	内部控制等级	辖区
1	600735	新华锦	BB	皮革、毛皮、羽毛及其制品和制鞋业
2	002494	华斯股份	B	皮革、毛皮、羽毛及其制品和制鞋业
3	002674	兴业科技	B	皮革、毛皮、羽毛及其制品和制鞋业
4	002517	泰亚股份	B	皮革、毛皮、羽毛及其制品和制鞋业
5	603001	奥康国际	B	皮革、毛皮、羽毛及其制品和制鞋业

数据来源：DIB 迪博内部控制与风险管理数据库 www. ic－erm. com

22. 木材加工和木、竹、藤、棕、草制品业

2014 年度，木材加工和木、竹、藤、棕、草制品业纳入内部控制指数范围的上市公司样本总量为 8 家，其内部控制评级情况如下：BB 级上市公司 4 家，占比 50. 00%；B 级上市公司 3 家，占比 37. 50%；C 级上市公司

1 家，占比 12.50%。木材加工和木、竹、藤、棕、草制品业上市公司 2014 年度内部控制评级整体分布情况如图 5－59 所示。

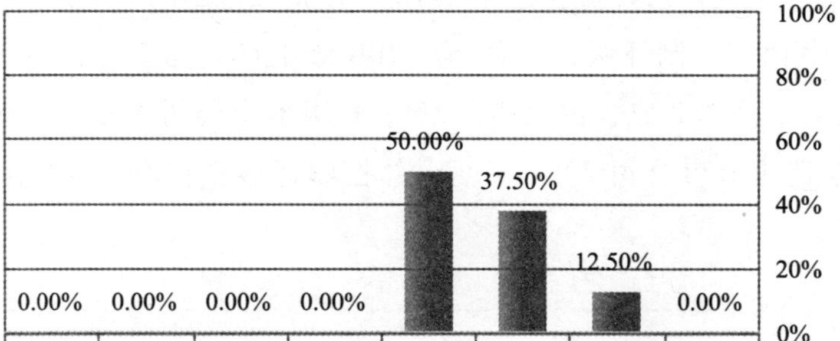

	AAA	AA	A	BBB	BB	B	C	D
数量	0	0	0	0	4	3	1	0
■ 占比	0.00%	0.00%	0.00%	0.00%	50.00%	37.50%	12.50%	0.00%

图 5－59　木材加工和木、竹、藤、棕、草制品业上市公司内部控制评级分布情况

数据来源：DIB 迪博内部控制与风险管理数据库 www. ic－erm. com

在 8 家木材加工和木、竹、藤、棕、草制品业上市公司中，内部控制水平排名前五的依次为：大亚科技（000910）、升达林业（002259）、德尔家居（002631）、吉林森工（600189）、丰林集团（601996），其内部控制评级情况如表 5－59 所示。

表 5－59　木材加工和木、竹、藤、棕、草制品业内部控制前五强等级分布情况

行业排名	证券代码	证券简称	内部控制等级	辖区
1	000910	大亚科技	BB	木材加工和木、竹、藤、棕、草制品业
2	002259	升达林业	BB	木材加工和木、竹、藤、棕、草制品业
3	002631	德尔家居	BB	木材加工和木、竹、藤、棕、草制品业
4	600189	吉林森工	BB	木材加工和木、竹、藤、棕、草制品业
5	601996	丰林集团	B	木材加工和木、竹、藤、棕、草制品业

数据来源：DIB 迪博内部控制与风险管理数据库 www. ic－erm. com

23. 家具制造业

2014 年度，家具制造业纳入内部控制指数范围的上市公司样本总量为 6 家，其内部控制评级情况如下：BBB 级上市公司 1 家，占比 16.67%；BB 级上市公司 2 家，占比 33.33%；B 级上市公司 3 家，占比 50.00%。家具制造业上市公司 2014 年度内部控制评级整体分布情况如图 5－60 所示。

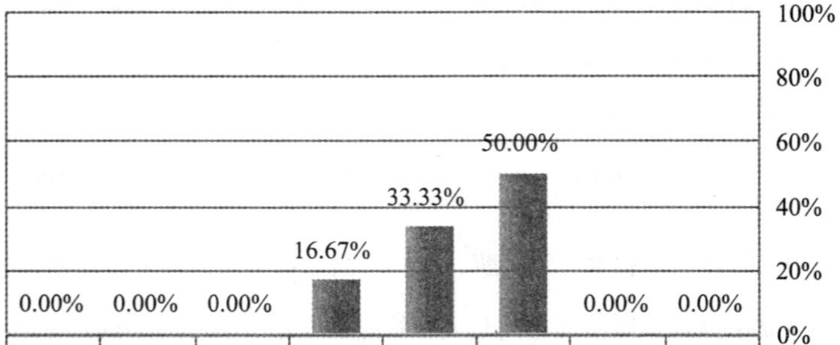

	AAA	AA	A	BBB	BB	B	C	D
数量	0	0	0	1	2	3	0	0
■ 占比	0.00%	0.00%	0.00%	16.67%	33.33%	50.00%	0.00%	0.00%

图 5－60　家具制造业上市公司内部控制评级分布情况

数据来源：DIB 迪博内部控制与风险管理数据库 www.ic－erm.com

在 6 家家具制造业上市公司中，内部控制水平排名前五的依次为：游族网络（002174）、美克家居（600337）、浙江永强（002489）、喜临门（603008）、索菲亚（002572），其内部控制评级情况如表 5－60 所示。

24. 造纸和纸制品业

2014 年度，造纸和纸制品业纳入内部控制指数范围的上市公司样本总量为 26 家，其内部控制评级情况如下：BBB 级上市公司 1 家，占比

表 5－60　　家具制造业内部控制前五强等级分布情况

行业排名	证券代码	证券简称	内部控制等级	辖区
1	002174	游族网络	BBB	家具制造业
2	600337	美克家居	BB	家具制造业
3	002489	浙江永强	BB	家具制造业
4	603008	喜临门	B	家具制造业
5	002572	索菲亚	B	家具制造业

数据来源：DIB 迪博内部控制与风险管理数据库 www. ic－erm. com

3. 85%；BB 级上市公司 5 家，占比 19. 23%；B 级上市公司 10 家，占比 38. 46%；C 级上市公司 5 家，占比 19. 23%；D 级上市公司 5 家，占比 19. 23%。造纸和纸制品业上市公司 2014 年度内部控制评级整体分布情况如图 5－61 所示。

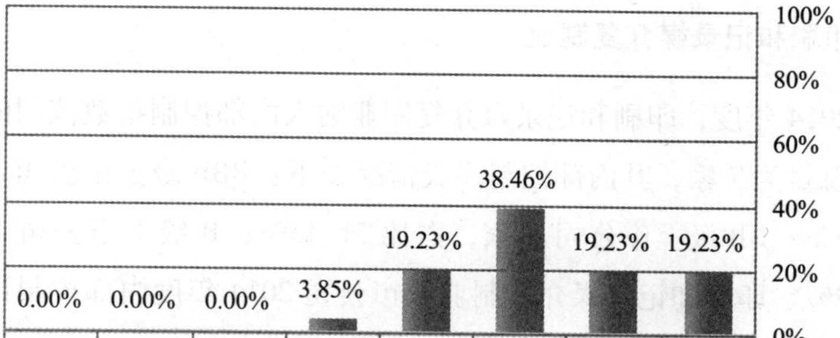

	AAA	AA	A	BBB	BB	B	C	D
数量	0	0	0	1	5	10	5	5
■ 占比	0.00%	0.00%	0.00%	3.85%	19.23%	38.46%	19.23%	19.23%

图 5－61　造纸和纸制品业上市公司内部控制评级分布情况

数据来源：DIB 迪博内部控制与风险管理数据库 www. ic－erm. com

在 26 家造纸和纸制品业上市公司中，内部控制水平排名前五的依次为：太阳纸业（002078）、齐峰新材（002521）、合兴包装（002228）、岳阳林纸（600963）、恒丰纸业（600356），其内部控制评级情况如表 5－61 所示。

表 5－61　　造纸和纸制品业内部控制前五强等级分布情况

行业排名	证券代码	证券简称	内部控制等级	辖区
1	002078	太阳纸业	BBB	造纸和纸制品业
2	002521	齐峰新材	BB	造纸和纸制品业
3	002228	合兴包装	BB	造纸和纸制品业
4	600963	岳阳林纸	BB	造纸和纸制品业
5	600356	恒丰纸业	BB	造纸和纸制品业

数据来源：DIB 迪博内部控制与风险管理数据库 www. ic－erm. com

25. 印刷和记录媒介复制业

2014 年度，印刷和记录媒介复制业纳入内部控制指数范围的上市公司样本总量为 7 家，其内部控制评级情况如下：BBB 级上市公司 1 家，占比 14.29%；BB 级上市公司 5 家，占比 71.43%；B 级上市公司 1 家，占比 14.29%。印刷和记录媒介复制业上市公司 2014 年度内部控制评级整体分布情况如图 5－62 所示。

在 7 家印刷和记录媒介复制业上市公司中，内部控制水平排名前五的依次为：劲嘉股份（002191）、东港股份（002117）、鸿博股份（002229）、盛通股份（002599）、界龙实业（600836），其内部控制评级情况如表 5－62 所示。

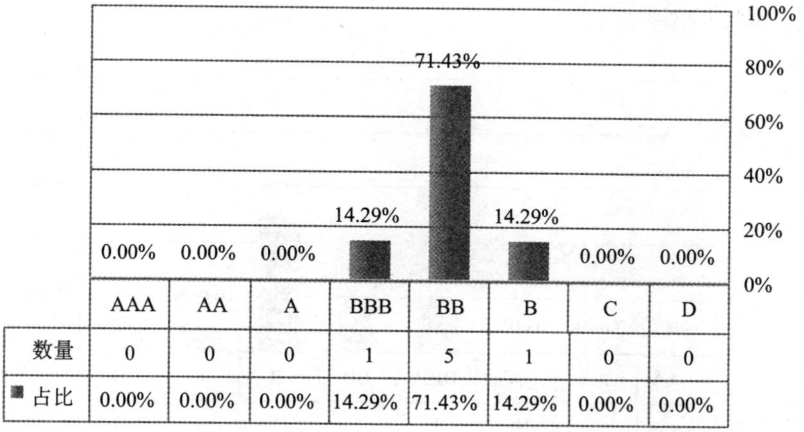

图 5－62　印刷和记录媒介复制业上市公司内部控制评级分布情况

数据来源：DIB 迪博内部控制与风险管理数据库 www. ic－erm. com

表 5－62　　印刷和记录媒介复制业内部控制前五强等级分布情况

行业排名	证券代码	证券简称	内部控制等级	辖区
1	002191	劲嘉股份	BBB	印刷和记录媒介复制业
2	002117	东港股份	BB	印刷和记录媒介复制业
3	002229	鸿博股份	BB	印刷和记录媒介复制业
4	002599	盛通股份	BB	印刷和记录媒介复制业
5	600836	界龙实业	BB	印刷和记录媒介复制业

数据来源：DIB 迪博内部控制与风险管理数据库 www. ic－erm. com

26. 文教、工美、体育和娱乐用品制造业

2014 年度，文教、工美、体育和娱乐用品制造业纳入内部控制指数范围的上市公司样本总量为 10 家，其内部控制评级情况如下：BBB 级上市公司 2 家，占比 20. 00%；BB 级上市公司 2 家，占比 20. 00%；B 级上市公司 5 家，占比 50. 00%；C 级上市公司 1 家，占比 10. 00%。文教、工美、体育和娱乐用品制造业上市公司 2014 年度内部控制评级整体分布情况

如图 5 – 63 所示。

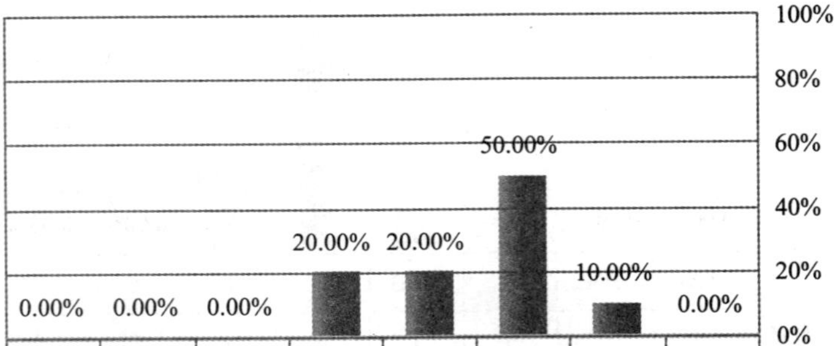

	AAA	AA	A	BBB	BB	B	C	D
数量	0	0	0	2	2	5	1	0
■ 占比	0.00%	0.00%	0.00%	20.00%	20.00%	50.00%	10.00%	0.00%

图 5 – 63　文教、工美、体育和娱乐用品制造业上市公司内部控制评级分布情况

数据来源：DIB 迪博内部控制与风险管理数据库 www. ic – erm. com

在 10 家文教、工美、体育和娱乐用品制造业上市公司中，内部控制水平排名前五的依次为：互动娱乐（300043）、奥飞动漫（002292）、齐心集团（002301）、姚记扑克（002605）、高乐股份（002348），其内部控制评级情况如表 5 – 63 所示。

表 5 – 63　　文教、工美、体育和娱乐用品制造业内部控制前五强等级分布情况

行业排名	证券代码	证券简称	内部控制等级	辖区
1	300043	互动娱乐	BBB	文教、工美、体育和娱乐用品制造业
2	002292	奥飞动漫	BBB	文教、工美、体育和娱乐用品制造业
3	002301	齐心集团	BB	文教、工美、体育和娱乐用品制造业
4	002605	姚记扑克	BB	文教、工美、体育和娱乐用品制造业
5	002348	高乐股份	B	文教、工美、体育和娱乐用品制造业

数据来源：DIB 迪博内部控制与风险管理数据库 www. ic – erm. com

27. 石油加工、炼焦和核燃料加工业

2014 年度，石油加工、炼焦和核燃料加工业纳入内部控制指数范围的上市公司样本总量为 18 家，其内部控制评级情况如下：BBB 级上市公司 2 家，占比 11.11%；BB 级上市公司 1 家，占比 5.56%；B 级上市公司 7 家，占比 38.89%；C 级上市公司 6 家，占比 33.33%；D 级上市公司 2 家，占比 11.11%。石油加工、炼焦和核燃料加工业上市公司 2014 年度内部控制评级整体分布情况如图 5-64 所示。

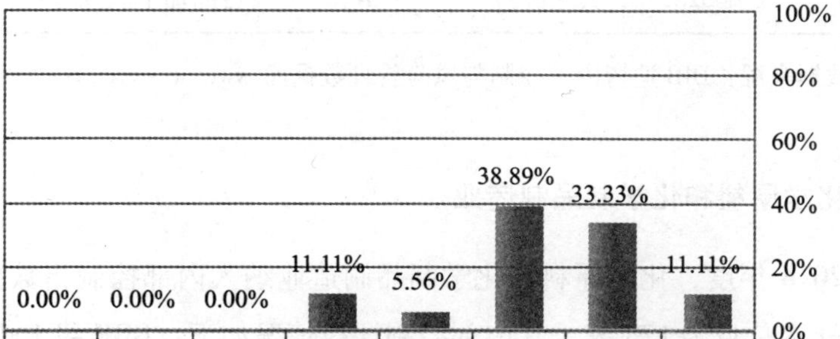

	AAA	AA	A	BBB	BB	B	C	D
数量	0	0	0	2	1	7	6	2
■ 占比	0.00%	0.00%	0.00%	11.11%	5.56%	38.89%	33.33%	11.11%

图 5-64 石油加工、炼焦和核燃料加工业上市公司内部控制评级分布情况

数据来源：DIB 迪博内部控制与风险管理数据库 www.ic-erm.com

在 18 家石油加工、炼焦和核燃料加工业上市公司中，内部控制水平排名前五的依次为：开滦股份（600997）、沈阳化工（000698）、茂化实华（000637）、上海石化（600688）、太化股份（600281），其内部控制评级情况如表 5-64 所示。

表 5-64　　石油加工、炼焦和核燃料加工业内部控制前五强等级分布情况

行业排名	证券代码	证券简称	内部控制等级	辖区
1	600997	开滦股份	BBB	石油加工、炼焦和核燃料加工业
2	000698	沈阳化工	BBB	石油加工、炼焦和核燃料加工业
3	000637	茂化实华	BB	石油加工、炼焦和核燃料加工业
4	600688	上海石化	B	石油加工、炼焦和核燃料加工业
5	600281	太化股份	B	石油加工、炼焦和核燃料加工业

数据来源：DIB 迪博内部控制与风险管理数据库 www.ic-erm.com

28. 化学原料和化学制品制造业

2014 年度，化学原料和化学制品制造业纳入内部控制指数范围的上市公司样本总量为 173 家，其内部控制评级情况如下：BBB 级上市公司 2 家，占比 1.16%；BB 级上市公司 38 家，占比 21.97%；B 级上市公司 94 家，占比 54.34%；C 级上市公司 30 家，占比 17.34%；D 级上市公司 9 家，占比 5.20%。化学原料和化学制品制造业上市公司 2014 年度内部控制评级整体分布情况如图 5-65 所示。

在 173 家化学原料和化学制品制造业上市公司中，内部控制水平排名前五的依次为：中化国际（600500）、内蒙君正（601216）、云天化（600096）、金正大（002470）、金力泰（300225），其内部控制评级情况如表 5-65 所示。

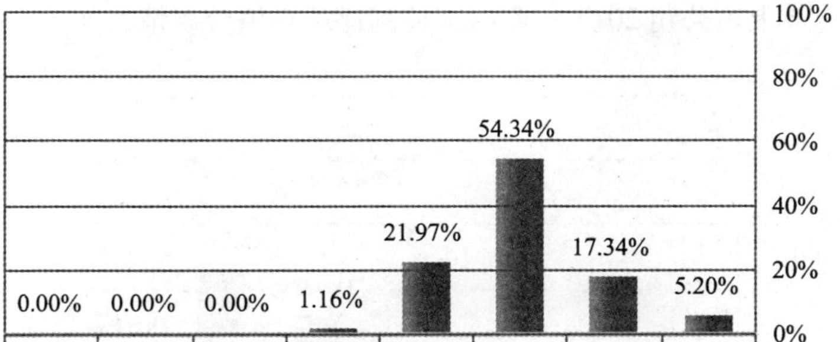

	AAA	AA	A	BBB	BB	B	C	D
数量	0	0	0	2	38	94	30	9
■ 占比	0.00%	0.00%	0.00%	1.16%	21.97%	54.34%	17.34%	5.20%

图 5－65　化学原料和化学制品制造业上市公司内部控制评级分布情况

数据来源：DIB 迪博内部控制与风险管理数据库 www. ic－erm. com

表 5－65　　化学原料和化学制品制造业内部控制前五强等级分布情况

行业排名	证券代码	证券简称	内部控制等级	辖区
1	600500	中化国际	BBB	化学原料和化学制品制造业
2	601216	内蒙君正	BBB	化学原料和化学制品制造业
3	600096	云天化	BB	化学原料和化学制品制造业
4	002470	金正大	BB	化学原料和化学制品制造业
5	300225	金力泰	BB	化学原料和化学制品制造业

数据来源：DIB 迪博内部控制与风险管理数据库 www. ic－erm. com

29. 医药制造业

2014 年度，医药制造业纳入内部控制指数范围的上市公司样本总量为 140 家，其内部控制评级情况如下：BBB 级上市公司 3 家，占比 2. 14%；BB 级上市公司 44 家，占比 31. 43%；B 级上市公司 64 家，占比 45. 71%；C 级上市公司 26 家，占比 18. 57%；D 级上市公司 3 家，占比 2. 14%。医药制造业上市公司2014年度内部控制评级整体分布情况如图5－66所示。

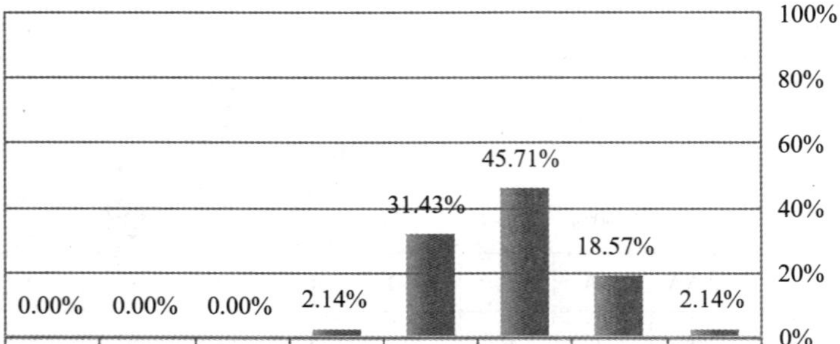

	AAA	AA	A	BBB	BB	B	C	D
数量	0	0	0	3	44	64	26	3
■ 占比	0.00%	0.00%	0.00%	2.14%	31.43%	45.71%	18.57%	2.14%

图5－66　医药制造业上市公司内部控制评级分布情况

数据来源：DIB迪博内部控制与风险管理数据库 www. ic－erm. com

在140家医药制造业上市公司中，内部控制水平排名前五的依次为：云南白药（000538）、天士力（600535）、康美药业（600518）、贵州百灵（002424）、恒瑞医药（600276），其内部控制评级情况如表5－66所示。

表5－66　　医药制造业内部控制前五强等级分布情况

行业排名	证券代码	证券简称	内部控制等级	辖区
1	000538	云南白药	BBB	医药制造业
2	600535	天士力	BBB	医药制造业
3	600518	康美药业	BBB	医药制造业
4	002424	贵州百灵	BB	医药制造业
5	600276	恒瑞医药	BB	医药制造业

数据来源：DIB迪博内部控制与风险管理数据库 www. ic－erm. com

30. 化学纤维制造业

2014 年度，化学纤维制造业纳入内部控制指数范围的上市公司样本总量为 23 家，其内部控制评级情况如下：BBB 级上市公司 1 家，占比 4.35%；BB 级上市公司 1 家，占比 4.35%；B 级上市公司 14 家，占比 60.87%；C 级上市公司 5 家，占比 21.74%；D 级上市公司 2 家，占比 8.70%。化学纤维制造业上市公司 2014 年度内部控制评级整体分布情况如图 5－67 所示。

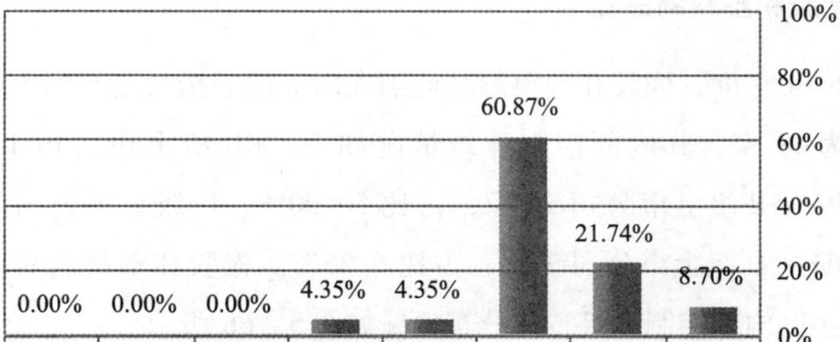

	AAA	AA	A	BBB	BB	B	C	D
数量	0	0	0	1	1	14	5	2
占比	0.00%	0.00%	0.00%	4.35%	4.35%	60.87%	21.74%	8.70%

图 5－67 化学纤维制造业上市公司内部控制评级分布情况

数据来源：DIB 迪博内部控制与风险管理数据库 www. ic－erm. com

在 23 家化学纤维制造业上市公司中，内部控制水平排名前五的依次为：尤夫股份（002427）、荣盛石化（002493）、皖维高新（600063）、华峰氨纶（002064）、神马股份（600810），其内部控制评级情况如表 5－67 所示。

表 5－67　　化学纤维制造业内部控制前五强等级分布情况

行业排名	证券代码	证券简称	内部控制等级	辖区
1	002427	尤夫股份	BBB	化学纤维制造业
2	002493	荣盛石化	BB	化学纤维制造业
3	600063	皖维高新	B	化学纤维制造业
4	002064	华峰氨纶	B	化学纤维制造业
5	600810	神马股份	B	化学纤维制造业

数据来源：DIB 迪博内部控制与风险管理数据库 www. ic－erm. com

31. 橡胶和塑料制品业

2014 年度，橡胶和塑料制品业纳入内部控制指数范围的上市公司样本总量为 48 家，其内部控制评级情况如下：BB 级上市公司 14 家，占比 29. 17%；B 级上市公司 24 家，占比 50. 00%；C 级上市公司 7 家，占比 14. 58%；D 级上市公司 3 家，占比 6. 25%。橡胶和塑料制品业上市公司 2014 年度内部控制评级整体分布情况如图 5－68 所示。

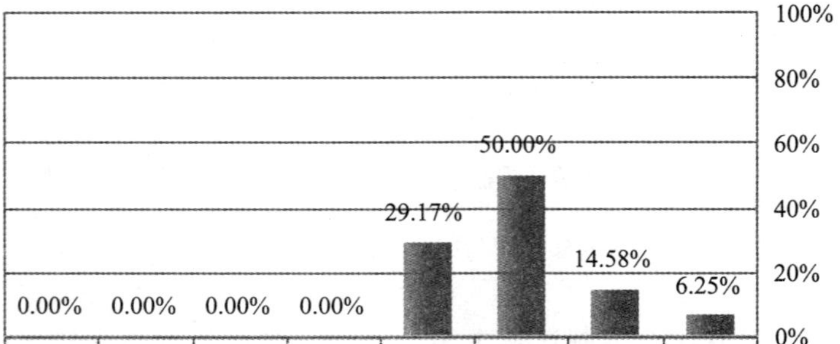

	AAA	AA	A	BBB	BB	B	C	D
数量	0	0	0	0	14	24	7	3
■ 占比	0.00%	0.00%	0.00%	0.00%	29.17%	50.00%	14.58%	6.25%

图 5－68　橡胶和塑料制品业上市公司内部控制评级分布情况

数据来源：DIB 迪博内部控制与风险管理数据库 www. ic－erm. com

在48家橡胶和塑料制品业上市公司中，内部控制水平排名前五的依次为：佛塑科技（000973）、银禧科技（300221）、顺威股份（002676）、大禹节水（300021）、沧州明珠（002108），其内部控制评级情况如表5－68所示。

表5－68　　橡胶和塑料制品业内部控制前五强等级分布情况

行业排名	证券代码	证券简称	内部控制等级	辖区
1	000973	佛塑科技	BB	橡胶和塑料制品业
2	300221	银禧科技	BB	橡胶和塑料制品业
3	002676	顺威股份	BB	橡胶和塑料制品业
4	300021	大禹节水	BB	橡胶和塑料制品业
5	002108	沧州明珠	BB	橡胶和塑料制品业

数据来源：DIB迪博内部控制与风险管理数据库 www. ic－erm. com

32. 非金属矿物制品业

2014年度，非金属矿物制品业纳入内部控制指数范围的上市公司样本总量为74家，其内部控制评级情况如下：AA级上市公司1家，占比1.35%；BBB级上市公司2家，占比2.70%；BB级上市公司11家，占比14.86%；B级上市公司42家，占比56.76%；C级上市公司15家，占比20.27%；D级上市公司3家，占比4.05%。非金属矿物制品业上市公司2014年度内部控制评级整体分布情况如图5－69所示。

在74家非金属矿物制品业上市公司中，内部控制水平排名前五的依次为：海螺水泥（600585）、金隅股份（601992）、福耀玻璃（600660）、瑞泰科技（002066）、西部建设（002302），其内部控制评级情况如表5－69所示。

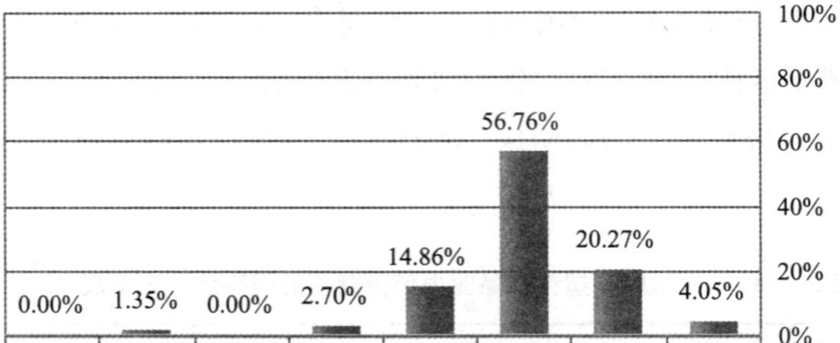

	AAA	AA	A	BBB	BB	B	C	D
数量	0	1	0	2	11	42	15	3
■ 占比	0.00%	1.35%	0.00%	2.70%	14.86%	56.76%	20.27%	4.05%

图 5－69　非金属矿物制品业上市公司内部控制评级分布情况

数据来源：DIB 迪博内部控制与风险管理数据库 www. ic－erm. com

表 5－69　　非金属矿物制品业内部控制前五强等级分布情况

行业排名	证券代码	证券简称	内部控制等级	辖区
1	600585	海螺水泥	AA	非金属矿物制品业
2	601992	金隅股份	BBB	非金属矿物制品业
3	600660	福耀玻璃	BBB	非金属矿物制品业
4	002066	瑞泰科技	BB	非金属矿物制品业
5	002302	西部建设	BB	非金属矿物制品业

数据来源：DIB 迪博内部控制与风险管理数据库 www. ic－erm. com

33. 黑色金属冶炼和压延加工业

2014 年度，黑色金属冶炼和压延加工业纳入内部控制指数范围的上市公司样本总量为 31 家，其内部控制评级情况如下：A 级上市公司 3 家，占比 9. 68%；BBB 级上市公司 3 家，占比 9. 68%；BB 级上市公司 5 家，占比 16. 13%；B 级上市公司 6 家，占比 19. 35%；C 级上市公司 11 家，占比

35.48%；D 级上市公司 3 家，占比 9.68%。黑色金属冶炼和压延加工业上市公司 2014 年度内部控制评级整体分布情况如图 5－70 所示。

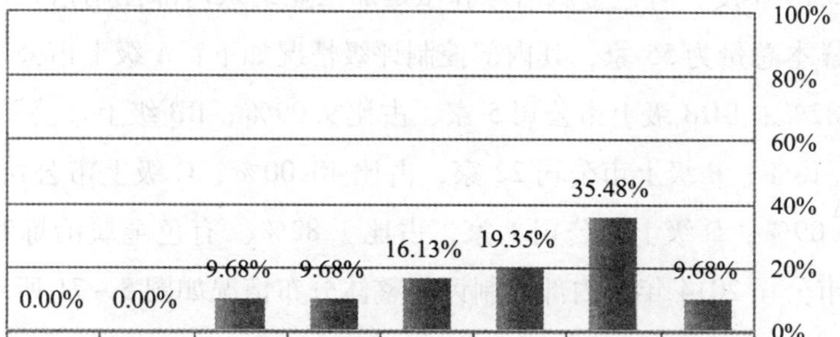

	AAA	AA	A	BBB	BB	B	C	D
数量	0	0	3	3	5	6	11	3
■ 占比	0.00%	0.00%	9.68%	9.68%	16.13%	19.35%	35.48%	9.68%

图 5－70　黑色金属冶炼和压延加工业上市公司内部控制评级分布情况

数据来源：DIB 迪博内部控制与风险管理数据库 www.ic－erm.com

在 31 家黑色金属冶炼和压延加工业上市公司中，内部控制水平排名前五的依次为：武钢股份（600005）、酒钢宏兴（600307）、宝钢股份（600019）、太钢不锈（000825）、华菱钢铁（000932），其内部控制评级情况如表 5－70 所示。

表 5－70　黑色金属冶炼和压延加工业内部控制前五强等级分布情况

行业排名	证券代码	证券简称	内部控制等级	辖区
1	600005	武钢股份	A	黑色金属冶炼和压延加工业
2	600307	酒钢宏兴	A	黑色金属冶炼和压延加工业
3	600019	宝钢股份	A	黑色金属冶炼和压延加工业
4	000825	太钢不锈	BBB	黑色金属冶炼和压延加工业
5	000932	华菱钢铁	BBB	黑色金属冶炼和压延加工业

数据来源：DIB 迪博内部控制与风险管理数据库 www.ic－erm.com

34. 有色金属冶炼和压延加工业

2014 年度，有色金属冶炼和压延加工业纳入内部控制指数范围的上市公司样本总量为 55 家，其内部控制评级情况如下：A 级上市公司 1 家，占比 1.82%；BBB 级上市公司 5 家，占比 9.09%；BB 级上市公司 10 家，占比 18.18%；B 级上市公司 22 家，占比 40.00%；C 级上市公司 16 家，占比 29.09%；D 级上市公司 1 家，占比 1.82%。有色金属冶炼和压延加工业上市公司 2014 年度内部控制评级整体分布情况如图 5－71 所示。

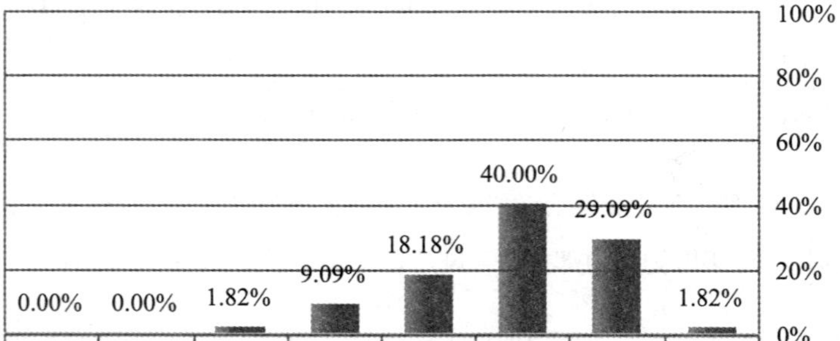

	AAA	AA	A	BBB	BB	B	C	D
数量	0	0	1	5	10	22	16	1
■ 占比	0.00%	0.00%	1.82%	9.09%	18.18%	40.00%	29.09%	1.82%

图 5－71　有色金属冶炼和压延加工业上市公司内部控制评级分布情况

数据来源：DIB 迪博内部控制与风险管理数据库 www. ic－erm. com

在 55 家有色金属冶炼和压延加工业上市公司中，内部控制水平排名前五的依次为：中集集团（000039）、江西铜业（600362）、云南铜业（000878）、中金岭南（000060）、栋梁新材（002082），其内部控制评级情况如表 5－71 所示。

表 5－71　有色金属冶炼和压延加工业内部控制前五强等级分布情况

行业排名	证券代码	证券简称	内部控制等级	辖区
1	000039	中集集团	A	有色金属冶炼和压延加工业
2	600362	江西铜业	BBB	有色金属冶炼和压延加工业
3	000878	云南铜业	BBB	有色金属冶炼和压延加工业
4	000060	中金岭南	BBB	有色金属冶炼和压延加工业
5	002082	栋梁新材	BBB	有色金属冶炼和压延加工业

数据来源：DIB 迪博内部控制与风险管理数据库 www. ic－erm. com

35. 金属制品业

2014 年度，金属制品业纳入内部控制指数范围的上市公司样本总量为 39 家，其内部控制评级情况如下：BBB 级上市公司 2 家，占比 5. 13%；BB 级上市公司 10 家，占比 25. 64%；B 级上市公司 22 家，占比 56. 41%；C 级上市公司 4 家，占比 10. 26%；D 级上市公司 1 家，占比 2. 56%。金属制品业上市公司 2014 年度内部控制评级整体分布情况如图 5－72 所示。

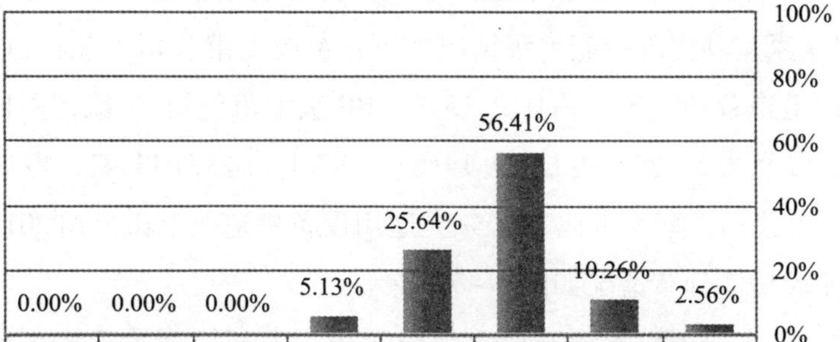

	AAA	AA	A	BBB	BB	B	C	D
数量	0	0	0	2	10	22	4	1
■ 占比	0.00%	0.00%	0.00%	5.13%	25.64%	56.41%	10.26%	2.56%

图 5－72　金属制品业上市公司内部控制评级分布情况

数据来源：DIB 迪博内部控制与风险管理数据库 www. ic－erm. com

在39家金属制品业上市公司中，内部控制水平排名前五的依次为：新兴铸管（000778）、通润装备（002150）、苏泊尔（002032）、哈尔斯（002615）、爱仕达（002403），其内部控制评级情况如表5－72所示。

表5－72　金属制品业内部控制前五强等级分布情况

行业排名	证券代码	证券简称	内部控制等级	辖区
1	000778	新兴铸管	BBB	金属制品业
2	002150	通润装备	BBB	金属制品业
3	002032	苏泊尔	BB	金属制品业
4	002615	哈尔斯	BB	金属制品业
5	002403	爱仕达	BB	金属制品业

数据来源：DIB迪博内部控制与风险管理数据库 www. ic－erm. com

36. 通用设备制造业

2014年度，通用设备制造业纳入内部控制指数范围的上市公司样本总量为93家，其内部控制评级情况如下：A级上市公司1家，占比1.08%；BBB级上市公司2家，占比2.15%；BB级上市公司21家，占比22.58%；B级上市公司55家，占比59.14%；C级上市公司11家，占比11.83%；D级上市公司3家，占比3.23%。通用设备制造业上市公司2014年度内部控制评级整体分布情况如图5－73所示。

在93家通用设备制造业上市公司中，内部控制水平排名前五的依次为：上海机电（600835）、金风科技（002202）、湘电股份（600416）、烟台冰轮（000811）、双环传动（002472），其内部控制评级情况如表5－73所示。

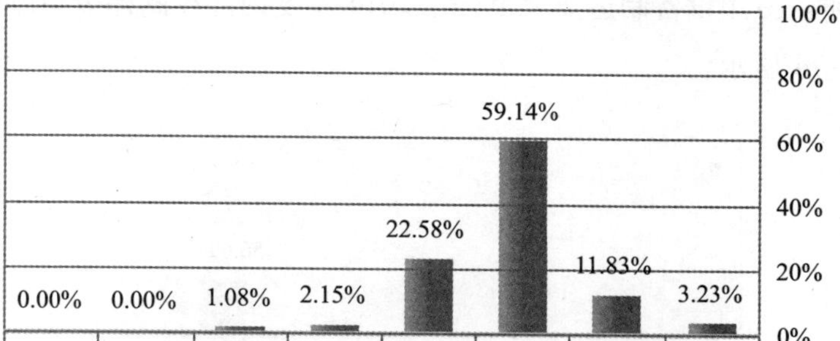

	AAA	AA	A	BBB	BB	B	C	D
数量	0	0	1	2	21	55	11	3
■ 占比	0.00%	0.00%	1.08%	2.15%	22.58%	59.14%	11.83%	3.23%

图 5－73　通用设备制造业上市公司内部控制评级分布情况

数据来源：DIB 迪博内部控制与风险管理数据库 www. ic－erm. com

表 5－73　　通用设备制造业内部控制前五强等级分布情况

行业排名	证券代码	证券简称	内部控制等级	辖区
1	600835	上海机电	A	通用设备制造业
2	002202	金风科技	BBB	通用设备制造业
3	600416	湘电股份	BBB	通用设备制造业
4	000811	烟台冰轮	BB	通用设备制造业
5	002472	双环传动	BB	通用设备制造业

数据来源：DIB 迪博内部控制与风险管理数据库 www. ic－erm. com

37. 专用设备制造业

2014 年度，专用设备制造业纳入内部控制指数范围的上市公司样本总量为 127 家，其内部控制评级情况如下：BBB 级上市公司 1 家，占比 0. 79%；BB 级上市公司 25 家，占比 19. 69%；B 级上市公司 72 家，占比 56. 69%；C 级上市公司 26 家，占比 20. 47%；D 级上市公司 3 家，占比

2.36%。专用设备制造业上市公司2014年度内部控制评级整体分布情况如图5－74所示。

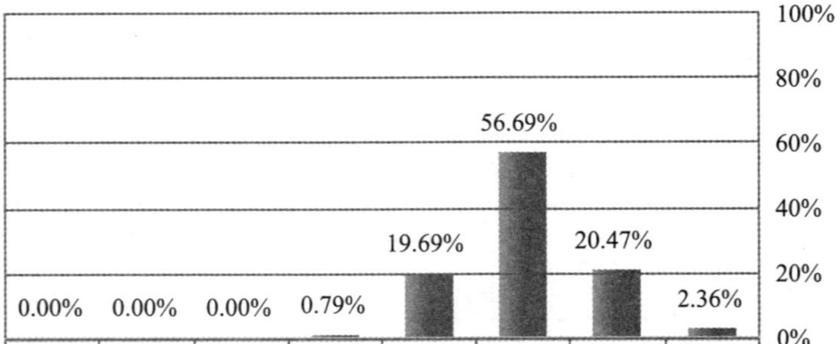

	AAA	AA	A	BBB	BB	B	C	D
数量	0	0	0	1	25	72	26	3
占比	0.00%	0.00%	0.00%	0.79%	19.69%	56.69%	20.47%	2.36%

图5－74　专用设备制造业上市公司内部控制评级分布情况

数据来源：DIB迪博内部控制与风险管理数据库 www.ic－erm.com

在127家专用设备制造业上市公司中，内部控制水平排名前五的依次为：经纬纺机（000666）、成飞集成（002190）、华昌达（300278）、三维丝（300056）、巨轮股份（002031），其内部控制评级情况如表5－74所示。

表5－74　专用设备制造业内部控制前五强等级分布情况

行业排名	证券代码	证券简称	内部控制等级	辖区
1	000666	经纬纺机	BBB	专用设备制造业
2	002190	成飞集成	BB	专用设备制造业
3	300278	华昌达	BB	专用设备制造业
4	300056	三维丝	BB	专用设备制造业
5	002031	巨轮股份	BB	专用设备制造业

数据来源：DIB迪博内部控制与风险管理数据库 www.ic－erm.com

38. 汽车制造业

2014 年度，汽车制造业纳入内部控制指数范围的上市公司样本总量为 78 家，其内部控制评级情况如下：AA 级上市公司 1 家，占比 1.28%；A 级上市公司 1 家，占比 1.28%；BBB 级上市公司 1 家，占比 1.28%；BB 级上市公司 24 家，占比 30.77%；B 级上市公司 34 家，占比 43.59%；C 级上市公司 15 家，占比 19.23%；D 级上市公司 2 家，占比 2.56%。汽车制造业上市公司 2014 年度内部控制评级整体分布情况如图 5－75 所示。

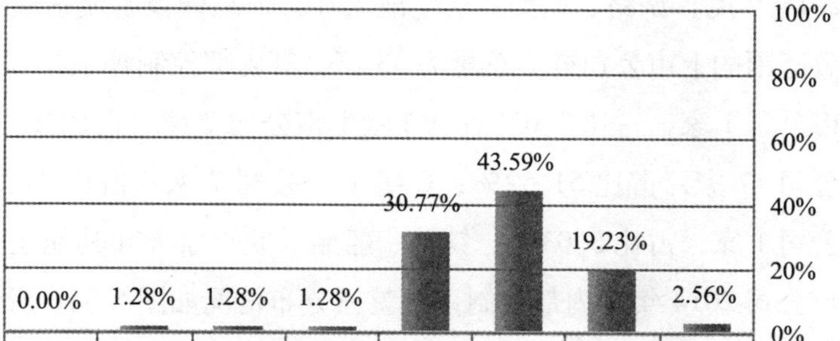

	AAA	AA	A	BBB	BB	B	C	D
数量	0	1	1	1	24	34	15	2
■ 占比	0.00%	1.28%	1.28%	1.28%	30.77%	43.59%	19.23%	2.56%

图 5－75　汽车制造业上市公司内部控制评级分布情况

数据来源：DIB 迪博内部控制与风险管理数据库 www. ic－erm. com

在 78 家汽车制造业上市公司中，内部控制水平排名前五的依次为：华域汽车（600741）、长城汽车（601633）、上汽集团（600104）、长安汽车（000625）、广东鸿图（002101），其内部控制评级情况如表 5－75 所示。

表 5－75　　汽车制造业内部控制前五强等级分布情况

行业排名	证券代码	证券简称	内部控制等级	辖区
1	600741	华域汽车	AA	汽车制造业
2	601633	长城汽车	A	汽车制造业
3	600104	上汽集团	BBB	汽车制造业
4	000625	长安汽车	BB	汽车制造业
5	002101	广东鸿图	BB	汽车制造业

数据来源：DIB 迪博内部控制与风险管理数据库 www. ic－erm. com

39. 铁路、船舶、航空航天和其他运输设备制造业

2014 年度，铁路、船舶、航空航天和其他运输设备制造业纳入内部控制指数范围的上市公司样本总量为 33 家，其内部控制评级情况如下：BBB 级上市公司 1 家，占比 3.03%；BB 级上市公司 7 家，占比 21.21%；B 级上市公司 17 家，占比 51.52%；C 级上市公司 7 家，占比 21.21%；D 级上市公司 1 家，占比 3.03%。铁路、船舶、航空航天和其他运输设备制造业上市公司 2014 年度内部控制评级整体分布情况如图 5－76 所示。

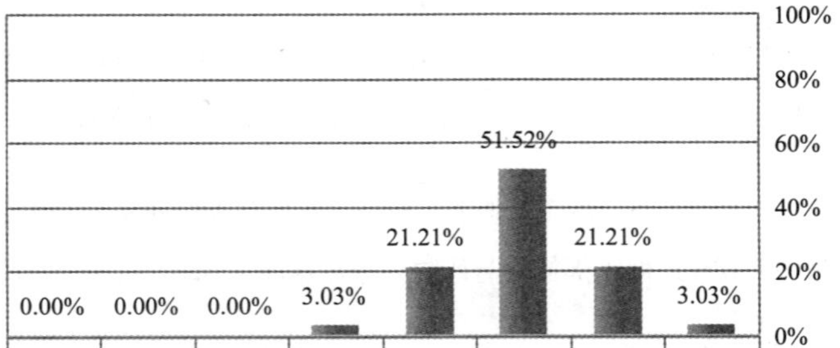

	AAA	AA	A	BBB	BB	B	C	D
数量	0	0	0	1	7	17	7	1
■ 占比	0.00%	0.00%	0.00%	3.03%	21.21%	51.52%	21.21%	3.03%

图 5－76　铁路、船舶、航空航天和其他运输设备制造业上市公司内部控制评级分布情况

数据来源：DIB 迪博内部控制与风险管理数据库 www. ic－erm. com

在33家铁路、船舶、航空航天和其他运输设备制造业上市公司中，内部控制水平排名前五的依次为：中国中车（601766）、宗申动力（001696）、中直股份（600038）、中航动力（600893）、海特高新（002023），其内部控制评级情况如表5－76所示。

表5－76　铁路、船舶、航空航天和其他运输设备制造业内部控制前五强等级分布情况

行业排名	证券代码	证券简称	内部控制等级	辖区
1	601766	中国中车	BBB	铁路、船舶、航空航天和其他运输设备制造业
2	001696	宗申动力	BB	铁路、船舶、航空航天和其他运输设备制造业
3	600038	中直股份	BB	铁路、船舶、航空航天和其他运输设备制造业
4	600893	中航动力	BB	铁路、船舶、航空航天和其他运输设备制造业
5	002023	海特高新	BB	铁路、船舶、航空航天和其他运输设备制造业

数据来源：DIB迪博内部控制与风险管理数据库 www.ic－erm.com

40. 电气机械和器材制造业

2014年度，电气机械和器材制造业纳入内部控制指数范围的上市公司样本总量为157家，其内部控制评级情况如下：A级上市公司4家，占比2.55%；BBB级上市公司2家，占比1.27%；BB级上市公司39家，占比24.84%；B级上市公司78家，占比49.68%；C级上市公司31家，占比19.75%；D级上市公司3家，占比1.91%。电气机械和器材制造业上市公司2014年度内部控制评级整体分布情况如图5－77所示。

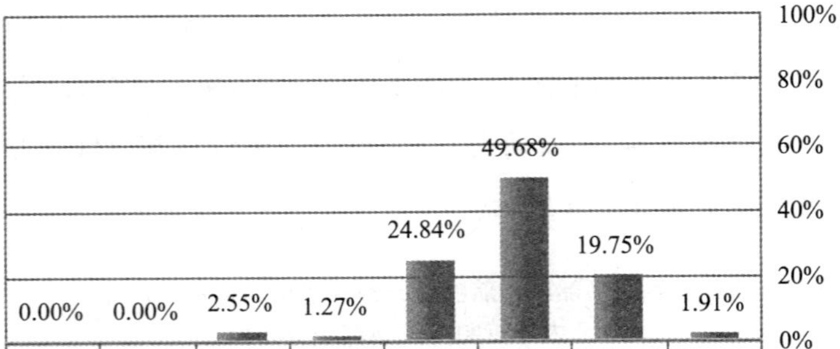

	AAA	AA	A	BBB	BB	B	C	D
数量	0	0	4	2	39	78	31	3
■ 占比	0.00%	0.00%	2.55%	1.27%	24.84%	49.68%	19.75%	1.91%

图 5－77　电气机械和器材制造业上市公司内部控制评级分布情况

数据来源：DIB 迪博内部控制与风险管理数据库 www. ic－erm. com

在 157 家电气机械和器材制造业上市公司中，内部控制水平排名前五的依次为：青岛海尔（600690）、海信科龙（000921）、格力电器（000651）、美的集团（000333）、正泰电器（601877），其内部控制评级情况如表 5－77 所示。

表 5－77　电气机械和器材制造业内部控制前五强等级分布情况

行业排名	证券代码	证券简称	内部控制等级	辖区
1	600690	青岛海尔	A	电气机械和器材制造业
2	000921	海信科龙	A	电气机械和器材制造业
3	000651	格力电器	A	电气机械和器材制造业
4	000333	美的集团	A	电气机械和器材制造业
5	601877	正泰电器	BBB	电气机械和器材制造业

数据来源：DIB 迪博内部控制与风险管理数据库 www. ic－erm. com

41. 计算机、通信和其他电子设备制造业

2014 年度，计算机、通信和其他电子设备制造业纳入内部控制指数范围的上市公司样本总量为 208 家，其内部控制评级情况如下：BBB 级上市公司 1 家，占比 0.48%；BB 级上市公司 53 家，占比 25.48%；B 级上市公司 121 家，占比 58.17%；C 级上市公司 27 家，占比 12.98%；D 级上市公司 6 家，占比 2.88%。计算机、通信和其他电子设备制造业上市公司 2014 年度内部控制评级整体分布情况如图 5 – 78 所示。

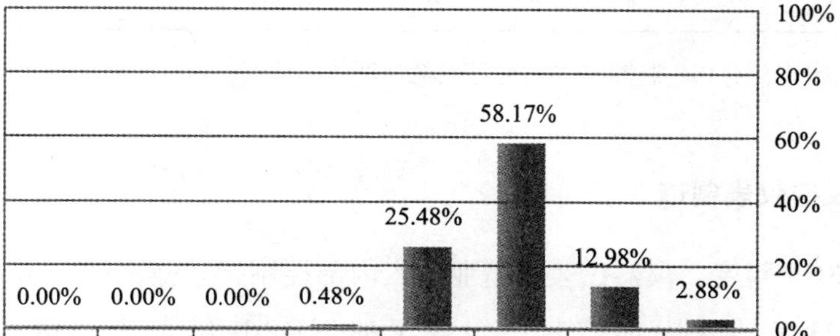

	AAA	AA	A	BBB	BB	B	C	D
数量	0	0	0	1	53	121	27	6
■ 占比	0.00%	0.00%	0.00%	0.48%	25.48%	58.17%	12.98%	2.88%

图 5 – 78　计算机、通信和其他电子设备制造业上市公司内部控制评级分布情况

数据来源：DIB 迪博内部控制与风险管理数据库 www. ic – erm. com

在 208 家计算机、通信和其他电子设备制造业上市公司中，内部控制水平排名前五的依次为：TCL 集团（000100）、紫光股份（000938）、长城电脑（000066）、星网锐捷（002396）、利达光电（002189），其内部控制评级情况如表 5 – 78 所示。

表 5－78　　计算机、通信和其他电子设备制造业内部控制前五强等级分布情况

行业排名	证券代码	证券简称	内部控制等级	辖区
1	000100	TCL 集团	BBB	计算机、通信和其他电子设备制造业
2	000938	紫光股份	BB	计算机、通信和其他电子设备制造业
3	000066	长城电脑	BB	计算机、通信和其他电子设备制造业
4	002396	星网锐捷	BB	计算机、通信和其他电子设备制造业
5	002189	利达光电	BB	计算机、通信和其他电子设备制造业

数据来源：DIB 迪博内部控制与风险管理数据库 www. ic－erm. com

42. 仪器仪表制造业

2014 年度，仪器仪表制造业纳入内部控制指数范围的上市公司样本总量为 23 家，其内部控制评级情况如下：BB 级上市公司 6 家，占比 26. 09%；B 级上市公司 14 家，占比 60. 87%；C 级上市公司 2 家，占比 8. 70%；D 级上市公司 1 家，占比 4. 35%。仪器仪表制造业上市公司 2014 年度内部控制评级整体分布情况如图 5－79 所示。

在 23 家仪器仪表制造业上市公司中，内部控制水平排名前五的依次为：三星电气（601567）、聚光科技（300203）、广陆数测（002175）、远方光电（300306）、安科瑞（300286），其内部控制评级情况如表 5－79 所示。

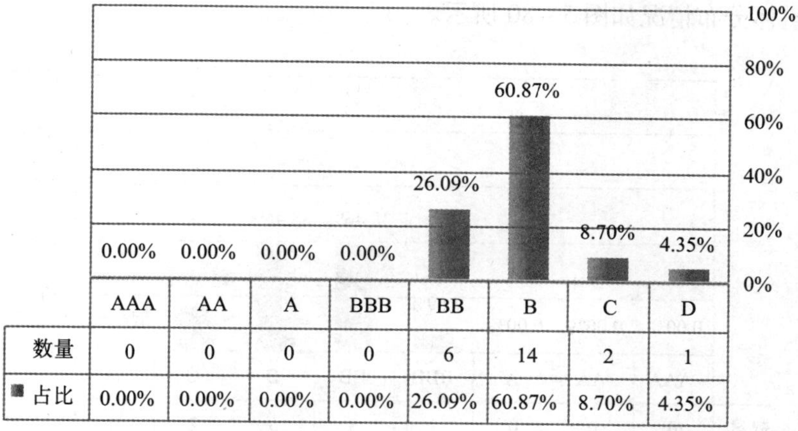

图 5－79　仪器仪表制造业上市公司内部控制评级分布情况

数据来源：DIB 迪博内部控制与风险管理数据库 www. ic－erm. com

表 5－79　　仪器仪表制造业内部控制前五强等级分布情况

行业排名	证券代码	证券简称	内部控制等级	辖区
1	601567	三星电气	BB	仪器仪表制造业
2	300203	聚光科技	BB	仪器仪表制造业
3	002175	广陆数测	BB	仪器仪表制造业
4	300306	远方光电	BB	仪器仪表制造业
5	300286	安科瑞	BB	仪器仪表制造业

数据来源：DIB 迪博内部控制与风险管理数据库 www. ic－erm. com

43. 其他制造业

2014 年度，其他制造业纳入内部控制指数范围的上市公司样本总量为 13 家，其内部控制评级情况如下：BBB 级上市公司 1 家，占比 7.69%；BB 级上市公司 5 家，占比 38.46%；B 级上市公司 5 家，占比 38.46%；C 级上市公司 2 家，占比 15.38%。其他制造业上市公司 2014 年度内部控制评级整体分布情况如图 5－80 所示。

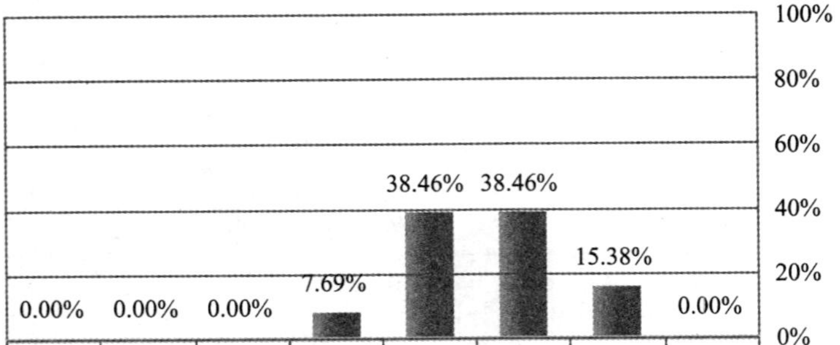

	AAA	AA	A	BBB	BB	B	C	D
数量	0	0	0	1	5	5	2	0
■ 占比	0.00%	0.00%	0.00%	7.69%	38.46%	38.46%	15.38%	0.00%

图 5－80　其他制造业上市公司内部控制评级分布情况

数据来源：DIB 迪博内部控制与风险管理数据库 www. ic－erm. com

在 13 家其他制造业上市公司中，内部控制水平排名前五的依次为：老凤祥（600612）、帝龙新材（002247）、康耐特（300061）、明牌珠宝（002574）、金叶珠宝（000587），其内部控制评级情况如表 5－80 所示。

表 5－80　　其他制造业内部控制前五强等级分布情况

行业排名	证券代码	证券简称	内部控制等级	辖区
1	600612	老凤祥	BBB	其他制造业
2	002247	帝龙新材	BB	其他制造业
3	300061	康耐特	BB	其他制造业
4	002574	明牌珠宝	BB	其他制造业
5	000587	金叶珠宝	BB	其他制造业

数据来源：DIB 迪博内部控制与风险管理数据库 www. ic－erm. com

第六章

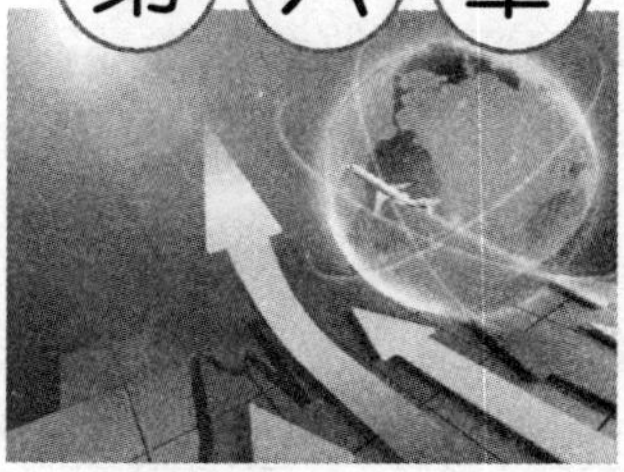

上市公司内部控制存在的问题及政策建议

一、上市公司内部控制存在的问题

（一）内部控制评价报告和内部控制审计报告披露格式不规范

根据中国证监会和财政部2014年1月3日联合发布并生效的《公开发行证券的公司信息披露编报规则第21号——年度内部控制评价报告的一般规定》（证监会公告［2014］1号）的要求，凡在中华人民共和国境内公开发行证券并在证券交易所上市的股份有限公司，按照有关规定需要披露年度内部控制评价报告或需要参照年度内部控制评价报告披露有关内部控制信息时，应遵循本规则。但仍有19.26%的上市公司未按照该规定进行披露，其中，已纳入强制实施范围的主板上市公司中，分别有5.91%的沪市主板公司、8.84%的深市主板公司未按照规范要求进行披露，而是沿用了财政部2012年2月23日发布的《关于印发企业内部控制规范体系实施中相关问题解释第1号的通知》（财会［2012］3号）等格式要求；深市中小板和深市创业板上市公司中，分别有21.95%、39.38%的公司未按照规范要求进行披露，而是按照《深圳证券交易所中小企业板上市公司规范运作指引》、《深圳证券交易所创业板上市公司规范运作指引》等格式要求。

在内部控制审计报告披露方面，注册会计师应当按照财政部、证监会等五部委于2010年发布的《企业内部控制配套指引》中的《企业内部控制审计指引》为上市公司出具规范的内部控制审计报告。但2014年度仍有30.5%的上市公司未按照该指引进行披露，其中，已纳入强制实施范围的主板上市公司中，分别有0.75%的沪市主板公司、0.88%的深市主板公司其注册会计师依据《中国注册会计师其他鉴证业务准则第3101号——历史财务信息审计或审阅以外的鉴证业务》、《内部控制审核指导意见》为上市公司出具了非规范的内部控制审计报告；深市中小板和深市创业板上市公司中，分别有 89.00%、96.80% 的公司其注册会计师主要依据《中国注册会计师其他鉴证业务准则第 3101 号——历史财务信息审计或审阅以外的鉴证业务》、《内部控制审核指导意见》、《深圳证券交易所中小企业板上市公司规范运作指引》以及《深圳证券交易所创业板上市公司规范运作指引》中关于内控审计的要求为上市公司出具了内部控制审计报告。

（二）内部控制缺陷信息披露不完整、可用性差

2014 年度，32.10% 的上市公司披露的内部控制缺陷信息不完整、可用性差。其中，17.21% 的公司未披露内部控制缺陷认定标准；8.31% 的公司未完整披露财报和非财报内部控制缺陷的定量、定性认定标准；9.04% 的公司未披露内部控制评价缺陷具体内容；3.13% 的重大缺陷缺乏具体内容描述。此外，还存在泛泛而谈并未触及实质的缺陷内容；或披露了缺陷的具体内容，但对缺陷等级避而不谈；或仅侧重于缺陷事件本身的披露，缺乏对缺陷产生的原因、对控制目标的影响、缺陷整改计划及整改情况等信息的披露；或对公司发生的立案稽查或违法违规事项，仅在重大事项中进行简单披露，并未在内部控制缺陷中披露，弱化了缺陷的影响，容易导致使用者忽视。

（三）内部控制评价及信息披露工作不够严谨

2014 年度，共有 17 家上市公司内部控制评价报告与注册会计师出具的内部控制审计报告存在重大不一致。其中，15 家公司的内部控制审计报告中指明公司存在重大缺陷、持续经营能力、立案调查等问题，而其内部控制评价报告中却未说明这些问题；1 家公司内部控制审计报告中认为该公司存在的重大缺陷未整改完成，而其内部控制评价报告中却认为已经整改完成；1 家公司的内部控制审计报告认为该公司的缺陷为重大缺陷，而

其内部控制评价报告认为该缺陷为重要缺陷。

此外，有24家主板公司在年报中说明内部控制评价报告和内部控制审计报告已披露，但是通过巨潮资讯网、公司官网、中国证监会网站及交易所网站等各种渠道都无法找到其报告；5家公司未按照规定在信息披露截止日（2015年4月30日）前披露报告；1家公司内部控制信息披露存在明显的前后矛盾，如报告显示存在内部控制重大缺陷，但内部控制评价结论中却将其归为一般缺陷。

（四）对内部控制评价结论有效性的认定标准理解存在差异

2014年度，内部控制评价结论非整体有效的公司占比1.43%，而内部控制存在重大缺陷的公司占比1.62%，两者之间存在明显的不一致。这主要是由于上市公司对监管规则中关于内部控制评价结论有效性的认定标准的理解存在差异。根据《公开发行证券的公司信息披露编报规则第21号——年度内部控制评价报告的一般规定》（证监会公告［2014］1号），于内部控制评价报告基准日，不存在内部控制重大缺陷，则认为公司内部控制有效；而根据《关于印发企业内部控制规范体系实施中相关问题解释第1号的通知》（财会［2012］3号），报告期内，公司在内部控制设计和运行方面不存在尚未完成整改的重大缺陷，则认为公司内部控制有效。实践中，部分公司依据后一标准，若内部控制重大缺陷已于报告期内整改完成，则认为本公司内部控制整体有效，因而导致了上述不一致现象。

（五）上市公司在资产管理和资金活动管控方面问题比较集中

根据公司层面/业务层面/信息系统层面、内部控制五要素等不同标准对内部控制缺陷进行分类统计显示，2014年度上市公司披露的内部控制缺陷中，63.60%属于业务层面缺陷，58.83%属于控制活动类缺陷。根据缺陷涉及的具体业务活动和事项分类统计发现，资产管理类缺陷和资金活动类缺陷在上市公司内部控制缺陷中表现最为突出，占比分别为 13.25%、12.41%，其次是销售业务类缺陷、组织结构类缺陷和采购业务类缺陷。同时，对 2014 年度上市公司披露了具体内容的 93 项内部控制重大缺陷，以及导致内部控制审计为否定意见的 53 项内部控制重大缺陷的分类统计显示，资金活动类重大缺陷均最为突出，在内部控制评价重大缺陷与内部控制审计重大缺陷中占比分别为 23.66%、26.42%，明显高于其他类重大缺陷，属于上市公司重大缺陷发生的重灾区。

（六）中小板、创业板上市公司内部控制建设规范性有待加强

与主板上市公司相比，中小板、创业板上市公司内部控制评价报告披露比例略高，但其披露报告的规范性却明显低于主板上市公司，非规范报告披露比例分别为 21.95%、39.38%，是主板上市公司的 3.42 倍、6.14 倍。究其原因，主要是由于中小板和创业板上市公司并未纳入内部控制强制实施范围，主要遵循深圳证券交易所颁布的《上市公司规范运作指引》实施内部控制，并未遵循五部委的《企业内部控制基本规范》及配套指引建立并实施统一的内部控制规范体系，也未按照证监会的最新监管要求披露内部控制评价报告和内部控制审计报告。而从缺陷认定标准披露情况来看，2014 年度，中小板和创业板上市公司未披露内部控制缺陷认定标准的公司比例分别达 24.93%、50.84%，是主板上市公司的 7.94 倍、16.19 倍；从内部控制缺陷整改情况来看，2014 年度，中小板和创业板上市公司未开始整改的内部控制缺陷比例分别达 53.93%、63.96%，是主板上市公司的 3.84 倍、4.56 倍；有效整改的缺陷比例也仅为 19.10%、18.92%，明显低于主板上市公司。由此也暴露出中小板、创业板上市公司在内部控制规范性建设方面基础较为薄弱。

（七）注册会计师内部控制审计的执业质量有待提高

根据《企业内部控制审计指引》的规定，注册会计师出具的内部控制审计意见主要有四种类型：标准无保留意见、带强调事项段的无保留意见、否定意见和无法表示意见。然而，2014 年度仍有 2 家公司的注册会计师未按照该指引进行操作，而是按照《中国注册会计师其他鉴证业务准则第 3101 号——历史财务信息审计或审阅以外的鉴证业务》为上市公司出具了保留意见。

剔除因非财报内部控制缺陷等因素导致的不一致，2014 年度，共有 54 家上市公司内部控制审计意见与财务报表审计意见存在显著差异。其中，31 家公司内部控制审计意见为标准无保留意见，财务报表审计意见为带强调事项段的无保留意见；6 家公司内部控制审计意见为标准无保留意见，财务报表审计意见为保留意见；5 家公司内部控制审计意见为带强调事项段的无保留意见，财务报表审计意见为标准无保留意见；5 家公司内部控制审计意见为否定意见，财务报表审计意见为标准无保留意见；3 家公司内部控制审计意见为否定意见，财务报表审计意见为带强调事项段的无保留意见；1 家公司内部控制审计意见为标准无保留意见，财务报表审计意见为无法表示意见；1 家公司内部控制审计意见为保留意见，财务报表审计意见为标准无保留意见；1 家公司内部控制审计意见为保留意见，财务报表审计意见为带强调事项段的无保留意见；1 家公司内部控制审计意见为无法表示意见，财务报表审计意见为保留意见。

同时，根据《企业内部控制审计指引》，注册会计师在已执行的有限程序中发现财务报告内部控制存在重大缺陷的，应当在内部控制审计报告中对重大缺陷作出详细说明，包括缺陷的定义、性质及其对财务报告内部控制的影响程度。对发现的非财务报告内部控制重大缺陷也应如此。但是实际中，仍有 1.95% 的上市公司内部控制审计报告中，仅描述了导致非标意见的事件过程，并未对重大缺陷的性质、产生原因、导致影响、整改情况等进行说明。且有两家上市公司聘请会计师事务所出具的内部控制审计报告中将财报重大缺陷归为非财报重大缺陷。

此外，根据《企业内部控制审计指引》，注册会计师出具的内部控制审计报告中应当包含注册会计师的签名和盖章以及会计师事务所的名称、地址及盖章等要素。但2014年度，仍有超过286家上市公司披露的内部控制审计报告没有会计师事务所或注册会计师的盖章和签名。

二、政策建议

虽然2014年度上市公司内部控制信息披露的数量和质量较以往年度均稳步提升，整体披露情况良好，但不可否认，上市公司在内部控制信息披露和内部控制建设中依然存在一些不可忽视的问题。为此，本报告提出以下几项政策建议，以促进上市公司进一步提升内部控制水平、提高风险防范能力、促进资本市场健康发展。

（一）统一内部控制监管标准，提高上市公司内部控制实施的规范性

目前，上市公司在内部控制评价、审计等方面可遵循的监管规则众多，包括证监会和财政部联合发布的《公开发行证券的公司信息披露编报规则第21号——年度内部控制评价报告的一般规定》（证监会公告［2014］1号），财政部发布的《关于印发企业内部控制规范体系实施中相关问题解释第1号的通知》（财会［2012］3号）、《企业内部控制审计指引》、《中国注册会计师其他鉴证业务准则第3101号——历史财务信息审计或审阅以外的鉴证业务》，深圳证券交易所针对中小板和创业板分别发布的《上市公司规范运作指引》，以及中国注册会计师协会发布的《内部控制审核指导意见》等。由于不同的监管标准之间的关系并未明确，从而给部分上市

公司提供了选择性披露的机会。因此，建议监管机构尽快统一上市公司内部控制监管标准，明确不同标准之间的层级关系，及时废止旧的、不适用的监管规则，提高上市公司内部控制实施的规范性。

（二）完善内部控制缺陷信息披露，加强对上市公司内部控制缺陷整改的监管

内部控制缺陷是衡量上市公司内部控制有效性的负向指标。内部控制缺陷的模糊披露将不利于投资者、监管机构等报告使用人判定上市公司的内部控制有效性，从而影响其作出合理的投资或监管决策。因此，建议上市公司严格按照内部控制评价报告内容与格式要求，客观全面地做好内控评价信息披露工作，充分如实地披露内部控制缺陷信息，切实提高公司内控缺陷的披露质量，为报告使用者提供更多有效的内控信息。

同时，内部控制缺陷整改是提高上市公司内部控制水平与风险管控能力的一项重要机制，缺陷整改信息的有效披露不但有利于客观准确评价上市公司内部管理水平，也有利于督促上市公司不断完善、建立健全自身内部控制机制。但目前多数上市公司关于缺陷整改情况的信息披露不够完善，如2014年度仍有22.32%的内部控制缺陷未披露整改结果，此外，还有29.12%的内部控制缺陷未开始整改，11.10%的缺陷未完成整改。因此，建议监管机构加强对上市公司内部控制缺陷整改的监管力度，督促上市公司积极落实缺陷整改和信息披露，提升内部控制水平。

（三）加强对上市公司资产管理和资金活动的信息披露监管，防范资产和资金风险

资产作为企业重要的经济资源，是企业从事生产经营活动并实现发展战略的物质基础。而资金是企业生产经营中流动性最强的资产，被视为企业生产经营的血液。资产管理和资金活动作为企业生产经营中的重要基础

和支撑，对企业的盈利能力和持续经营能力影响重大，也是企业风险的高发领域。2014 年度内部控制缺陷尤其是重大缺陷的分类统计显示，资产管理和资金活动正是当前上市公司内部控制缺陷爆发最为集中和突出的领域。因此，建议监管机构特别关注对上市公司资产管理和资金活动两项业务活动的信息披露监管，促进上市公司建立健全资产管理和资金管控制度，切实防范上市公司资产和资金风险。

（四）逐步在中小板、创业板上市公司实施内部控制规范体系，提升对投资者的保护力度

中小板、创业板上市公司普遍具有规模小、行业新、发展速度快、市场竞争激烈、内控专业人才缺乏、业务发展压力大、公司治理能力以及基础管理薄弱等特点，面临的风险较大，应建立健全内控体系提升风险管控能力。截至目前，中小板、创业板上市公司尚未纳入内部控制强制实施范围，未严格按照《企业内部控制基本规范》和配套指引执行企业内部控制规范体系。从本报告反映的情况来看，尽管中小板、创业板披露内部控制评价报告和审计报告的公司数量较多，但其报告所包含的信息质量普遍不高。因此，建议逐步在中小板、创业板上市公司执行企业内部控制规范体系，提高中小板、创业板上市公司内部控制水平和信息披露质量，提升对中小板、创业板市场投资者的保护力度。

（五）强化对注册会计师内部控制审计执业行为的监管，提高其执业质量

实施内部控制审计，有利于保证上市公司内部控制信息的真实、可靠和完整，促进资本市场健康发展。针对目前注册会计师在内部控制审计业务中存在的不合规、不严谨等现象，建议监管机构强化对注册会计师内部控制审计执业行为的监管力度，要求注册会计师严格按照监管规定执行内

部控制审计，对注册会计师在内部控制审计过程中存在的各种失职行为进行惩罚，切实发挥注册会计师对上市公司内部控制建设的监督作用。

（六）积极探索建立内部控制可交易指数，引导投资者回归价值投资

价值投资是资本市场健康发展的重要基石，也是当前监管机构一直倡导的理性投资理念。然而多年来，如何准确判断上市公司质量、如何有效提升上市公司质量一直是资本市场价值投资的主要困惑。作为衡量上市公司内部控制水平的重要指标，内部控制指数的建立能够为此提供一个合理保证。实证研究表明，上市公司内部控制水平与股票超额回报率、盈利能力之间存在着正相关关系。实施内部控制体系建设有助于提升企业价值。因此，建议监管机构与第三方中介机构合作探索建立内部控制可交易指数，提高上市公司与投资者对内部控制的关注程度，引导投资者回归理性的价值投资，促进上市公司积极主动实施内部控制体系，不断提升上市公司质量。

（七）加强内部控制法制建设，强化上市公司内部控制监管力度

目前，我国的《商业银行法》已经将内部控制纳入进来，明确要求商业银行建立健全本行的风险管理和内部控制制度；在国外，美国、日本、韩国等国家都已将内部控制建设上升到了法律的高度。因此，为确保上市公司内部控制能够得以有效执行，内部控制信息披露能够真实准确，投资者的利益能够得到切实维护，建议监管机构在《证券法》修订时加入内部控制的相关条款，并明确董事会、监事会、管理层等在上市公司内部控制实施中的主体责任，从法律层面强化对上市公司内部控制的监督力度。